Robert Lorenz, Matthias Micus

Von Beruf: Politiker

Das Buch

Die Kritik am politischen Personal ist groß: Zu angepasst, zu abgehoben, zu wenig Profil, keine echten Prinzipien etc. Politiker vergangener Zeiten werden zwar nicht immer mit Sympathie, aber zumindest als Charaktere beschrieben, mit klar identifizierbaren und unterscheidbaren Programmen. Robert Lorenz und Matthias Micus schauen sich das gegenwärtige und das vergangene Personal auf den Bonner bzw. Berliner Bühnen genauer an, zeigen deren Stärken und Schwächen auf und erklären unter anderem, warum sich heutige Politiker von ihren politischen Vätern und Großvätern grundlegend unterscheiden, diese Vorgänger auch nicht immer so standfest waren, wie ihnen heute nachgesagt wird, wie die Medien die Politik veränderten und warum die neue Politikergeneration vielleicht besser zu unserer Gegenwart passt, mag sie auch weniger Charisma haben.

Die Autoren

Dr. Robert Lorenz und Dr. Matthias Micus sind Politikwissenschaftler und Mitarbeiter am Göttinger Institut für Demokratieforschung. Robert Lorenz forscht unter anderem über unkonventionelle Karrieren in der Politik, einer der Schwerpunkte von Matthias Micus' Forschung ist die Geschichte der politischen Führung in der Bundesrepublik.

Robert Lorenz, Matthias Micus

Von Beruf: Politiker

Bestandsaufnahme eines ungeliebten Stands

HERDER

FREIBURG · BASEL · WIEN

HERDER spektrum Band 6599

FSC
www.fsc.org
MIX
Papier aus verantwortungsvollen Quellen
FSC® C083411

Originalausgabe

www.herder.de

Umschlaggestaltung: Verlag Herder
Umschlagmotiv: © Stefan Körber – Fotolia.com

Satz: Layoutsatz Kendlinger Mediendesign, Freiburg
Herstellung: CPI – Clausen & Bosse, Leck

Printed in Germany

ISBN 978-3-451-06599-6

Inhalt

Einleitung: Die Tradition der Politikerschelte

Es unterhalten sich zwei Männer. Sie kommen aus verschiedenen Ländern und kennen sich erst seit Kurzem, reden aber dennoch nicht zum ersten Mal miteinander. Ihr Gespräch kreist um die Politik – und an ihren Akteuren, den Politikern, lassen sie kein gutes Haar. „Du hast", sagt der eine zum anderen, „mir klar auseinandergesetzt, dass Dummheit, Faulheit und Laster diejenigen Eigenschaften sind, die ein Gesetzgeber besitzen muss, und dass die Gesetze am besten von denen ausgelegt und gehandhabt werden, die ein Interesse daran haben und geschickt genug sind, sie zu verdrehen, zu verwirren und zu umgehen." Dann fährt er fort: „Ich erkenne bei euch die Spuren einer Verfassung, die im Anfang erträglich gewesen sein mag, die aber diese Anfänge längst hinter sich gelassen und ihre Wirksamkeit durch Korruption verloren hat." Außerdem gehe aus dem, was sein Diskussionspartner gesagt habe, hervor, „dass man bei euch keinerlei Ausbildung benötigt, um eine Staatsstellung zu bekleiden". Die Priester würden in dem Heimatland des anderen nicht wegen ihrer Frömmigkeit berufen, die Richter nicht wegen ihrer Unbestechlichkeit ernannt und die Parlamentsmitglieder nicht wegen ihrer Gesinnung ausgesucht.

Im Prinzip sind sich beide Männer einig: Dummheit und Faulheit zeichnen die politische Klasse aus, Selbstbereicherung und Korruption, ferner ein genereller Mangel an Kompetenz und Sachkenntnis. Doch die Worte, die so zeitgemäß anmuten, sind lange verklungen. Die Unterhaltung fand nicht etwa ebengerade oder doch erst vor ein paar Jahren, am Ende des 20. oder zu Beginn des 21. Jahrhunderts statt. Sie hat so überhaupt nicht stattgefunden, da sie von einem Literaten erdacht wurde. Doch Jonathan Swift ließ die betreffenden, uns so vertrauten Worte seinen König von Brodbingnag – jenem fiktiven Reich der Riesen, in das es den Romanhelden Gulliver auf seinen Reisen verschlägt – bereits im Jahr 1727, mithin vor beinahe 300 Jahren sagen. Das war eine Zeit, in der nicht nur die bundesrepublikanische Parteiendemokratie noch eine ferne Zukunftsmusik war, sondern die auch der Gründungsepoche der deutschen Parteien lange vorausging, obwohl die SPD als älteste Partei mit exakt 150 Jahren auch nicht mehr besonders jung ist.

Swifts Politikerschelte war im Übrigen keineswegs die erste ihrer Art. Bereits vor rund 2.500 Jahren war Platon der Meinung, dass von den politisch Mächtigen keiner seinem ebenso berühmten wie voraussetzungsreichen Kompetenzprofil des „Philosophenkönigs“ genüge. Die Politiker seiner Zeit hielt er weitgehend für inkompetent. Er kritisierte ihre Privilegien und die Arroganz der Macht und bemängelte, dass die politisch Handelnden allzu oft jegliche philosophische Begabung entbehrten. Und um die Aufzählung von Beispielen historischer Politikerkritik abzuschließen, aber ebenfalls, um zu zeigen, dass sich mindestens seit etwa 1700 jedes Jahrhundert mit ganz ähnlichen Argumenten über seine Regierenden mokierte, soll an dieser Stelle noch auf die Bilderserie „Physiognomie de l'Assemblée“ von Honoré Daumier verwiesen werden. Entstanden zwischen 1848 und 1852, porträtiert dieser Zyklus die Abgeordneten als hässliche Gestalten mit überdimensionierten Nasen, wirrem Haar und gierig vorgestrecktem Kinn. „Sie sind“, interpretierte Willibald Sauerländer die Lithographien Daumiers in der *Süddeutschen Zeitung*, „eine grässliche Spezies, welcher der Spott der zuschauenden Öffentlichkeit ins Gesicht fährt.“

Die willkürlich ausgewählten, beliebig erweiterbaren Verweise zeugen von einer langen Tradition von Wut und Zorn auf die politisch Herrschenden. Und so überrascht es nicht, dass sich die politischen Amtspersonen der öffentlichen Meinung zufolge aktuell abermals durch sachliche Unkenntnis auszeichnen. Die politischen Eliten, heißt es, verharmlosen die Probleme oder sehen sie erst gar nicht. Sie inszenieren sich namentlich in Wahlkämpfen als Experten, die sie nicht sind, kaschieren ihre dürftigen

Leistungen durch großmäulige Auftritte sowie unverfrorene Lügen und betreiben, selbstsüchtig auf ihr eigenes Wohl bedacht, eine dreiste Privilegienwirtschaft. Wenn es um die Durchsetzung ihrer Vorstellungen und Ziele geht, verwandeln sie sich ohne zu zögern kühl kalkulierend in Populisten. Und überhaupt: Statt an Inhalten oder Sachfragen sind sie einzig daran interessiert, im Rampenlicht der Medien zu stehen. Darin zeigt sich eine Oberflächlichkeit, die ihre tiefere Logik in den fragwürdigen Ausleseprozessen der Parteien findet, welche weniger Originalität, Klugheit und Ideenreichtum als vielmehr opportunistische Anpassungsbereitschaft, kaltschnäuzige Durchsetzungsfähigkeit und hemmungsloses Machtstreben goutieren.

Dramatik der aktuellen Vertrauenskrise

Dennoch darf der historische Vergleich nicht dazu verführen, die Situation heute zu verharmlosen. Das politische Interesse ist im 21. Jahrhundert auf einen historischen Tiefpunkt herabgesunken. Im Jahr 2010 stufte sich der großangelegten deutschen (von einem britisch-niederländischen Mineralölkonzern finanzierten) Shell-Jugendstudie zufolge bloß noch ein Drittel der 13- bis 25-Jährigen als politisch ein. In den 1970er-Jahren dagegen behauptete dies von sich noch ein genau doppelt so hoher Anteil, also zwei Drittel der Jugendlichen. Laut einer Umfrage des Magazins *Reader's Digest* vertrauen in Deutschland nur noch neun Prozent der Befragten den Politikern im Allgemeinen. Nur 17 Prozent der Deutschen halten einer Umfrage des Instituts für Demoskopie Allensbach zufolge Politiker für kompetent, sogar nur drei Prozent meinen, sie handelten selbstlos. Trotz aller erforderlichen Relativierungen kann allem Anschein nach durchaus zurecht auch von einer Verschärfung der Vertrauenskrise zwischen „den" Bürgern und „ihren" Politikern gesprochen werden. Während zum Beispiel Anfang der 1990er-

Jahre immerhin 42 Prozent der Deutschen überzeugt waren, dass sich Abgeordnete primär an den Interessen der Bevölkerung orientieren, schmolz dieser Anteil bis heute auf 15 Prozent zusammen.

Dies sind jedoch nicht nur Probleme, die auf der Wahrnehmungsebene zu finden sind, sondern sie lassen sich gleichfalls an ganz konkreten Tatsachen festmachen. Die amtierende politische Klasse ist von ihrer sozialen Struktur her immer eindimensionaler. So hat sich etwa der Anteil der Mitglieder des Bundestages mit Hochschulbildung von rund 44 Prozent im ersten Deutschen Bundestag (1949–1953) auf 86,7 Prozent in der 15. Legislaturperiode (2002–2005) verdoppelt. Während in den 1990er-Jahren durchschnittlich rund zwei Drittel der Bundestagsmitglieder einen akademischen Abschluss besaßen, gilt dies bei den heutigen deutschen Spitzenpolitikern für 93 Prozent, wovon 30 Prozent sogar einen Doktortitel führen.

Gleichwohl ist die Politikverdrossenheit nicht allein auf das Fehlverhalten oder den Zuschnitt der politischen Delegationseliten zurückzuführen. Hinzu kommt die Erosion ihrer Machtgrundlagen und Führungsfundamente durch gesellschaftliche Wandlungsprozesse. Dem Politologen Emanuel Richter zufolge basiert die Macht des Staatsmannes – erstens – auf der glaubwürdigen und öffentlichkeitswirksamen Demonstration seiner Herrschaftsqualifikation. Sie fußt außerdem – zweitens – auf der taktisch versierten Berücksichtigung des diffusen Volkswillens. Nur werden solche Fundamente in einer Epoche der fortschreitenden gesellschaftlichen Pluralisierung und der schrumpfenden materiellen Verteilungsspielräume immer stärker unterhöhlt. Zudem erwächst durch den Verlust der alten Milieus und die Erosion der traditionellen, selbstverständlichen Parteibindungen das Vertrauen in die Politik nicht mehr quasi wie von selbst.

In dieser Situation verschärft zuletzt auch die unrealistische Erwartungshaltung breiter Teile der Bevölkerung das Dilemma der Politeliten. Politische Kompetenz, um noch einmal Emanuel Richter zu zitieren, ist zugleich Laientum und Professionalität, generalistisches Urteilsvermögen und spezialistische Expertise einiger weniger, *common sense* des Volkes und Fachwissen der Führungsfiguren, Beratung in der breiten Öffentlichkeit und Entscheiden in einschlägigen Gremien. Wobei darauf hingewiesen werden muss, dass Richter diese Aufzählung mit der Forderung verbindet, die breite Bevölkerung stärker an den politischen Entscheidungen zu beteiligen, also die Kompetenzen als das Resultat des gewünschten Zusammenspiels zweier Akteursgruppen, der Berufspolitiker und der Laienbevölkerung, versteht.

Hiermit stellt sich dann die Frage, was Politiker eigentlich können müssen. Der Politikwissenschaftler Elmar Wiesendahl vertritt in seinen Schriften die Ansicht, Politiker müssten zunächst einmal an der Herstellung gesamtgesellschaftlich verbindlicher Entscheidungen mitwirken können. Sie sollten außerdem über ein Mindestmaß an Fachkompetenz und Fachkenntnis verfügen, die sie als Orientierungs- und Hintergrundwissen in politische Aushandlungen einbringen. Eine wichtige Eigenschaft wäre daneben die Fähigkeit, unterschiedliche, auch konträre Positionen und Einzelaspekte zu einer Synthese zusammenzufügen – unerlässlich gerade in Bundesstaaten wie der Bundesrepublik. Des Weiteren ein geschicktes Händchen zur Einbindung der verschiedenen politischen Akteure und Ebenen, das versierte Knüpfen von Unterstützernetzwerken, sprich: eine virtuose Beherrschung der Instrumente zur Organisation von Mehrheiten. Auf das Spiel mit den Medien müsse sich ein begabter Politiker ebenso verstehen, wie er ein Gespür für den zyklisch aufflammenden Bedarf der Basis nach Sinnstiftung und symbolischer Führung benötige.

Politische Führung ähnelt insofern beinahe der Quadratur des Kreises. Politiker müssen sich gleich ein ganzes Bündel verschiedenster, miteinander bisweilen auch kollidierender Fertigkeiten aneignen. Sie brauchen Entscheidungskompetenz, müssen Probleme und Lösungswege rasch erfassen können. Notwendig sind hierzu ein feines Gespür für das richtige Timing, Selbstvertrauen, Entschlussfreude. Andererseits erfordert die Verhandlungsdemokratie der Bundesrepublik ganz elementar auch Kooperationswillen, dessen Grundlagen Fairness, Verlässlichkeit und Geduld sind. Und zu alledem müssen Politiker auch noch gesellig und kontaktfreudig im Umgang mit dem Wahlvolk, selbstinszenierungsbegabt gegenüber den Medien und allgemein ehrlich, anständig und vorbildhaft sein.

Von den Politikern wird erwartet, dass sie Alleskönner sind – und die Politikerverdrossenheit liefert Indizien für den Verdacht, die Gegenwartsgesellschaft kennzeichne eine „Ziellosigkeit des Missvergnügens“. Wie sich unsere politischen Repräsentanten auch verhalten, die Kritik ist ihnen sicher. Denn gefordert werden sich wechselseitig ausschließende Fähigkeitskombinationen. Politiker sollen entscheidungsfreudig vorangehen und bei jeder Petitesse zunächst die Meinung der Bevölkerung einholen. Sie sollen detailkundige Experten und zugleich umfassend sprachfähige Generalisten sein. Zum Forderungskatalog der Wahlbevölkerung gehört auch, dass sie sich vorbildlich verhalten, aber nicht abgehoben erscheinen; dass sie gewiefte Vertreter der spezifischen Interessen des Einzelnen und überparteiliche Vertreter des Gemeinwohls sind; harte Wahlkämpfer und sensible Zuhörer; berechenbar und originell; prinzipientreu und nur dem eigenen Gewissen verpflichtet.

Die verbreiteten (Vor-)Urteile über die Defizite der politischen Eliten sind daher nicht selten irreführend. Der Eindruck einer fortgeschrittenen Selbstabschottung der Politiker zum Beispiel reibt sich mit dem ausgedehnten zeitlichen Umfang der Wahlkreisarbeit im politischen Alltag. Noch pointierter: Gerade die Vielfalt – und nicht etwa die Seltenheit – der Basisaktivitäten heutiger Politiker stellt womöglich ein Problem dar. Die bekannte amerikanische Historikerin Barbara Tuchman hat bereits vor etlichen Jahren am Beispiel des einstigen US-Außenministers Henry Kissinger festgestellt, dass ihm das unerbittlich harte Arbeitspensum und die gnadenlose Terminhatz, die er zu bewältigen hatte, keine Zeit zur Betrachtung eines Problems von allen Seiten und eines politischen Kurses in all seinen Konsequenzen ließen. Wenn heute also ein Mangel an Intellektualität, Kreativität und Originalität beklagt wird, dann nicht zuletzt deshalb, weil Politiker ständig in Bewegung sein, Gespräche führen und Reisen unternehmen müssen.

Warum dieses Buch?

Angesicht der Angemessenheit einerseits wie auch der Irrungen der gravierenden Politikerverdrossenheit andererseits im noch relativ jungen 21. Jahrhundert war es für uns von großem Interesse, uns durch eine Bestandsaufnahme der politischen Klasse ein möglichst realistisches Bild derselben machen zu können. Dazu haben wir an konkreten Fällen das Kompetenz-, Eigenschafts- und Einstellungsprofil der aktuellen Politikentscheider untersucht. Einer der Gründerväter der deutschen Politikwissenschaft, Theodor Eschenburg, war überzeugt: „Auf die Persönlichkeit kommt es an!" Darauf bezugnehmend ergab sich für uns die Entscheidung, in diesem Buch stark mit dem Instrument des Porträts zu arbeiten – wobei wir gleichzeitig die larmoyante Behauptung, früher sei alles besser gewesen, infrage stellen oder jedenfalls überprüfen wollen.

Vielfach ist es ja so, dass die Eigentümlichkeit der heutigen Politiker darin gesehen wird, dass sie einzig durch den politischen Betrieb, durch die Sozialisation in Parteien und Parlamenten geformt worden seien; dass sie charakterlich nicht mehr durch

Schicksalserfahrungen gezeichnet und gefestigt wären und ihre außerpolitischen Kenntnisse und Prägungen durch Berufe jenseits des Einflussbereiches der professionellen Politik immer mehr schwinden würden. Infolgedessen ließen sie sich eher lenken als dass sie führen würden: von Moden der öffentlichen Meinung, von innerparteilichen Mehrheiten, von lautstark vertretenen Interessen und dergleichen mehr. Wir sind also den Fragen nachgegangen: Stimmt es, dass die aktuellen Spitzenpolitiker kaum mehr über Erfahrungen, Prägungen und Kenntnisse jenseits der Parteien und des Berufspolitikertums verfügen? Sind sie daher in ihren Persönlichkeiten immer uninteressanter, unattraktiver, einander parteiübergreifend ähnlicher geworden? Und besaßen tatsächlich die älteren Politikerkohorten noch jene Substanz, an der es heute flächendeckend zu mangeln scheint?

Eben die in der letzten Frage angedeutete Spiegelung der aktuellen politischen Eliten an älteren Politikergenerationen bietet sich dabei aus dem Grund eines politischen Generationswechsels an. In den 1960er-Jahren lösten die Angehörigen der „45er" flächendeckend die noch in Weimar sozialisierten sogenannten Gründerväter der Bundesrepublik ab. In den 1980er- und 1990er-Jahren gelangten zunächst die sozialdemokratischen „Enkel" Willy Brandts und danach in der CDU die „Jungen Wilden" an die Schalthebel der Politikmacht. Und in den letzten Jahren mehren sich die Anzeichen, dass neue, seit den 1960er-Jahren geborene Politikerkohorten ihren Durchbruch schaffen und sich „Enkel" und „Junge Wilde" kollektiv in den politischen Ruhestand verabschieden – wie ebenfalls langjährige Liberalen-Politiker ausscheiden und die Ablösung der politisch besonders langlebigen Gründergeneration der Grünen naht. Markant jedenfalls ist das aktuell geringe Durchschnittsalter vieler Bundesvorstände, das durch die Klagen über die voranschreitende Alterung der etablierten Parteien in der Regel verdeckt wird. Umso wichtiger ist eine Untersuchung der politischen Eliten von heute: ihrer Karrierewege, ihres Politikverständnisses, ihres Verhältnisses zu den

Parteien wie auch ihrer Selbstdarstellung in den Medien – und nicht zuletzt auch ihrer Unterschiede zu den Herolden der abgetretenen Politikergenerationen.

1 Die Ungnade der späten Geburt oder: Schicksalslosigkeit als Manko

„Früher war alles besser." Frei nach diesem Motto lässt sich eine weitverbreitete Annahme beschreiben, wonach die heutigen Politiker nicht mehr das Format der früheren besäßen. Man hat dann die Schwarz-Weiß-Bilder vor Augen, auf denen Ludwig Erhards Zigarre dampft, Konrad Adenauer seiner Limousine entsteigt oder Willy Brandt im Bundestag am Rednerpult steht. Diese Reihe ließe sich vermutlich schier endlos fortsetzen – doch von der gegenwärtigen Politikelite lässt sich das nicht behaupten. Auch finden sich nur noch selten einprägsame Karikaturen, wie es sie etwa zu Helmut Schmidt, Franz Josef Strauß oder Helmut Kohl zuhauf gab, oder kommerziell vertriebene Bücher mit Politikerzitaten. Der Unterhaltungswert der aktuellen Politcharaktere scheint beträchtlich nachgelassen zu haben. Der einzige Politiker, dessen Name eine Bestsellergarantie ist – Helmut Schmidt –, entstammt daher wenig überraschend nicht der gegenwärtigen Politikelite.

War früher alles besser?

Sitzt man aber nicht an dieser Stelle einem Trugschluss auf, einem verzerrten Blick auf die Vergangenheit aus der wachsenden Distanz der Gegenwart? Diese Frage ist nicht ohne Bedeutung, denn zumeist verbindet sich mit der Erinnerung an die verblichene Machtelite auch der Glaube, es habe sich insgesamt um das bessere Politikpersonal gehandelt. Besser in mehrfacher Hinsicht: erfahrener, bevölkerungsnäher, unbestechlicher, aufrichtiger, prinzipienfester, auch fleißiger und sachverständiger. Aber stimmt das wirklich? Wer also regiert(e) uns?

Zunächst ist der wehmütige Abgleich der Politikerriege vergangener Zeiten mit dem politischen Personal der Gegenwart eine regelmäßige Begleiterscheinung des deutschen Politikbetriebs. Vergleichbare Klagen ließen sich auch immer wieder in den 1960er-, 70er- und 80er-Jahren vernehmen. Inzwischen legendäre Figuren wie Willy Brandt, Walter Scheel oder Helmut Kohl, auf die sich die heutige Nostalgie vielfach bezieht, boten in den 1970er-Jahren manchen Anlass, sich an vermeintlich ehrwürdigere, charakterfestere und insgesamt großformatigere Politikstars der 1950er-Jahre zu erinnern.

So schrieb etwa der *Spiegel*-Journalist Jürgen Leinemann 1979 über Carlo Schmid, einen der Gründungsväter der Bundesrepublik, ihn umgebe „jenes clevere, berechnende, agile Manager-Bonn". Und 1984 wandte der Geschichtsschreiber Christian Graf von Krockow in der *Zeit* seinen Blick zurück in die Ära Adenauer und fragte sich, wo sie denn nur alle hin seien, die „knorrigen, kantigen Persönlichkeiten, die das Bild der Politik in der schlimmen, guten Nachkriegszeit geprägt haben", woher stattdessen „dieser polierte, wieselige, wendige, geölte, salbadrige Typus, der inzwischen und offenbar immer mehr das Feld beherrscht", gekommen sei. Auch feixten einmal ein Altkanzler und ein Altbundespräsident über die dringliche Notwendigkeit einer Präsidialdemokratie, weil ihre Nachfolger ja nicht mehr regieren würden. Dieser Scherz ging allerdings nicht etwa auf Kosten von Gerhard Schröder oder Angela Merkel – nein, es waren Willy Brandt und Walter Scheel, die sich über Helmut Schmidts Regierung belustigten.

Dass die Vergangenheitsverklärung ebenso wie die bereits geschilderte Politikerkritik ein ganz typischer, stets wiederkehrender Effekt ist und insbesondere die Gründergeneration eines erfolgreichen Systems wie dem der Bundesrepublik als Kontrastfolie heranzieht, auf dem die gegenwärtige Politelite stets klein und gering erscheint, lässt sich in der Weltgeschichte immer wieder beobachten. Von dem französischen Gelehrten Alexis de Tocqueville ließ sich im 19. Jahrhundert erfahren, dass die damaligen Staatsmänner der Vereinigten Staaten nichts mehr von der Qualität der Gründerväter des späten 18. Jahrhunderts besäßen.

Dennoch lässt sich ein gewisser Wahrheitsgehalt der Gegenwartskritik an der politischen Elite nicht bestreiten. Irgendetwas scheint Angela Merkel, Peer Steinbrück oder Claudia Roth von Konrad Adenauer, Hans-Dietrich Genscher oder Herbert Wehner zu unterscheiden. Zunächst: Folgt man den Zeitungsberichten, so hatten die früheren Politiker tatsächlich mehr zu bieten als die heutigen. Etliche Journalisten der 1960er- und 70er-Jahre ließen sich zu beinahe schwärmerischen Schilderungen der Redekunst eines Kurt Georg Kiesinger, Rainer Barzel oder Franz Josef Strauß hinreißen. Und auch Helmut Schmidts Auftritte im Bundestagsplenum schienen mehr einem Schauspiel als einem pflichtgemäßen Redebeitrag zu gleichen. Seine Rhetorik brachte Schmidt die respektbezeugenden Beinamen „The Lip", „Le Feldwebel" oder „Schmidt Schnauze" ein.

Bleiben wir bei Schmidt: Noch bevor er Kanzler wurde, firmierte er im politischen Bonn als außerordentlich belesener, sachkundiger, wenn nicht gar weiser Politiker, der sich vortrefflich auf das Regierungshandwerk verstand. Und selbst Helmut Kohl, der bereits in einer Phase regierte, als es um den Ruf der Politiker schon nicht mehr ganz so gut bestellt war, galt in den frühen 1970er-Jahren als aufstrebender Reformer, der als Ministerpräsident das provinzielle Rheinland-Pfalz mit einem fortschrittlichen Regierungsprogramm binnen weniger Jahre zu einem Vorzeigebundesland getrimmt habe. Als Kanzler beschrieben ihn manche Beobachter als überirdische Erscheinung, ein Mann, der nicht geht, sondern schreitet, der nicht winkt, sondern Güte ausstrahlt, der vom Landes- zum Vaterlandsvater gewachsen war.

Oder nehmen wir Richard von Weizsäcker, der nicht erst im Nachhinein, sondern noch während seiner Dienstzeit als Verkörperung des idealen Staatsoberhauptes, als Glücksfall gesehen wurde und in dem viele Wähler wünschenswerte Tugenden zu erkennen glaubten, die den übrigen Politikern zu fehlen schienen – gerade so, als habe sich in ihm die Wunschvorstellung von der

„Herrschaft der Besten“ verwirklicht. Nicht zuletzt Franz Josef Strauß: Obwohl er mit seinen Tiraden und Attacken nicht selten über die Stränge schlug, vertraten die Kommentatoren einhellig die Meinung, hier handele es sich um einen extrem robusten, tatkräftigen, leidenschaftlichen und energischen Mann, eine „starke Führernatur“, wie es der *Spiegel* 1980 griffig formulierte.

Es dürfte zumindest schwerfallen, aus dem aktuellen Politikkader mehrere Charaktere herauszupicken, von denen Ähnliches behauptet wird. Insofern lässt sich in der Tat aus der zeitgenössischen Berichterstattung der Eindruck gewinnen, als habe es zu Zeiten der ersten Großen Koalition oder des Deutschen Herbstes erheblich hochklassigere, wenn man so will: „bessere“ Staatslenker gegeben. Aber stimmt das wirklich? Und wenn ja: Worin liegen die Ursachen dafür? Was ist also dran an der Vermutung, die Frauen und Männer der glühenden Wortgefechte und klugen Entscheidungen seien spätestens in den 1980er-Jahren wie die Dinosaurier ausgestorben?

Andererseits: Auch in den Zeiten der Kanzlerschaften von Adenauer oder Brandt, die als bessere Politikelite empfunden wurden, gab es viele Stimmen, die einen Qualitätsverlust des politischen Personals beklagten. Hinzu kommt, dass Öffentlichkeitsbilder von Politikern starken Schwankungen unterliegen. Das zeigt sich beispielsweise in den frühen 1970er-Jahren an den beiden gegensätzlichen Meinungen über den damaligen Bundesfinanzminister Helmut Schmidt: Zunächst sagt man ihm nach, dass er mit seiner Sturheit die Inflation anheize, wenig später aber gilt derselbe Schmidt als der Politiker, der die Republik als „Eiserner Schatzkanzler“ vor dem Ruin bewahrt habe.

Außerdem sticht Schmidt mit seinen Kenntnissen in wirtschafts- und finanzpolitischen Fragen ohnehin aus der Riege der deutschen Bundeskanzler heraus – weder Adenauer, Kiesinger, Brandt oder Kohl hätten mit seinem ökonomischen Wissen mithalten können. Wissensdefizite in Fachfragen sind unter Spitzenpolitikern allerdings völlig normal. Dahingehend dürften sich heutige von früheren Politikern also keineswegs unterscheiden. Vielmehr kommt es in der Politik darauf an, trotz oftmals widersprüchlichen Expertenrats innerhalb kurzer Zeit eine Entscheidung treffen zu können – unter Heranziehung des Wissens anderer, ergänzt jedoch durch das eigene Urteilsvermögen. Hier war Schmidt also vielmehr Sachverständiger als Politiker.

Krisen und Prägungen

Was die aktuellen von den vergangenen Politikerkohorten allerdings unterscheidet, ist das zum Teil wiederholte Erlebnis von Krisen, Zusammenbrüchen und Katastrophen, kurz: der Verlust des Schicksals. Als die Bundesrepublik den Trümmern des Zweiten Weltkriegs entstieg, saßen Männer und Frauen in den Schaltzentralen der Macht, die elementare Prägungen ihrer Persönlichkeit in extremen Zeiten erfahren hatten. Manche von ihnen hatten noch im wilhelminischen Kaiserreich das Licht der Welt erblickt, waren in einer konstitutionellen Monarchie mit Fürsten, Königen und einem Kaiser an der Spitze aufgewachsen und erzogen worden. Andere hatten den Ersten Weltkrieg erlebt – entweder im „Stahlgewitter" des Massensterbens an den verschiedenen Fronten Europas oder in Form von Leid und Entbehrung in der hungernden Heimat.

Diesen schrecklichen Eindrücken folgten der Revolutionswinter 1918/19, die Flucht des Kaisers, die blutigen Straßenschlachten in Berlin, im Ruhrgebiet und in Thüringen, der Kapp- und der Hitler-Putsch, jeweils ebenfalls verbunden mit großem Aufruhr. Sie erlebten die Hyperinflation, in der Stunde für Stunde der Wert des Geldes sank und sich absurde Papiergeldberge anhäuften, ehe die mühsam zusammengetragenen Ersparnisse mit einem Mal wertlos waren. Dann kam die nationalsozialistische Machtergreifung, die NS-Diktatur, ehe der Zweite Weltkrieg begann.

Wer um das Jahr 1900 geboren und in der Bundesrepublik Politiker wurde, hatte somit in nicht weniger als vier politischen Systemen gelebt und dies unter vier verschiedenen Varianten des Staatsoberhauptes: Kaiser, Reichspräsident, „Führer" und Bundespräsident. Er hatte zwei Weltkriege gesehen, Fronteinsätze, Bombennächte, Gefangenschaft oder Konzentrationslager überlebt und insgesamt drastischere Erfahrungen gemacht als lange Zeit irgendeine Generation davor oder danach.

Auch wer etwas später geboren wurde, hatte dramatische Erlebnisse erfahren, erfahren müssen. Helmut Schmidt zum Beispiel: Noch vor dem Krieg zum Wehrdienst rekrutiert, verbringt er insgesamt achteinhalb Jahre in Uniform, ehe er wieder ins Zivilleben zurückkehrt; er erlebt den preußischen Kasernendrill, exerziert, salutiert, kämpft; mit der Wehrmacht eilt er in den ersten Kriegsjahren von Sieg zu Sieg, steigt zum Offizier auf. Im August 1941 an die Ostfront versetzt, wird er mit seiner Flak-Batterie in einem Kessel nahe Leningrad eingeschlossen. In der klirrenden Kälte des Winters 1941/42 nimmt er am Rückzug teil, bei dem Mensch und Material gefrieren. Schmidt sieht Orte, die in lichterlohen Flammen stehen, die Straßen gesäumt von verbrannten Kadavern. Er verarztet verwundete Kameraden, die unter ihren Schmerzen nur noch schrille Schreie ausstoßen. 1944 muss er die innere Auseinandersetzung austragen, ob es mit seinem Verständnis von Eid und Vaterlandsliebe vereinbar ist, eine zu wahnsinnigen Entscheidungen fähige Führung gewaltsam zu beseitigen – und welche Aussicht eine neue, auf die Schnelle improvisierte Führung hat, einen für Deutschland annehmlichen Kriegsausgang zu erreichen.

Vertieft wird dieser Konflikt durch den Schauprozess im Volksgerichtshof, zu dem Schmidt als zu belehrender Zuschauer abkommandiert wird und wo er den beklemmenden Kampf der todgeweihten Widerständler mitverfolgt. Von einem fanatischen Offizier wegen diverser Lästereien über Göring und die „Braunen" denunziert, steht Schmidt unversehens unter dem in den letzten Kriegsmonaten lebensbedrohlichen Verdacht der „Wehrkraftzersetzung" und bangt um Kopf und Kragen. Anschließend gerät er in alliierte Kriegsgefangenschaft, bedrückt von der Ungewissheit über das eigene Schicksal.

Schmidt steht stellvertretend für all jene, die in ihren feldgrauen Offiziersmänteln durch schneebedeckte Schlachtfelder stapften, durch Blutpfützen wateten, sterbende Kameraden in ihren Armen hielten, Gefallene begruben, deren Überbleibsel nicht selten kaum mehr als Torsos waren, die sich monate- oder gar jahrelang in tödlichen Kampfgebieten aufhielten, in denen sie sich von Kommissbrot und Suppe ernährten und währenddessen um das Schicksal der in der Heimat vom Bombenkrieg heimgesuchten Angehörigen bangten, die Zeugen grausamer Verbrechen und unvorstellbarer Gewalt wurden. Nach der Kapitulation bezogen sie spärliches Quartier in einem Gefangenenlager, ehe sie als erschöpfte Kämpen in ihre Heimatstädte zurückkehrten, die die alliierten Feuerstürme hinweggefegt und als Trümmerlandschaft zurückgelassen hatten. Sie verlebten ihre Jugend in einer Zeit, in der Tapferkeit vor dem Feind, der Nachweis von Härte und Stärke wesentliche Bestandteile des Männlichkeitsideals waren.

Auch Helmut Kohl, wenngleich noch einmal fast zwölf Jahre jünger als der 1918 geborene Schmidt, hatte eine erlebnisreiche Jugend und kannte noch in vielerlei Hinsicht andere Zeiten: Dem jungen Kohl widerfahren gewaltsame Erziehungsmaßnahmen, mit Prügel vom Schulrektor und gelegentlich auch von den Eltern. Doch in freier Natur besteht er mit seiner Bande kleine Abenteuer und liebt und liest mit Begeisterung Karl-May-Geschichten. Dann bricht der Krieg aus. Die meiste Zeit bis zum Zusammenbruch des NS-Regimes verbringt Kohl in der Hitler-Jugend, geprägt von Fahnenappellen und Exerzieren. Wie viele seiner Zeitgenossen durchlebt er die Bombennächte, im September 1943 sieht er seine Heimatstadt Ludwigshafen in Trümmern, dem Erdboden gleichgemacht.

Auch der Soldatentod von Angehörigen bleibt ihm nicht erspart, im Herbst 1944 stirbt sein Bruder bei einem Tieffliegerangriff.

Die Kohls ernähren sich in diesen Notzeiten von Gemüse und Obst aus dem eigenen Garten und schlachten ihre Stallhasen. Am „Volksempfänger" hören sie Wehrmachtsberichte und „Führer"-Reden, zunächst die Siegesmeldungen, dann die Durchhalteparolen. Und weiterhin die unablässigen Fliegerangriffe. Kohl erlebt verrohte Zeiten, muss im Schülerlöschtrupp die Überbleibsel der Bombennächte aufräumen. Neben Schutt und Trümmern gehören dazu auch die verbrannten oder erstickten Bombenopfer. In den letzten Kriegstagen, Kohl ist 15 Jahre alt, erhält sein Jungvolk-Zug den Auftrag, mit speziellen Substanzen das Berchtesgadener Tal zu vernebeln – als Vorbereitung für den vermeintlich bevorstehenden Endkampf in der „Alpenfestung", die es eigentlich gar nicht gab. Kohl, der sich fern von zuhause in einem Wehrertüchtigungslager befindet, weiß nicht, ob seine Eltern den Einmarsch der alliierten Truppen überlebt haben oder in den Kriegswirren umgekommen sind.

Die Sorge um das Schicksal seiner Angehörigen ist das eine. Das andere ist seine eigene Unsicherheit, wohlbehalten in den allerletzten Kriegstagen wieder nach Hause zu kommen. Wie viele andere seiner Generation begibt er sich auf eine Odyssee des Schreckens. Im Braunhemd marschiert er durch Süddeutschland, erfährt aus dem Radio von der Kapitulation, wird von befreiten polnischen Zwangsarbeitern verprügelt, sieht die Leichen von aufgeknüpften Soldaten baumeln, die Standgerichte als „Vaterlandsverräter" exekutiert haben, wovon die ihnen umgehängten Schilder künden. Dann folgt der erlösende Moment des Wiedersehens mit den unversehrten Eltern im unzerstörten Familienwohnsitz. Aber die Unsicherheit bleibt: Hat Ludwigshafen noch eine Zukunft? Werden sich die Franzosen die Pfalz einverleiben? Wie Millionen andere Deutsche muss Kohl nun eine entbehrungsreiche Zeit durchstehen.

Das war die zukünftige Politikelite der jungen Bundesrepublik: Eine schicksalsgestählte Kohorte, von der sich die meisten als missbrauchte Opfer der nationalsozialistischen Ideologie betrachteten, die zum Teil als „letztes Aufgebot“ an die Front geschickt worden waren, und denen die Errichtung der Demokratie eine fundamentale Neuorientierung abverlangte. Zugleich eröffnete ihnen der Wiederaufbau jedoch auch ungeahnte Karriere- und Selbstverwirklichungsoptionen. Große Prägekraft entfalteten daher auch die Jahre vor und während des „Wirtschaftswunders“, in denen die Westdeutschen lernten, wie schnell auf die destruktiven Kriegsjahre eine schöpferische Zeit folgen kann.

Helmut Kohl erwägt kurzzeitig eine Ausbildung zum Landwirt, lernt auf einem Gutshof die Mühsal der Schweinezucht und Zuckerrübenernte kennen. Doch seine Zukunft erkennt er darin nicht und geht stattdessen an die Universität. Als Werkstudent bei der *BASF* schleift er im Akkord Sandsteinklötze, nimmt für einen kurzen Moment in seinem Leben die Perspektive des Malochers ein. Es ist eine Zeit, in der tatkräftige Männer wie Kohl reichlich Gelegenheit haben, anzupacken, Erfolge zu feiern, Selbstbewusstsein aufzubauen.

Schmidt, Kohl und ihre Generationsgenossen machten also in den ersten 30 Jahren ihres Lebens drastische, existenzielle Erfahrungen. Ihre Biografien weisen heftige Brüche auf, ihre Prägungen mussten – insbesondere durch die Diskreditierung des Nationalsozialismus – mehrfach korrigiert und überlagert werden. Sie wurden mit gewaltsamem Tod, Elend und Hunger konfrontiert. Das unterscheidet sie von allen nachfolgenden Generationen. Als sich der FDP-Vorsitzende Philipp Rösler zum Facharzt ausbilden ließ und die rheinland-pfälzische CDU-Landesvorsitzende Julia Klöckner für den *Südwestdeutschen Rundfunk* in der Abteilung Landeskultur arbeitete, schoss der 26-jährige Helmut Schmidt in den Rückzugsgefechten nach der gescheiterten Ardennenoffensive im Januar 1945 mit seiner Flak-Batterie auf alliierte Jagdbomber. Und während etliche Nachkriegspolitiker in jungen

Jahren in Luftschutzkellern ausharren und den Missbrauch verarbeiten mussten, den die NS-Ideologie mit ihnen getrieben hatte, besteht die härteste Kindheitserfahrung, die das SPD-Parteivorstandsmitglied Hubertus Heil vorzuweisen hat, in Raufereien mit Nachbarsjungs.

Ferner hinterließen, wie der Historiker Hans-Peter Schwarz beobachtet hat, die Politiker der alten Weimarer Republik, denen nach dem Krieg die Aufgabe zufiel, in einem zerrütteten Land eine Zukunftsgrundlage zu errichten, bleibende Eindrücke bei den jungen orientierungslosen Menschen. Das waren jene Frauen und Männer, deren politische Hochzeit in der Weimarer Republik lag, die noch in den sozialmoralischen Milieus sozialisiert worden waren und die fundamentale Gesellschaftskonflikte als Angehörige eines der politischen Lager ausgetragen hatten.

Nach dem Zusammenbruch der NS-Diktatur griffen sie noch einmal in die politischen Geschehnisse ein, beeinflussten die politischen Einstellungen der Jüngeren, indem sie ihre Erfahrungen und Lehren weitergaben. Viele der einstigen Hitler-Jugendlichen akzeptierten sie bereitwillig als moralisch überlegene Autoritäten, denen sie Vertrauen schenkten und von denen sie sich in politischen Dingen unterweisen ließen. Häufig ging von diesen lebensgewandten Mentoren eine ungeheure Faszinationskraft aus, die vor allem die Begeisterung für demokratische Politik wachrief und einen nicht unerheblichen Beitrag zur Stabilisierung der noch zerbrechlichen Republik geleistet haben dürfte.

Eine ähnlich bedeutsame und handlungsleitende Übermittlung von Werten und Überzeugungen fand in den 1980er- und 1990er-Jahren hingegen nicht mehr statt. Die Flakhelfergeneration der Ende der 1920er-, Anfang der 1930er-Jahre Geborenen kennzeichnete folglich eine doppelte Schicksalsprägung: Zum einen das eigene Erlebnis von Diktatur und Krieg, zum anderen der enge Kontakt mit gleichfalls schicksalsträchtigen Kohorten, die den Untergang des Kaiserreichs, den Ersten Weltkrieg und die Krisen sowie den Exitus der Weimarer Republik miterlebt hatten. Die Schicksalsintensität deutscher Politiker verblasste im Zeitverlauf der sich normalisierenden Bundesrepublik – nicht einmal aufgefrischt durch die Wiedervereinigung. Mit jedem Jahrzehnt nahm die Schicksalsschwere der deutschen Politikerelite ab. Heute mögen Wolfgang Schäuble und Claudia Roth noch die am stärksten mitgenommenen Vertreter der politischen Kaste sein.

Schicksal und Wirkung

Doch der persönliche Lebensweg eines Politikers war noch in anderer Hinsicht bedeutsam. So konnte das allgemein verbreitete Wissen um dessen Schicksal seine Wirkkraft deutlich erhöhen. Der Sozialdemokrat Kurt Schumacher ist hierfür ein aufschlussreiches Beispiel. Schumacher, Jahrgang 1895, wird im Mai 1946 auf dem ersten Nachkriegsparteitag der SPD mit überwältigender Mehrheit zu deren Vorsitzenden gewählt. Wie kein zweiter Spitzenpolitiker der SPD verkörpert er die sozialdemokratische Unbeugsamkeit in den dunklen Jahren des Hitler-Regimes – mit je einem amputierten Arm und Bein, einem insgesamt ausgemergelten Körper und seinem hohlwangigen Gesicht ist sein Leid nicht zu übersehen. In den vorangegangenen dreizehn Jahren hat er für seine Überzeugungen in Konzentrationslagern gelitten, ihnen trotz der Marter durch die NS-Schergen und dem drohenden Tod niemals abgeschworen. Daraus leitet er nun seinen Führungsanspruch ab, und deshalb fügt sich die Nachkriegs-SPD auch so vorbehaltlos seiner Autorität.

Zuvor hatte er keine sonderlich herausragende Rolle gespielt. Vor der NS-Diktatur gehörte er lediglich zur weitläufigen Parteielite, war allenfalls den schwäbischen Sozialdemokraten ein Begriff, doch die meiste Zeit im Reichstag ein Hinterbänkler, dessen man sich allenfalls aufgrund einer Rede erinnerte, in der er gegen Joseph Goebbels' Propaganda polemisierte. Denn ansonsten kann Schumacher ein unangenehmer Mann sein, der in außerordentlich rüdem Umgangston seine Parteifreunde zurückweist. Seines sympathischen Charakters wegen gelangt Kurt Schumacher nach dem Krieg jedenfalls nicht an die Parteispitze. Er ist durch seinen Leidensweg eine charismatische Gestalt, moralisch nahezu allen anderen Politikern – und auch Bürgern – überlegen. Für all jene, die 1933 einen nicht ganz so harten Weg gewählt und sich irgendwie mit den politischen Verhältnissen arrangiert hatten, ist er das personifizierte schlechte Gewissen, das an die Verfehlungen und Unterlassungen in der Vergangenheit gemahnt. Schumacher passte einfach in die Trümmergesellschaft der späten 1940er-Jahre. In den darauffolgenden Jahrzehnten hätte er hingegen fehl am Platz gewirkt.

Doch auch Helmut Kohl teilte mit seinen Landsleuten viele Erlebnisse, wodurch der Inhalt seiner Reden oftmals eine Aura von Wahrhaftigkeit erhielt. Man stelle sich folgende Szene vor: Da steht der riesenhafte Kohl am Mikrofon eines großen Saales und weckt die Erinnerung an die über 40 Jahre zurückliegende Zeit nach dem Krieg – die Erinnerung vieler seiner Wähler: wie die Frauen „mit ihren Kindern aus den Kellerlöchern krochen", wie die heimkehrenden Männer „die Ärmel aufkrempelten und zupackten". Dabei glänzen seine Augen von den nahenden Tränen.

Seine Reden sind streckenweise sterbenslangweilig, aber am Ende doch integrativ. Sie vermitteln den Menschen Zuversicht, den Glauben an den Sieg des Guten über das Böse, daran, dass ihnen Gerechtigkeit widerfahren wird, wie Jürgen Leinemann im *Spiegel* feststellte. Und wenn Kohl 1984 mit François Mitterrand auf dem ehemaligen Schlachtfeld von Verdun den Gefallenen gedenkt, dann kann er dazu über seinen Vater, der dort im Ersten Weltkrieg im Schützengraben lag, einen persönlichen Bezug herstellen. Kohl gelingt es, bei vielen Menschen basale Sehnsüchte nach Ruhe, Sicherheit und Geborgenheit anzusprechen. Und er überzeugt dabei, weil er all diese Gefühle eine Zeitlang selbst entbehren musste, er also weiß, wovon er spricht. Helmut Kohl war der letzte Bundeskanzler, der den Krieg noch in vollem Bewusstsein erlebt hat.

Ganz ähnlich verhält es sich mit Richard von Weizsäcker. Seine legendäre Rede zum 40. Jahrestag des Kriegsendes kann er nur deshalb halten, weil er den Krieg und die Nazi-Zeit mitsamt ihren Irrtümern selbst erlebt hat. Auch repräsentiert er als Person durch seinen Vater, der in Nürnberg als Kriegsverbrecher verurteilt worden war, die Zwiespältigkeit von Schuld und Opfer der Deutschen. Ohne diese persönlichen Erlebnisse wären viele seiner Auftritte nur halb so eindrucksvoll und einsichtig gewesen. Heute fehlen solche klaren Übereinstimmungen von Schicksal und Rede, aus denen sich die politische Überzeugungskraft nährt. Schon längst gibt es keinen aktiven Politiker mehr, der Diktatur, Krieg oder Wiederaufbau hautnah miterlebt hat. Vielmehr sitzt inzwischen die Generation der wohlhabenden Erben an den Schalthebeln der Macht.

Sie sind die Ersten, die keine einschneidende Vernichtung von Geld- und Vermögenswerten mehr kennen – zumindest nicht in dem Ausmaß von 1923 oder 1945. Kein Wunder auch, dass im Gegensatz zur Generation der „Flakhelfer" oder der „Skeptischen Generation" die jüngeren Geburtsjahrgänge mit Medien- und Techniketiketten à la „Generation Golf", „Generation Windows" oder „Generation @" umschrieben werden – die auf deutlich harmlosere Elementarerfahrungen als ihre Eltern, Groß- und Urgroßeltern hinweisen.

Fehlende Berufserfahrung?

Ein ständiger Vorwurf an die gegenwärtige Politikelite ist, es mangele ihr an Berufserfahrung außerhalb der Politik. Einer gängigen Beobachtung zufolge sei im professionellen Politikbetrieb eine Generation herangewachsen, die im Gegensatz zu früher kaum mehr etwas anderes als Parlamentsbüros und Parteizentralen gesehen habe, deren Kenntnisse vom Leben außerhalb des Regierungsviertels gering seien, die folglich kaum mehr eine Vorstellung von den Bedürfnissen und Wünschen der Bürger hätte. Doch was ist dran an dieser pauschalen Feststellung und den daraus folgenden Vermutungen? Unterscheiden sich heutige Politiker darin wirklich so stark von früheren?

Ein Streifzug durch die Lebensläufe vieler Parlamentarier scheint diese Annahme zu bestätigen. Blickt man in die Landtage und den Bundestag, so findet man auf Anhieb etliche Karriereverläufe, in denen Tätigkeiten jenseits von Mandaten und politischen Stäben kaum vorkommen. Man könnte daraus den Typus des Karrierepolitikers ableiten, den Typus eines Carsten Schneider. Der Erfurter, Jahrgang 1976, besucht zwischen 1984 und 1991 die Polytechnische Oberschule, anschließend das Gymnasium. Nach seinem Abitur im Jahr 1994 fängt er eine Lehre bei der Volksbank Erfurt an. 1997/98 leistet er Zivildienst in einer Erfurter Jugendherberge. 1998 ist er dann für kurze Zeit Bankkaufmann bei der Erfurter Sparkasse. Dann endet die Banker-Karriere des Carsten Schneider. Seinen erlernten Beruf gibt er auf, als er in den Bundestag gewählt wird.

Nachdem er 1994 bei den Jusos eingestiegen ist, tritt er ein Jahr später auch der SPD bei. Von 1996 bis 1999 amtiert er als stellvertretender Juso-Landesvorsitzender. Zwar betreibt er neben seinem ursprünglichen Beruf viel Politik, doch deutet zunächst nichts auf eine Position hin, durch deren Einkünfte er seinen Lebensunterhalt bestreiten könnte.

Dann kommt der Machtwechsel, das Ende der Ära Kohl, der Beginn der „Schröder-Jahre". Schneider wird in seinem Wahlkreis direkt gewählt – seit Gründung der Bundesrepublik 1949 hat es keinen so jungen Mandatsträger gegeben. Als „Greenhorn" landet Schneider im Herbst 1998 direkt im Haushaltsausschuss des Bundesparlaments. Hier findet der Bankkaufmann seine Berufung. In den folgenden Jahren steigt er in der SPD-Fraktion zum stellvertretenden, dann zum ersten haushaltspolitischen Sprecher auf. Auch in den folgenden Legislaturperioden sitzt er für die SPD im Haushaltsausschuss. Rechnet man seine Ausbildungszeit ein, so kann Schneider vier Jahre in einer Bank vorweisen, hingegen mittlerweile fast 15 als Abgeordneter im Bundestag.

Schneider ist kein Einzelfall: Immer mehr Abgeordnete haben kaum oder gar keine außerpolitische Berufserfahrung. Auch die Parlamentssoziologie spricht für diese These: Unter den jüngeren Bundestagsabgeordneten dominieren diejenigen, die vor ihrem Mandat entweder unmittelbar im Politikbetrieb oder in politischen Vorfeldorganisationen wie etwa Stiftungen und Gewerkschaften tätig gewesen sind. In den 1960er- und 70er Jahren gab es diese Häufung von Stabskarrieren noch nicht. Damals waren die Lebensläufe augenscheinlich noch bunt, reine Parteikarrieren selten. Doch sollte man sich davon nicht täuschen lassen.

Erstens entstand schon in den frühen 1980er-Jahren, als Kohl und Weizsäcker als Kanzler und Bundespräsident die Verantwortung über die Geschicke des Landes übernahmen, der Eindruck einer ungebührlich frühen Professionalisierung des politischen Personals. Zweitens muss man den Sinn der dahinterstehenden Forderung nach mehr nichtpolitischer Berufserfahrung hinterfragen, denn viele Berufe sind nicht davor gefeit, dass während ihrer Ausübung vergangene Eindrücke verblassen und Kenntnisse über das seinerzeitige Alltagsleben irgendwann verloren gehen. Die Abgehobenheit, die der politischen Elite gerne unterstellt wird, ist eigentlich nichts Politikspezifisches, sondern kommt in anderen Bereichen ebenfalls vor. Der öffentliche Druck auf die Politiker, trotz voranschreitender Karriere den Kontakt zur Herkunftswelt zu bewahren, sprachlich und verhaltensmäßig bloß nicht als professionelle Politiker zu erscheinen, führt zu angestrengten, dadurch gekünstelt wirkenden Verrenkungen.

Politiker wie Daniel Bahr oder Sabine Bätzing-Lichtenthäler versuchten zum Beispiel demonstrativ, sich eine Option zur Rückkehr in die Bank offenzuhalten, in der sie gelernt hatten, oder sie erledigten ihre Einkäufe selbst – stets um sich standhaft gegen das offenbar missliebige Attribut des Berufspolitikers zu erwehren. Doch indem sie kein offenherziges Bekenntnis zu ihrem Lebenswandel ablegten, dass sie als Berufspolitiker – alleine schon wegen ihres unendlich langen Arbeitstags und des erbarmungslosen Terminmarathons in Berlin und im heimischen Wahlkreis – keine gewöhnlichen Bürger mehr waren, machten sie sich umso verdächtiger.

Drittens schließlich lohnt ein erneuter Blick in die Vergangenheit. Gerade die Politiker der „alten“ Bundesrepublik, die man als markante Figuren erinnert und die über viele Jahre, gar mehrere Jahrzehnte hinweg über Wohl und Wehe der Republik entschieden, waren zumeist „in der Wolle gefärbte“ Profipolitiker mit äußerst bescheidener Erfahrung jenseits der Politik.

So hat ausgerechnet Franz Josef Strauß, der gemeinhin als politisches Urgestein gilt, beruflich eigentlich nie etwas anderes als Politik gemacht. Bereits im Sommer 1946 – Strauß ist 30 Jahre alt – wird er Landrat von Schongau. Außerdem ist er schon bald Abgeordneter des Wirtschaftsrates in Frankfurt am Main. Gleich bei der ersten Bundestagswahl im August 1949 gewinnt er in Weilheim das Direktmandat und startet seine Karriere in der Bundespolitik.

Nicht viel anders Konrad Adenauer: Ein Mann, der zur Zeit seiner Kanzlerschaft an Lebenserfahrung wohl kaum mehr zu übertreffen war, praktizierte keine fünf Jahre als Rechtsanwalt, ehe er hauptberuflich in die Politik einstieg. 1901 legt er sein Assessorexamen ab, tritt in den Dienst der Kölner Staatsanwaltschaft und wechselt bereits 1903 in eine Anwaltskanzlei, die von einem einflussreichen Zentrumspolitiker geleitet wird – der Partei also, über die Adenauer politische Karriere machen will. Keine zwei Jahre später scheidet er wieder aus und lässt sich zu einem von zwölf Beigeordneten der Stadt Köln wählen. 1917 ist er vorerst am Ziel angelangt: Er wird Oberbürgermeister Kölns. In seinem eigentlichen Beruf arbeitet der spätere Kanzler hingegen nie wieder.

Fast noch am längsten unter den Altprominenten stand Helmut Kohl im freien Markt in Lohn und Brot. Im Herbst 1959 ist Kohl gerade in den rheinland-pfälzischen Landtag eingezogen. Doch das Mandat bietet ihm kein ausreichendes Einkommen. Also geht er in die Wirtschaft, wird Direktionsassistent in einer Ludwigshafener Eisengießerei und wechselt kurze Zeit später zum Landesverband der Chemischen Industrie Rheinland-Pfalz. Bei seinem Berufsstart profitiert er vom Wirtschaftsboom, durch den Universitätsabsolventen wie er begehrte Jobkandidaten der ortsansässigen Unternehmen sind. Bei seinem Wechsel zum Chemieverband spielt sicherlich die Erwartung eine Rolle, sich mit Kohl einen baldigen Wortführer der christdemokratischen Landtagsfraktion ins Haus zu holen – und so kommt es auch.

Kohl nutzt seine Kontakte aus der Politik, um seine Aufgaben beim Chemieverband zu erfüllen, zu denen nicht zuletzt Lobbyarbeit zählt. Erst kurz vor seiner Wahl zum rheinland-pfälzischen Ministerpräsidenten 1969 gibt er seinen Verbandsjob auf. Dennoch dürfte Kohls Arbeitsschwerpunkt nicht in seinem Job beim Chemieverband, sondern in der CDU und im Landtag gelegen haben. Noch während er berufstätig ist, sitzt er im Ludwigshafener Stadtrat, wird CDU-Kreis-, Bezirks- und schließlich Landesvorsitzender, übernimmt den Fraktionsvorsitz im Landtag und steigt in den CDU-Bundesvorstand auf. Gegenüber seiner Stellung in der Politik, wo er bereits an großen Rädern dreht und zur politischen Elite der Republik zählt, ist er im Verband der Chemischen Industrie ein eher unscheinbarer Mitarbeiter.

Schattenseiten der Schicksalspolitiker

Die Politiker der 1950er-, 60er- und 70er-Jahre waren zweifellos leidgeprüfte, Respekt gebietende Persönlichkeiten, mit deren geschichtlich aufgeladenem Profil ihre Nachfolger schwerlich mithalten können – zum Glück, wie man vor dem Hintergrund der damit verbundenen Ereignisse sagen muss. Doch ob man sich diesen Typus zurückwünscht, sollte man sich gründlich überlegen. Zumindest ist äußerst fraglich, ob er den gängigen Vorwürfen an die politische Klasse erfolgreich entgegentreten könnte, denn herausstechende Figuren wie Konrad Adenauer, Franz Josef Strauß oder Herbert Wehner hatten ihren Preis. Vermutlich würden sie die Verdachtsmomente, die gegenüber der aktuellen Politikelite bestehen, lediglich erhärten, statt sie auszuräumen: Auf dem Weg zur Macht waren sie oft skrupellos und rüde, nahmen keine Rücksicht auf das Wohl ihrer Gegner und zeigten sich im Umgang mit Gesetzen und Anstandsnormen relativ unbekümmert.

In dieser Hinsicht ist Kurt Schumacher wiederum ein gutes Beispiel: Die Bedingungen, unter denen er zwischen 1946 und seinem Tod 1952 die SPD führt, gibt es schon bald nicht mehr. Das Hauptquartier der Schumacher-SPD ist mit einer modernen Parteizentrale nicht vergleichbar. Damals steht an der Parteispitze ein Apparat mit klaren Befehlsstrukturen. In ihm arbeiten Funktionäre, die ihrem Chef bedingungslos ergeben sind und sich Wort für Wort an dessen Vorgaben halten. Wie sich Schumacher als Parteichef verhält, hat nicht im Geringsten etwas mit dem „kommunikativen" Führungsstil, wie ihn heutzutage handelsübliche Managementratgeber predigen, zu tun.

Seine damaligen Genossen haben noch die Disziplin und Folgsamkeit der Weimarer SPD verinnerlicht. Auf diese Weise kann sich Schumacher auf eine Organisationskultur stützen, die ihm seinen alleinherrschaftlichen Führungsstil gestattet. Zweifel an seinen Entscheidungen brüllt er regelrecht nieder, Gegner zwingt er mit einer unerbittlichen Härte in die Knie. Als Parteivorsitzender wäre Schumacher im Jahr 2013 hingegen gänzlich unvorstellbar. Mithilfe des *Spiegels* oder der *BILD* würden Mitarbeiter seinen Umgang öffentlich anprangern und SPD-Landesvorsitzende oder sozialdemokratische Ministerpräsidenten binnen kurzer Zeit einen Aufstand gegen den Parteiobersten anzetteln. Niemand würde sich heute einen Vorgesetzten wie Schumacher gefallen lassen.

Ähnlich verrückt würde heutzutage Herbert Wehner eingeschätzt werden. In den 1950er- und 60er-Jahren braucht Wehner keinen offiziellen Parteivorsitz, um die SPD in der Machtvollkommenheit eines Parteivorsitzenden zu führen. Die formellen Parteichefs, Erich Ollenhauer und Willy Brandt, mögen zwar die öffentlichen Führungsfiguren sein, doch es ist Wehner, der die Geschicke der Sozialdemokratie in diesen beiden Jahrzehnten bestimmt. Auf formelle Hierarchien nimmt er keinerlei Rücksicht. Und die Genossen lassen sich diese Unverfrorenheit gefallen – denn Wehner lässt sie an großartigen Erfolgen teilhaben.

Wehner führt die SPD 1966 zuerst in die Regierung und dann 1969 ins Kanzleramt. Ohne Wehners Chuzpe wären sowohl die Große Koalition als auch die Ära Brandt kaum denkbar gewesen. Der ehemalige Kommunist ist daher eines der besten Beispiele für Machtaneignung auf informellem Weg, denn wie bereits erwähnt hat Wehners tatsächliche Macht nichts, aber auch rein gar nichts mit den eigentlichen Spielräumen seiner Ämter zu tun. Wäre es nur nach dem Parteistatut gegangen, hätte Wehner nicht sonderlich viel zu sagen gehabt. Er wäre dann einer von mehreren Angehörigen der Parteispitze, nicht aber *der* Stratege schlechthin gewesen.

Aber Wehner ist für viele seiner Zeitgenossen auch eine Zumutung und sein rücksichtsloses Verhalten würde heute kein gutes Licht auf die Politik werfen. Eines seiner Markenzeichen sind zwar kreative, jedoch harsche Beleidigungen. Adenauer bezeichnet er einmal als „Nachgeburt des Führers", und den CDU-Abgeordneten Wilhelm Rawe schreit er 1976 mit den Worten an: „Sie sind doch keine Maus, sondern eine Ratte." Zusammen mit drei weiteren SPD-Abgeordneten prügelt Wehner 1950 einen Mandatsträger der rechtsradikalen DRP aus dem Ruhesalon des Parlamentsgebäudes. Diese „Initiative zu einem gemeinschaftlichen Handeln", als die er den Vorgang bezeichnet, muss er mit einem zehntägigen Sitzungsverbot abbüßen. Der Name Wehner würde heute im Zusammenhang mit aufgeregten Kommentaren unablässig über *Twitter* laufen und den dahinterstehenden Politiker im Handumdrehen zu einer untragbaren Belastung für seine Partei machen.

Auch Konrad Adenauer, der von 1949 bis 1963 Kanzler war, ist nicht gerade zimperlich. Es gehört zu seinem Führungsstil, in der Politik weder persönliche Feindschaften noch Freundschaften zu pflegen. In dieser Angelegenheit ist Adenauer gefühlskalt, lässt so gut wie keine Duz-Bekanntschaften zu und kann folglich umso freier von moralischen Skrupeln und sozialen Hemmungen Personen ihrer Ämter entheben, sobald sie seiner Ansicht nach ihren politischen Wert verloren haben. Siegfried Balke, der unter Adenauer neun Jahre als Minister dient, erfährt 1962 aus dem Radio von seiner Entlassung. Der „Alte" kann im Umgang mit unliebsam gewordenen Ministern eiskalt sein. Wie Schachfiguren schiebt er Menschen hin und her, entlässt oder beruft Minister, wie es gerade Konfessions- oder Länderproporz erfordern. Die damit verbundenen Schicksale sind weniger als zweitrangig. Ludwig Erhard fasst einmal den Mut und schreibt dem Regierungschef, dass er sich den persönlichen Umgang mit seinen engsten Mitarbeitern „niemals in einer so unpersönlichen Atmosphäre" vorstellen könne, wie sie zwischen Adenauer und seinen Ministern herrsche.

Zur Hochform läuft Adenauer allerdings in Wahlkampfzeiten auf. Im Vorfeld der Bundestagswahl 1953 bezichtigt er ohne Vorlage konkreter Beweise zwei SPD-Funktionäre, Gelder aus der Sowjetzone erhalten zu haben. Erst nach der Wahl stellt sich heraus, dass Adenauers Angriff eine willkürliche Verunglimpfung der Sozialdemokraten war. Die SPD steht da freilich schon als Verlierer fest. Und für den Fall eines sozialdemokratischen Wahlsiegs im Herbst 1957 stellt Adenauer auf dem Nürnberger CSU-Parteitag nichts Geringeres als den „Untergang Deutschlands" in Aussicht. Das aus den US-Präsidentschaftswahlkämpfen bekannte „negative campaigning" ist also mitnichten ein Phänomen der jüngsten Zeit, sondern war bereits fester Bestandteil des politischen Arsenals der Adenauer-CDU in den 1950er-Jahren. Gerhard Schröder steht somit in einer uralten Tradition mit seiner Rede vom „Professor aus Heidelberg", in der er im Wahlkampf 2005 den von der CDU aufgebotenen Steuerexperten Paul Kirchhof wegen dessen Bild von der „Durchschnittssekretärin", die 1,3 Kinder habe und zu einem gewissen Anteil verheiratet sei, verlacht.

Man kennt solche Schlagzeilen wie hier aus der *Bild*: „So kassieren unsere Politiker nebenbei ab!" Sporadisch flammen immer wieder Debatten auf, ob und inwieweit Politiker parallel zu ihrem Mandat Nebentätigkeiten ausüben dürfen – insbesondere, wenn sich die Herkunft der Geld- und Auftraggeber mit dem Politikfeld des jeweiligen Parlamentariers decken. Zu Recht lässt sich darin die Gefahr für eine mindestens unterschwellige Befangenheit sehen. Dieser Verdacht ist allerdings so alt wie die Politik selbst, er reicht vom antiken Athen über das Deutsche Kaiserreich bis hin zur Bundesrepublik. Auch die verwaisten Sitzbänke der augenscheinlich leeren Plenarsäle waren bereits Gegenstand von Kritik in den Jahren der Weimarer Republik. „Der Politiker", so resümierte der Journalist Heribert Prantl 2002 in der *Süddeutschen Zeitung*, „gilt landläufig als Angehöriger einer Kaste, die nicht viel kann, aber zu allem fähig ist. Und Politik gilt als Netzwerk der Selbstbedienung, das die demokratische Ordnung überwuchert und erstickt. Politik ist zu einem Synonym geworden für alltägliche Kungelei bis hin zu Korruption. Politik gilt als Reich der schwarzen Kassen, der fehlerhaften Rechenschaftsberichte, der Steuerhinterziehung und der Postenwirtschaft." Nicht erst seit Peer Steinbrücks Vortragshonoraren grassiert der „Frust über die Raffkes im Berliner Reichstag", wie es 2002 dem *Spiegel* zu entnehmen war. Doch selbst wenn die zahllosen Vorwürfe stimmten, müsste sich die gegenwärtige Politikelite gegen die Gründerväter der Bundesrepublik trotz alledem geradezu harmlos und redlich ausnehmen.

Die meisten Politikerkarrieren stehen in deren fünften oder sechsten Lebensjahrzehnt in voller Blüte. In diesem Alter ist Konrad Adenauer noch weit davon entfernt, Bundeskanzler zu werden – dieses Amt erreicht er erst mit biblischen 73 Jahren. Ausgerechnet der große Adenauer steht während seiner Zeit als Kölner Oberbürgermeister in den 1920er-Jahren in der öffentlichen Kritik, ein unverschämtes Gehalt zu beziehen, während die Stadtschatulle leer und der Schuldenberg hoch ist. Obendrein ist Adenauer Spekulant – und verliert in der Weltwirtschaftskrise Ende der 1920er-Jahre viel Geld. Heute würde Adenauer damit im Blickpunkt einer bundesweiten Öffentlichkeit stehen, sein Treiben auf dem Finanzmarkt in Kombination mit seinem Einkommen aus Steuermitteln würde Journalisten reichlich Material für moralische Empörung liefern.

Ein ganz anderes Kaliber war freilich Franz Josef Strauß. 1951 ist Strauß bereits als Generalsekretär in der Führungsetage seiner Partei angelangt und stellvertretender Fraktionsvorsitzender im Bundestag. In dieser Stellung gebietet er schon in jungen Jahren über viel Macht und Einfluss. Das macht ihn interessant für Lobbyisten, die damals, in den frühen Jahren der Bonner Republik, ihren Einfluss in Parteien und Ministerien geltend machen wollen. CSU-nahe Wirtschaftsemissäre bauen eine Verbindung zu ihm auf und schließen mit ihm einen Kontrakt: Strauß erhält nun regelmäßig Geld aus der Industrie, über das er nach Belieben verfügen kann. Dafür muss er lediglich seine Spender anhören und ihnen zusichern, den Einfluss der CSU in der gemeinsamen Bundestagsfraktion mit der CDU zu nutzen, um den wirtschaftspolitischen Interessen der Industriellen eine kraftvolle Stimme zu verleihen.

Beide Seiten glauben, darin nichts moralisch Verwerfliches erkennen zu müssen – schließlich handelt es sich bloß um Vorstellungen, die im Kern auch die der CSU sind. Außerdem spendiert der Bayerische Chemieverband dem jungen Abgeordneten ein „repräsentatives Büro“ in Bonn – das sich aber nur als Leihgabe versteht und ihm selbstverständlich jederzeit wieder entzogen werden kann. Dass Strauß, dessen Mittel nicht an die heutiger Mandatsträger heranreichen, diesen Vorteil so einfach nicht wieder preisgibt, dürfte wahrscheinlich sein. Und so empfängt er Abgesandte der bayerischen Chemieindustrie, sobald diesen mal wieder etwas an der Bonner Politik missfällt. Mit anderen Worten: Industrievertreter kaufen sich bei Franz Josef Strauß, dem talentierten und aufstrebenden Nachwuchsmann der CSU, einen privilegierten Zugang zum Zentrum der Macht.

Die Rechtschaffenheit der politischen Elite dürfte wohl eher zu- als abgenommen haben. Die verblichenen Virtuosen der Macht waren keine Kinder von Traurigkeit. Sie führten geheime Konten und unterhielten von Geldern aus der Wirtschaft gespeiste Parteikassen, mit denen sie ihre Wahlkämpfe finanzierten. Als Vorbilder für schickliches Verhalten taugen sie zumeist nicht. Die frühen Politiker der Bundesrepublik, die uns heute überwiegend als Haudegen und Staatsmänner in Erinnerung sind, waren nicht selten verletzende Choleriker, berechnende Lügner, neurotische Fälle für den Psychiater. Aber sie waren damit erfolgreich. Sie verschafften sich Macht und Einfluss, mit denen sie Interessen durchsetzen konnten.

Aus der Reihe fiel nur Erich Ollenhauer. Vermutlich wird ihn allein deshalb schon kaum jemand mehr kennen. Der 1901 geborene sozialdemokratische Parteivorsitzende der Jahre 1952 bis 1963 ist mutmaßlich einer der achtbarsten, jedoch auch einer der erfolglosesten Politiker in der Geschichte der Bundesrepublik. Unter ihm als Kanzlerkandidaten verbuchten die Sozialdemokraten furchtbare Wahlniederlagen: 1953 erhielten sie klägliche 28,8 Prozent, 1957 reichte es bloß für 31,8 Prozent. Diese Werte wurden erst bei der Bundestagswahl 2009 unterschritten. Bis dahin stand der Name Ollenhauer historisch für die in der Ära Adenauer chronisch chancenlose SPD.

Ollenhauer macht es seinen Gegnern leicht, denn er ist offen und ehrlich, noch zur kleinsten Intrige, zum geringsten Spott unfähig. Während Adenauer in seinen Wahlkampfreden apokalyptische Szenarien einer SPD-Herrschaft entwirft und die Sozialdemokraten nach Lust und Laune beschimpft, will sein Herausforderer Ollenhauer partout kein persönliches Wort gegen den Kanzler richten. Er setzt nicht auf listige Taktik, stattdessen verlässt er sich auf die Überzeugungskraft des sozialdemokratischen Programms – und verliert.

Von Politikern wird häufig Aufrichtigkeit verlangt. Blickt man auf Erich Ollenhauer, so kann man jedem Politiker davon nur abraten, denn wer die Anliegen seiner Wähler durchsetzen will, benötigt eine gehörige Portion Unverfrorenheit, um sich im politischen Machtspiel zu behaupten – so wie Herbert Wehner. Wehner lässt selbst engste Mitarbeiter im Unklaren über seine Absichten und Vorgehensweisen. Im einen Moment schlägt er mit verbalen Knüppeln auf seine Gegner ein, im anderen ist er ein herzlicher Gastgeber, der Schnaps und Heringe reicht und zum Abschied auf der Mundharmonika spielt. Selbst Vertrauten und langjährigen Weggefährten bleibt er mit seiner Geheimnistuerei und seinem widersprüchlichen Verhalten zeitlebens ein Rätsel, das sich partout nicht entschlüsseln lassen will. Ständig stenographiert er Telefonate und Gespräche, oft akribischer als die offiziellen Protokollanten. Aus seinen Notizen fertigt seine Stieftochter Greta eine Kartei an, ein regelrechtes Archiv, aus dem Wehner seine Informationen bezieht, mit denen er sich für Auseinandersetzungen wappnet. Auf diese Weise wartet er mit längst vergessenen Details und Aussagen auf, durch die er sein Gegenüber festnageln kann.

So gesehen müsste man bei heutigen Politikern eher einen Mangel an Verschlagenheit feststellen und ihnen mehr Arglist verordnen, statt ihnen zu größerer Anständigkeit zu raten. Möglicherweise bleiben sie im Ansehen hinter den Altstars auch deshalb zurück, weil sie zu wenig Raffinesse und Chuzpe, hingegen zu viele Bedenken haben, zu große Vorsicht walten lassen. Von vielen Charakteren aus der Ära Adenauer oder der Ära Brandt sind vermutlich derart viele Anekdoten überliefert und Erfolge bekannt, dass diese die Schattenseiten verdecken und ein verzerrtes Bild von der Vergangenheit vermitteln.

Auch die neue Herrschaft der Demoskopie, die Ausrichtung von Politik an Umfragen, die zuletzt so oft beklagt wurde, ist ein Trugbild. Auch hier waren die Altpolitiker im Zweifel auffälliger als ihre politischen Nachfahren. Konrad Adenauer hatte stets ein Auge auf die Berichte der Allensbacher Meinungsforscher, bereits unter ihrem ersten Vorsitzenden holte die CDU regelmäßig Momentaufnahmen der Wählerstimmung ein, war Wahlforschung fester Bestandteil des politischen Inventars. Und auch Helmut Kohl räumte der Grande Dame der Meinungsforschung, Elisabeth Noelle-Neumann, einen Stammplatz in seinem Beraterstab ein. Wohl kaum jemand im Umkreis Kohls verfügte über derart großen politischen Einfluss wie Noelle-Neumann. Die Kritik an einem unbotmäßigen Stellenwert der Demoskopie flackert vielmehr in regelmäßigen Abständen auf: „Viele Anzeichen sprechen dafür, dass mindestens in Wahlkämpfen die Abhängigkeit der Politik von Umfragedaten gelegentlich bereits groteske Formen annimmt“, so schrieb der Politologe Peter Graf Kielmansegg schon 1977.

Das Schmidt-Phänomen

In den Rufen nach einem Krisenmanager vom Schlage Helmut Schmidts, ja in der kühnen Idee, den leibhaftigen Politgreis Schmidt noch einmal ins Kanzleramt zu berufen, macht sich ein allgemeines Unbehagen gegenüber der aktuellen politischen Elite bemerkbar. Offenbar gibt es dort niemanden, dem ähnlich wie Schmidt zugetraut wird, Land und Leute aus der misslichen Lage herauszuführen. So nimmt der Umgang mit diesem längst zur historischen Figur emporgestiegenen Mann, der sich seinen obligatorischen Eintrag in den Lexika längst gesichert hat, auch kaum Wunder: Schmidts Standpunkte sind weit davon entfernt, als mehr oder minder brauchbare Wortmeldungen eines Politrentners abgetan zu werden, die in irgendeiner parteinahen Zeitschrift oder dem Buch eines renommierten Verlages nachzulesen sind. Vielmehr wird Schmidt allerorten als Augur und Gegenwartsdeuter ehrfürchtig hofiert.

Das spricht nicht in erster Linie für den intellektuellen Gehalt seiner Stellungnahmen, sondern offenbart das fehlende Vertrauen in die Macht- und Schaltzentralen der Republik, wohl auch deren Unfähigkeit, mit ähnlich souveränem Gestus den Gegenwartskrisen mit vielversprechenden Konzepten und einleuchtenden Deutungen ihrerseits Paroli zu bieten.

Was die späte Karriere des Altstars Schmidt so stark beflügelt, ist zugleich ein Armutszeugnis für seine politischen Nachfahren. Sein persönlicher Erfolg lastet auf der Kanzlerin, ihren Ministern und auch den Parlamentariern des Bundestags – denn wie muss es um die Urteilskraft und das Krisenmanagement von Regierung und Parlament bestellt sein, wenn sich dort niemand auf Anhieb finden lässt, der die Situation augenscheinlich genauso gut wie der greise Politpensionär Schmidt durchblickt? Schmidts Auftritte und Interventionen lassen daher jedes Mal das Treiben des politischen Berlin in schlechtem Licht erscheinen. Sie überbringen die unterschwellige Botschaft, dass offenkundig niemand im Kanzleramt oder in den Abgeordnetenhäusern dem Altkanzler das Wasser reichen kann und seinen Aufgaben gewachsen ist.

Schmidts fortwährende Rüge des vermeintlich sinkenden Niveaus der politischen Klasse – zu der sowohl Politiker als auch Journalisten gehören – ist eine Bestätigung gängiger Vorurteile aus berufenem Mund. Ist denn da niemand, so legt die Beobachtung des unentwegt im Fernsehen über die Weltlage dozierenden Schmidt nahe, der den Gordischen Knoten mit einem Mal zerschlagen kann? Sind also etwa doch die Nachkommen der politischen Haudegen aus der Generation Genschers und Schmidts ausgeblieben, ist auf sie etwa nur noch mittelmäßiges, zur cleveren und rechtzeitigen Lösung akuter Probleme unfähiges Personal gefolgt? Dass Schmidt in seinen Ratschlägen komplexe politische und gesellschaftliche Probleme vereinfacht, dass er als einer, der zuletzt vor mehr als 30 Jahren in einem Regierungsamt politische Verantwortung getragen hat und womöglich gar nicht die heutigen Bedingungen von Politik nachvollziehen kann, ohnehin einfacher und entschlossener Lösungsvorschläge unterbreiten kann, als jemand, der den Kompromisszwängen des politischen Geschäfts unterliegt, dass er sich selbstsicher als ein Politikkundiger zu erkennen gibt, der mit seinen Einschätzungen im Großen und Ganzen nie falsch gelegen hat – all das bleibt dabei freilich unberücksichtigt.

Gegenüber Schmidts Empfehlungen muss jedwedes Regierungshandeln geradewegs unvollständig, unangemessen, ja fahrlässig und mangelhaft erscheinen, weil er mit Konzepten und Modellen hantieren kann, die sich nicht den Zwängen politischer Mehrheitsfindung stellen müssen. Gerade Letzteres trägt aber dazu bei, dass ausgesprochen selten ein politischer Plan in seiner ursprünglichen Fassung umgesetzt wird. Indem Schmidt vor den Augen von Zuschauern und Lesern seiner Sottisen und Beschwörungen den Schluss nahelegt, viele Probleme ließen sich auf vergleichsweise einfache Weise unter Rückgriff auf naheliegende Verfahren und Entwürfe lösen, bringt er die gegenwärtig verantwortlichen Politiker – unbeabsichtigt – in Misskredit.

Denn sie erscheinen stets als ein Teil der Probleme, fehlen ihnen doch offenbar Raffinesse, Courage und Weitblick. Der Fortlauf aller Krisen scheint in Schmidts Aussagen vermeidbar und lediglich durch die Inkompetenz einer offenbar durchschnittlichen Politikelite verursacht zu sein. Und wer kann schon gegen Aura und Nimbus eines Helmut Schmidt ankommen? Der Altkanzler wird nicht zufällig allenthalben als „Elder Statesman" etikettiert – mit seiner trotzigen Attitüde des nie um sein Laster verschämten Rauchers, seinem vom fortgeschrittenen Alter kündenden Gesicht und dem schlohweißen Schopf ist er ohnehin eine imposante Gestalt, eine Kultfigur. Als Schmidt sich auf dem Hannoveraner SPD-Sonderparteitag im Dezember 2012 seinen ersten Glimmstängel anzündete, johlte der Saal.

Doch hinzu kommt das implizite Wissen vieler Menschen um Schmidts Vergangenheit als souveräner Katastrophen- und Krisenmanager, als eine der Schlüsselfiguren der ersten Großen Koalition, als Bundesminister und Bundeskanzler, auch als Kriegsveteran und Bestsellerautor – kurzum: als einer, der die gesamte Geschichte der Bundesrepublik miterlebt und sie sogar zu einem gewissen Anteil mitbestimmt hat. Obendrein hat er im Zwist mit seiner eigenen Partei offenbar seine Kanzlerschaft für seine politischen Überzeugungen geopfert. Welcher aktive Politiker kann mit dieser Lebensbilanz, diesem Historienschein und dieser Erhabenheit ernsthaft mithalten, denn all das wird unterbewusst mitgedacht, wenn Schmidt auftritt.

So aber kann Schmidt – sei es direkt, durch explizite Kritik oder mittelbar durch die implizite Botschaft seiner eigenen Lebensgeschichte – den Anschein erwecken, als habe es früher in sämtlichen Bereichen der Gesellschaft weitaus fähigeres Personal als in den nachfolgenden Generationen gegeben: Politiker, Gewerkschafter, Bankiers, Wirtschaftskapitäne – sie alle wären wohl in der Vergangenheit von größerem Schneid, von besserer Qualität gewesen. Nirgendwo seien ihnen Männer und Frauen von gleichrangigem Format nachgefolgt. Und wieder lässt sich Schmidt als der lebende Beweis für diese Auffassung betrachten: Der Vorwurf, frühere Politiker hätten sich noch dem Allgemeinwohl verschrieben, wohingegen sie heutige lediglich karrieredienliche Ziele verfolgten, lässt sich schwerlich entkräften.

Dabei dürfte die Verknüpfung persönlicher und allgemeiner Interessen in den 1950er- oder 60er-Jahren kaum anders als in den 90er- oder 2000er-Jahren gewesen sein. Von Cäsar bis Merkel wohnte dem politischen Karrieretrieb auch immer die zwangsläufige Pflicht inne, die Interessen der Allgemeinheit zu berücksichtigen, denn zumeist war deren Zuspruch eine unvermeidliche Voraussetzung für den Erwerb von Ämtern und Macht. Kaiser, Könige und Kanzler konnten es sich selten leisten, die Belange der Bevölkerung zu ignorieren. Durch diesen Mechanismus gewannen beide Seiten: Die Regierung erhielt Zuspruch, und das Volk durfte sich zumeist einigermaßen gut regiert wissen.

Mit welchen Schicksalsfragen sollen heutige Politiker den Aus- oder Fortgang ihrer Karriere verknüpfen? Zu welchem Zeitpunkt sollen und können sie den Vorwurf egoistischer Machtspiele glaubwürdig entkräften? Natürlich gab es jene von Schmidt angedeuteten Momente, in denen die Karriere nicht im Vordergrund stand, in denen die politische Verantwortung zu einer schweren Last und einer alles andere als vergnüglichen Angelegenheit geriet. So etwa, als die RAF im Herbst 1977 den Arbeitgeberverbandspräsidenten Hanns Martin Schleyer kidnappte und ermordete. Dass aber Adenauer, Brandt oder eben auch Schmidt in beträchtlich geringerem Ausmaß eigendienlich, mitunter machtabstinent gehandelt hätten, ist schwer vorstellbar. Auch sie waren eitel, geltungsbedürftig und erfreuten sich am politischen Betrieb, in dem sie in bedeutsamer Stellung nicht ohne Genugtuung mitmischten, und trieben in den 1950er-Jahren konsequent und mit Methode ihre politischen Karrieren auf Kosten anderer Machtanwärter voran.

Hinzu kommt, dass Überzeugungen früher viel deutlicher sichtbar waren, als dies heute der Fall ist. Das einstmals allgegenwärtige Risiko eines weltzerstörerischen, apokalyptischen Atomkriegs ist weitgehend gebannt. Die Republik steht nicht mehr am Scheideweg von Sozialismus oder Marktwirtschaft, Zwei- oder Mehrparteiensystem. Und auch die Ungewissheit, ob über Deutschland wieder eine einheitliche Flagge weht, ist nach dem Scheitern des selbsternannten „Arbeiter- und Bauernstaats“ und der „Wende“ vorüber. Wirklich existenzielle Fragen, in denen Überzeugungen eine weitreichende Bedeutung zukommt, gibt es jedenfalls in deutlich geringerer Zahl als in den aktiven Zeiten Helmut Schmidts. Insofern fällt es leicht, von Willy Brandt, Konrad Adenauer oder Herbert Wehner als politischen Schwergewichten zu erzählen, deren Handeln noch auf Idealen gegründet habe und die in entscheidenden Momenten ihre Glaubwürdigkeit bewiesen hätten.

Mit Konflikten um Geltung, Macht und Einfluss dürften Politiker jedoch nicht erst seit den 1990er-Jahren in die Öffentlichkeit gedrungen sein. Sicherlich pflegten Schmidt, Wehner und Brandt – die sagenumwobene Troika der SPD – einen disziplinierteren Umgang untereinander als später Oskar Lafontaine, Gerhard Schröder oder Heidemarie Wieczorek-Zeul. Doch blendet Schmidt bei solchen Vergleichen geflissentlich aus, dass dies unter ganz anderen Rahmenbedingungen geschah. So verteilten sich die Rollen in der Troika vergleichsweise deutlich und unverrückbar, nachdem Brandt als Kanzler zurückgetreten war, jedoch das Vertrauen weiter Teile seiner Partei genoss, Herbert Wehner aufgrund seiner politischen Vergangenheit als Kommunist keinerlei Chancen hatte, selbst einmal Regierungschef zu werden und sich also mit der Fraktionsführung begnügte, und Schmidt wiederum als Regierungsoberhaupt eine für seine Ansprüche maßgeschneiderte Position eingenommen hatte.

Während bei diesen drei Urgesteinen der SPD also jeder eine passende Rolle gefunden hatte, für die er in der damaligen Konstellation überdies hervorragend geeignet war, verhielt sich dies im Fall der „Enkel"-Generation ganz anders. Zum Zeitpunkt von Schmidts Schelte, der sie als egoistische Karrieristen erscheinen ließ, hatte sich noch keine festgefügte Rollenverteilung ergeben, waren sie also in einem ganz anderen Stadium ihrer Karriere, in dem ihre Zukunft unbestimmt, der Ausgang ihrer Konkurrenzkämpfe noch ungewiss war.

Dass sie, wie Schmidt es kritisierte, ihre Streitigkeiten über die Medien austrugen, statt sie wie einst Brandt, Schmidt und Wehner im persönlichen Gespräch verborgen zu halten, ist daher kein angemessener Vergleich, denn es war ja eine eigentümliche Machtmethode der Enkel, sich in der Öffentlichkeit zu duellieren und mithilfe des geschickten Einsatzes der Medien politische Vorteile zu erzielen. Ohnedies dürfte es einem gestandenen Machtinhaber wie Schmidt leichtgefallen sein, das Treiben aufstrebender Talente als die ungebührlichen Rangeleien selbstverliebter Karrieristen zu geißeln. Ganz allgemein nahm Schmidt an, unter den Enkeln übel beleumundet zu sein.

Ohne Zweifel verklärt Schmidt eine Vergangenheit, die sich noch dazu mit der Gegenwart nicht ohne Weiteres vergleichen lässt. Aus der zeitlichen Distanz mehrerer Jahrzehnte und in dem Umfeld einer deutlich weniger von Atomsprengköpfen und Terrorakten bedrohten Republik lässt sich leicht behaupten, dass vorangegangene Politikergenerationen noch von einem anderen Schlag gewesen seien und ihr Handeln noch nach klaren Werten ausgerichtet hätten. Wer will und kann da schon widersprechen? Doch ließen es die politischen und gesellschaftlichen Verhältnisse nach diesen dramatischen Jahrzehnten nicht ganz einfach auch zu, sich etwas stärker als bislang auf die Karriere statt auf politische Probleme zu konzentrieren? Und wie passt der als Machtmensch und also letztlich ebenfalls als Karrierist gedeutete Helmut Kohl in diesen Generationenvergleich, der ein Protagonist genau jener von Schmidt als ernst- und gewissenhaft dargestellten Politikergeneration ist?

2 Vorzüge einer unbeliebten Figur

Wer vom Beruf des Politikers spricht, der darf über ihre Karrierewege nicht schweigen. In der unübersehbaren Vielfalt individueller politischer Werdegänge lassen sich nun seit rund vier Jahrzehnten drei verschiedene Karrieremuster ausmachen, in die man die Wege der Einzelnen einordnen kann. In seiner Studie „Politische Karrieren: Selektion und Professionalisierung politischer Führungsgruppen" aus dem Jahr 1975 unterschied der Elitenforscher Dietrich Herzog die Standardkarriere oder „Ochsentour" von der reinen politischen Karriere und der Crossover-Karriere – letztere wollen wir hier der Lesbarkeit halber als politischen Seiten- oder Quereinstieg bezeichnen. Die Standardkarriere zeichnet sich ganz grob durch eine sukzessive Intensivierung des politischen Engagements und einen stufenweisen Aufstieg in der innerparteilichen Hierarchie aus, in deren Verlauf sich die Politik von einer ehrenamtlich und parallel zur Erwerbsarbeit betriebenen Freizeitgestaltung allmählich über eine Reihe von Jahren hinweg zur berufsmäßig ausgeübten Tätigkeit entwickelt.

Von diesem standardisierten Weg in hohe politische Ämter unterscheidet sich die reine politische Karriere durch einen vollständigen Mangel an außerpolitischer Berufserfahrung. Stattdessen macht ein Mensch, der diesen Karriereweg geht, über Referenten- oder Mitarbeiterstellen bei Abgeordneten, einer Partei oder Fraktion frühzeitig das Politische zum Beruf. Der Eintritt in die professionelle Politik erfolgt also oftmals direkt im Anschluss an die Schulzeit, eine Ausbildung oder ein Universitätsstudium. Im Fall des politischen Quereinstieges wiederum ist – wie der Begriff schon sagt – dem politischen Spitzenamt hingegen überhaupt kein Aufstieg auf der Karriereleiter vorgeschaltet, jedenfalls nicht auf dem Feld der Parteien. Vielmehr erfolgt der Eintritt in die Politik quer, das heißt vorzugsweise von einer Topposition im Unternehmensmanagement oder in der Wissenschaft in eine ebensolche im politischen Bereich.

Mit Blick auf die Entwicklung dieser drei Verlaufsmuster politischer Laufbahnen besteht in der Politikwissenschaft weitgehend Einigkeit, dass die „Ochsentour“ ihren Nimbus als Standardkarriere aufgrund der notwendig fortschreitenden Spezialisierung und Professionalisierung des Politischen im Zuge einer wachsenden Problemkomplexität, steigender Informationsflut und entgrenzender Globalisierung nach und nach einbüßen wird und dass an ihre Stelle teilweise der Quereinstieg, vor allem aber die reine politische Karriere tritt, die den Prototyp der politischen Karriere in der nahen Zukunft darstellt. Das empirische Fundament dieser Einschätzung ist dagegen ausgesprochen brüchig, ja, sie ist durch eine Dissertation aus dem Jahr 2009 zuletzt sogar weitgehend dementiert worden.

Zwar bestätigt der oberflächliche Blick auf die Spitzenkandidaten der Volksparteien bei den Bundestagswahlen nach 2005 zunächst den vermeintlichen Trend – weder Merkel noch Steinmeier oder Steinbrück absolvierten eine „Ochsentour“ durch ihre Parteien, alle drei Lebensläufe weisen eher Merkmale eines Quereinstieges in die Politik auf. Doch belegt der Politologe Andreas K. Gruber in seinem Buch „Der Weg nach ganz oben“ mit etlichen Zahlen, dass zu Beginn des 21. Jahrhunderts auch dann nur 19 von 134 Spitzenpolitikern Quereinsteiger sind, wenn man eine relativ weitgefasste Definition zugrundelegt und nicht nur die konsequent Parteilosen dazu zählt, sondern obendrein jene, die sich erst bei oder nach dem Wechsel in die Berufspolitik für eine Parteimitgliedschaft entschieden haben, sowie jene, die vor demselben weder in der Partei noch in öffentlichen Ämtern in Erscheinung getreten sind. Selbst dann ermittelt Gruber nur einen Wert von 13 Prozent für politische Quereinsteiger.

Schwerer zu widerlegen sind die Annahmen für die reinen politischen Karrieren. Dietrich Herzog führte seine Annahme eines wachsenden Anteils dieses Karrieremusters auf den erhöhten Wert in dieser Gruppe bei Jungpolitikern zurück. In der Tat fallen heute bis zu 70 Prozent der jungen Mitglieder des Bundestages in diese Kategorie. Der Biografieforscher Wilhelm Weege datierte den Gesamtanteil der reinen politischen Karrieren bereits im Jahr 2003 sogar auf bemerkenswerte 30 Prozent. Allerdings handelt es sich bei dem stark erhöhten Wert für Jungpolitiker um eine systematische Verzerrung, da junge Abgeordnete, die fast ausnahmslos studiert haben, gar keine längere Berufstätigkeit außerhalb der Politik aufweisen können. Zudem werden Weeges Zahlen durch die Gruber-Studie relativiert, der zufolge ganze vier Spitzenpolitiker von 134 über keinerlei berufliche Erfahrung außerhalb der Berufspolitik verfügen. Selbst zusammen mit denjenigen, die vor ihrem Wechsel in die Berufspolitik ausschließlich in politischen Berufen tätig waren, sind lediglich fünf Prozent der deutschen Spitzenpolitiker diesem Karrieretyp zuzuordnen. Erweitert man diese Gruppe noch um jene Spitzenpolitiker, die maximal drei Jahre außerhalb der Politik beruflich tätig waren, dann ergibt sich immer noch ein Wert von nicht mehr als 14 Prozent.

Insgesamt dominiert der Eindruck, dass die Anteile der einzelnen Karrieretypen stabil bleiben. Das betrifft die Quereinsteiger ebenso wie die Standardkarrieren und insofern außerdem die ausschließlichen Politikkarrieren. Gruber ermittelt 40 Jahre nach Herzog für die „Ochsentour"-Laufbahnen exakt denselben Wert wie dieser 1975, nämlich 73 Prozent.

Solcher Empirie zum Trotz – oder gerade deswegen – hat die „Ochsentour" einen schlechten Leumund. Das Standardmodell erfolgreich verlaufender politischer Werdegänge ist zur Zielscheibe der grassierenden Politikerverdrossenheit geworden und gilt als Quelle des Qualitätsverlustes des politischen Spitzenpersonals. Einen erheblich besseren Ruf genießt der Quereinstieg in die Politik, mit dem sich zumindest kurzfristig immer wieder aufs Neue hochtrabende Erwartungen verbinden.

Gerade in Zeiten einer grassierenden Vertrauenskrise der etablierten Parteien und der bestehenden politischen Klasse sind politische Seiteneinsteiger umworbene Sympathieträger, Galionsfiguren, Wählermagneten – in den Augen der Bevölkerungsmehrheit wie nach Ansicht der Deutungseliten in den Redaktionsstuben. Beiden gilt die Bezeichnung „Berufspolitiker“ als Schimpfwort, Sympathien für die Absolventen einer politischen „Ochsentour“ empfindet kaum jemand.

Seiteneinsteiger erscheinen demgegenüber als die Hoffnungsträger und Wunderknaben der Politikkundigen, ein jeder ein potenzieller Barack Obama. Sie zeichnen sich dem öffentlichen Urteil zufolge durch ein erstaunliches Fachwissen aus. Sie sind, folgt man den stereotypen Diagnosen, primär an der Sache orientiert, glaubwürdig und nicht zuletzt unabhängig. Da sie sich schon finanziell eine abweichende Meinung leisten können, lassen sie sich nicht so einfach an die Kandare der Fraktionsdisziplin nehmen oder als parlamentarisches Stimmvieh entmündigen. Der Ruf nach Seiteneinsteigern ist insofern die Kehrseite der Politikerverdrossenheit.

Vermögen sie der politischen Klasse aber nun angesichts der Schicksalslosigkeit der Nachkriegsgenerationen zusätzliche Farbe zu verleihen, verspricht eine verstärkte Rekrutierung von Laien der Profil-, Leistungs- und Vertrauenskrise Abhilfe zu verschaffen? Um diese Frage zu beantworten, hilft ein Blick ins Nachbarland Österreich, wo ebenso wie in Deutschland die Parteien Massen organisieren, ihr Einfluss weit über das enge politische System hinaus reicht, der Staat insofern Parteienstaat ist und außerdem die politischen Eliten über Große Koalitionen und die Verflechtung der Parteien mit Wirtschaftsverbänden und Gewerkschaftsbünden gleichfalls beständig zur Kompromissbildung und Konsensfindung gezwungen sind. Österreich besitzt darüber hinaus für Deutschland insofern Orientierungsfunktion, als all diese Elemente hier stärker ausgeprägt sind, der Verdruss über Politiker und Parteien schon seit Jahren konstant höher und folglich auch der Ruf nach Seiteneinsteigern lauter ist.

Die Wirkung der Quereinsteiger war dort jedoch begrenzt – und sie dürften aus der Perspektive der österreichischen Kritiker des Parteienstaates jedenfalls nicht gänzlich begrüßenswert gewesen sein. Die verstärkte Berufung von Seiteneinsteigern erweiterte die Durchgriffsrechte der Parteielite, die innerparteiliche Demokratie wurde durch die Öffnung der Rekrutierungswege für Nichtmitglieder eingeschränkt. Eine ernsthafte, zuerst an Inhalten, an „der" Sache und „dem" Gemeinwohl orientierte Politik wurde durch Seiteneinsteiger ebenfalls nicht gefördert, eher im Gegenteil. Dies geht jedenfalls aus den Ergebnissen der interessanten Monografie von Armin Wolf über prominente Quereinsteiger hervor. Pointiert stellt Wolf heraus, dass die Karrierechancen von Seiteneinsteigern letztlich bedeuten, dass die Parteien vor der Mediengesellschaft einen „Kotau" machen. Die Eignung des Quereinsteigers, so Wolf, bestünde letztlich in seiner Medienpräsenz. Der geübte Umgang in den Medien sei wichtiger als die Kenntnis des Parteiapparates oder der Kontakt zur Basis, ergo sei ihre Funktion nichts anderes als die Umsetzung von Medienpräsenz in Wählerstimmen.

Dennoch ist die Zustimmung der Medien zu den prominenten Exoten in der Politik stets unsicher. Häufig schlägt die anfängliche Neigung zu hymnischem Lobgesang bei den professionellen Politikbeobachtern infolge von strategischem Ungeschick, mutwillig ausgelösten Konflikten und unbedachten Äußerungen bereits nach kurzer Zeit in blanke Verachtung um. Und obwohl die Kritik an den etablierten Politikern auch und gerade in der österreichischen Bevölkerung weit verbreitet ist, meinen stolze 87 Prozent der Befragten, vor der Übernahme eines Mandates solle man bereits politische Erfahrung gesammelt haben. Stärker noch als bei Journalisten und Spitzenpolitikern ist beim sprichwörtlichen „kleinen Mann" der Wunsch verbreitet, nicht von unerfahrenen Laien, sondern von Profis regiert zu werden. Vor diesem Hintergrund ist es wenig verwunderlich, wenn sich in Österreich auch durch die wachsende Zahl politischer Amateure an der Politikverdrossenheit nichts verändert hat. Abermals eher im Gegenteil: Die Vertrauenskrise vertiefte sich sogar, die Zustimmung für zentrale Pfeiler der Zweiten Republik – Große Koalition, Sozialpartnerschaft, Konkordanzdemokratie – schwand weiterhin und der Aufstieg der selbsterklärten Antisystempartei FPÖ setzte sich fort, sodass sie 1999 ihren größten Wahlsieg überhaupt feierte.

Unabhängig davon zeigt das österreichische Beispiel, dass ein verstärktes Engagement von Quereinsteigern auch mit der schwankenden Nachfrage nach politischen Ämtern zusammenhängt. Engagement muss offenkundig Sinn ergeben, weshalb es Prominente vornehmlich in aufgewühlten Zeiten in die Politik drängt, wenn brisante Streitfragen die Gesellschaft polarisieren und bedeutende Richtungsentscheidungen anstehen. Es sind dies die sogenannten „charismatischen Momente" in der Geschichte, jene Phasen, da Politik Gestaltungsmacht zu besitzen und Takt sowie Richtung des Wandels vorgeben zu können scheint. Kurzum: Es stimmt nicht oder jedenfalls nicht ganz, dass Seiteneinsteiger von einer besitzstandwahrenden Politikerkaste an politischer Einmischung gehindert werden. Vielmehr bleiben sie der Politik fern, wenn das Engagement kein zusätzliches Renommee zu verleihen verspricht, mit einem hohen Abwahlrisiko verbunden und obendrein schlechter bezahlt ist als die bisherige Tätigkeit.

Scheitern der offensiven Intelligenz

Entschließt sich dann trotz allem ein solcher Quereinsteiger zum Gang in die Politik, scheitert er regelmäßig an den Eigenheiten dieses Sektors. Dies zeigt sich gleichermaßen bei Managern und Wissenschaftlern. Wirtschaftsführer begegnen hohen habituellen Hürden im Falle einer Entscheidung für die Politik, da sie die immerwährende Notwendigkeit zur Begründung von Beschlüssen – typisch für die Politik – aus ihrem Unternehmensumfeld nicht kennen. In der Wirtschaft wird auf der Basis von klaren Hierarchien und von oben nach unten weitergegebenen Vorgaben und Anweisungen gehandelt. Entsprechend gering entwickelt ist die Diskussions- und Rechtfertigungsbereitschaft vieler Manager.

Dieser Unterschied lässt sich vielleicht an keiner anderen Person so gut festmachen wie an Joseph Schumpeter. Der berühmte Nationalökonom, der mit noch nicht einmal 30 Jahren einen Klassiker der Volkswirtschaftslehre, die „Theorie der wirtschaftlichen Entwicklung", verfasst hatte, wusste sehr genau, welche Eigenschaften und Verhaltensstrategien unternehmerischen Erfolg begründeten. Unternehmensführer, das mussten große Innovatoren sein, Expeditionsleiter in unbekanntes Terrain, schöpferische Zerstörer. Sie waren Autokraten, bereit und willens, alleine voranzuschreiten. Ihre Energien richteten sie unsentimental darauf, alles Gewohnte und Überkommene beiseitezufegen. Widerstände, die sich ihnen entgegenstellten, betrachteten sie nicht als Gründe zur Umkehr, sondern als zusätzlichen Ansporn. Sein Unternehmerbild übertrug nun Schumpeter unmittelbar auf die Politik. Politische Führung unterschied sich seinem Verständnis nach nicht wesentlich von unternehmerischer Führung. „Demokratie", so sagte er denn auch, „ist die Herrschaft des Politikers" – und er hätte ebenso gut sagen können, dass Wirtschaft die Herrschaft des Unternehmers sei. Eben dieser Schumpeter aber ist in der Politik mit seinem Wissensgepäck kläglich gescheitert. Im März 1919 wurde er in der Ersten Republik in Österreich zum Staatssekretär der Finanzen, das heißt Finanzminister, ernannt. Ziemlich genau ein halbes Jahr später hatte er sich mit allen Parteien zerstritten, auch mit seiner eigenen.

Entgegen einem weit verbreiteten Vorurteil zählt auch die Expertise eines Wissenschaftlers nicht zu den wichtigsten Voraussetzungen politischer Tätigkeit. Politik ist nicht hochtrabendes Nachdenken. Zum einen deshalb, weil Politiker Delegationseliten sind, in ihr Amt also letztlich nicht durch das Votum elitärer Zirkel gelangen, sondern durch die Wahl mehrheitlich einfacher Bürger. Dementsprechend müssen erfolgreiche Politiker vor allem kooperieren und aushandeln können, müssen Mehrheiten herzustellen und den Eindruck von Bodenständigkeit zu erwecken wissen.

Reine Sachkunde ist auch insofern für Politiker zweitranging, als ein profundes Nachdenken und ein kreativer Gebrauch der Zeit durch die enorme Breite der Angelegenheiten wie auch die gnadenlose Terminhatz des politischen Betriebs geradezu unmöglich sind. Dazu fehlt schlicht die Muße. Es liegt daher im Wesen der parlamentarischen Demokratie, dass an der Spitze Menschen stehen, die in Einzelfragen allenfalls rudimentär informiert sind. Führungsbegabung, Entscheidungskraft, Fingerspitzengefühl und Richtungsbewusstsein sind wichtiger als fachmännische Expertise, detailgenauer Sachverstand oder präzise Rechts- und Verwaltungskenntnisse. Dafür steht dem Minister schließlich ein sachkundiger, verwaltungserfahrener Stab mit dem Staatssekretär an der Spitze zur Verfügung.

Die meisten der Politikvirtuosen waren keine Experten für ein bestimmtes Politikfeld, keine Intellektuellen und Sachverständigen. Im Gegenteil: Das hätte sie vermutlich niemals so weit gebracht. Denn der „Mangel an Zweifel am eigenen Tun", so schreibt es der Parteienforscher Franz Walter, „erleichtert das politische Führungsleben", wohingegen „streng systematisch denkende Menschen es schwer haben werden".

Der Rekordkanzler Helmut Kohl hatte keine Ahnung, welche Rentenformeln aussichtsreiche Ergebnisse zeitigen würden oder welche Steuersätze gerade empfehlenswert waren. Das brauchte er auch nicht, denn als machttechnisch versierter Politiker war er in der Lage, diese sozial- und finanzpolitische Unkenntnis auszugleichen. Besonders deutlich zeigt sich dies im September 1989:

Die Unionsgranden Ernst Albrecht, Kurt Biedenkopf, Heiner Geißler, Lothar Späth und Rita Süssmuth – allesamt fachlich klügere und gelehrtere Köpfe als der Partei- und Regierungschef – sind fest davon überzeugt, Kohl auf dem Bremer Parteitag mit einem Putsch stürzen zu können. Für Kohl läuft es damals nicht gerade gut, mehrere Skandale und die enttäuschte Hoffnung auf die „geistig-moralische Wende", von der zum Antritt des schwarz-gelben Regierungsbündnisses noch euphorisch die Rede war, haben einen ziemlich ramponierten Kanzler zurückgelassen. In der Tat stehen die Chancen nicht schlecht, den „schwarzen Riesen" vom Thron zu stürzen. Doch Kohl trickst sie alle aus, wird am Ende mit 77 Prozent von den Delegierten im Parteivorsitz bestätigt. Das „Cleverle" Lothar Späth hingegen, seinerzeit baden-württembergischer Ministerpräsident, verliert seinen Platz im CDU-Bundespräsidium und jegliche Chancen, in absehbarer Zeit Kohl in dessen Spitzenämtern zu beerben. 1991 endet seine politische Karriere sogar, während Kohl unbeirrt noch sieben weitere Jahre Partei und Regierung führt. Wie war das möglich?

Kohl mag kein Intellektueller wie Biedenkopf oder Geißler sein, aber er besitzt eine ausgeprägte politische Intelligenz. Seine Waffe war daher nicht Sach-, sondern Verfahrenskenntnis, denn was seine Gegner übersahen: In der deutschen Politik war er ein bundesweit führender Spezialist auf dem Gebiet politischer Führung. Er verstand sich exzellent darauf, demokratische Mehrheiten zu organisieren.

Mit gezielten Anrufen bei Parteifunktionären an der Basis sichert er sich im Vorfeld der Abstimmung die Voten der Delegierten. Viele Kreis- und Bezirksvorsitzende fühlen sich geschmeichelt, dass der Kanzler sie anruft. Die „Intellektuellen-Fronde" scheitert, der höhnisch als „Birne" karikierte Kohl – ein mittelmäßiger Fach-, aber ein genialer Macht- und Situationspolitiker – triumphiert. Kohl hat einen nahezu untrüglichen Instinkt für die Möglichkeiten und Grenzen politischer Spielräume. So inszeniert er lange vor Angela Merkel die CDU als „Partei der

Mitte", nachdem er den linksliberalen Zeitgeist der 1960er-Jahre erkannt hat, in denen die NPD das politische Parkett betritt, die FDP nach links rückt und die Studentenbewegung mit Tumulten und Provokationen für großes Aufsehen sorgt.

Zu viel Wissen, so kann man sagen, ist Ballast, die Voraussetzung, um Entscheidungen treffen zu können, ist nicht detailliertes Wissen, sondern Unwissen. Zudem: Vorgefasste Meinungen und Vorurteile immunisieren gegen neue Informationen. Sie behindern das notwendige Gespür, den Instinkt, um wandelnde Verhältnisse frühzeitig erahnen zu können. Insbesondere Wissenschaftler scheitern daher mit großer Regelmäßigkeit an der professionellen Politik. Zumal sie es gewohnt sind, ihre Überzeugungen dogmatisch zu vertreten und in der Vereinzelung ihrer Schreibstube zu forschen, wo in der Politik Flexibilität und Kontaktfreude gefordert sind. Was Kohl, Genscher und Wehner im Verlauf ihrer politischen Karrieren bis zur Perfektion trieben, fehlt vielen Karrierepolitikern von heute ebenso wie in der Regel politischen Seiteneinsteigern: der Blick für günstige Gelegenheiten, die Fähigkeit, genau im richtigen Augenblick zu handeln und damit – pathetisch ausgedrückt – der Geschichte eine Wendung zu geben.

Wissenschaftler scheitern vor allem dann verlässlich, wenn sie von ihrer Intelligenz offensiv Gebrauch machen. Gemeint sind damit nach dem *Spiegel*-Korrespondenten Dirk Kurbjuweit die visionären Konzepte, die imposanten Ideengebäude und atemberaubenden Reden. Offensiv Intelligente sind der Meinung, sie würden die Lösung für die brennenden Probleme kennen und die Schwierigkeit bestünde allenfalls darin, die anderen, weniger Intelligenten von der Richtigkeit der eigenen Annahmen zu überzeugen.

Ein historischer Exponent dieser Art von Begabung und ein Paradebeispiel für die daraus resultierenden Probleme ist der Soziologe Ralf Dahrendorf, der in den späten 1960er-Jahren in der FDP kurzfristig eine steile Karriere machte. Ende der 1960er-

Jahre gilt Dahrendorf etlichen Kommentatoren als Stern am politischen Firmament. Rasant ist es für ihn binnen kürzester Zeit nach oben gegangen: Weihnachten 1967 noch frischgebackenes FDP-Mitglied, wird er im Januar 1968 sowohl in die baden-württembergische Landesführung als auch in den Bundesvorstand der Partei gewählt. Kurz darauf zieht er in den Stuttgarter Landtag ein, den er aber bereits im September 1969 Richtung Bonner Bundestag verlässt, wo er sich sogleich als Parlamentarischer Staatssekretär im Auswärtigen Amt von der Gruppe der einfachen Abgeordneten abhebt.

Danach freilich geht es mit Dahrendorf ebenso schnell bergab: Schon 1970 scheidet er wieder aus der Bundesregierung aus und wechselt in die Europäische Kommission nach Brüssel. Auch hier manövriert er sich alsbald ins Abseits und ist schon ab Sommer 1971, nachdem er als Verfasser europakritischer Artikel unter dem Pseudonym „Wieland Europa" enttarnt worden ist, praktisch ein Kommissar auf Abruf. Dahrendorfs politische Karriere legt insofern weniger den Vergleich mit einem Stern als vielmehr einer Sternschnuppe nahe, deren Leuchtkraft kurz und grell aufflackert, wenig später jedoch bereits wieder erlischt.

Im Januar 1968 aber ist Dahrendorf der liberale „Mann der Stunde". Zunächst stellt er auf dem Dreikönigstreffen der südwestdeutschen FDP mit einer Gastrede die gesamte Parteiprominenz in den Schatten. So überwältigend ist die Resonanz auf Dahrendorfs Referat, dass Spötter den Konvent in „Einkönigstreffen" umbenennen. Nur drei Wochen später liegen ihm die Delegierten auf dem Freiburger FDP-Bundesparteitag abermals zu Füßen.

Nun kommen damals die allgemeinen Umstände dem Aufstieg eines Mannes wie Dahrendorf zweifellos entgegen. Da ist zum einen der Zeitgeist: Als Universitätssoziologe ist Dahrendorf das Denken in ganzheitlichen Konzepten gewohnt. Eben danach, also nach Großtheorien und konzisen Zukunftsentwürfen, lechzt vor allem die unruhige Jugend im Ausklang der 1960er-

Jahre. Der Glaube an die Möglichkeit, gesellschaftliche Phänomene rational erklären, planvoll an sozialen Stellschrauben drehen und in die Entwicklung gezielt eingreifen zu können, ist weit verbreitet, ebenso wie das Hadern mit verkrusteten Strukturen und die Neigung zum Protest, die der Konflikttheoretiker Dahrendorf („gesellschaftliche Konflikte sind Garanten der Erneuerung und Motoren des Fortschritts") mit originellen Metaphern auf den Punkt zu bringen vermag.

Obendrein bietet der Zustand der FDP dem politischen Seiteneinsteiger Dahrendorf nahezu ideale Entfaltungsmöglichkeiten: Die Parteiliberalen plagen in dieser Zeit massive Zukunftssorgen. Nach dem Bruch des Bündnisses mit der CDU/CSU sehen sie sich seit 1966 im Bundestag als „Miniatur-Opposition" mit einer enormen numerischen Übermacht der Großen Koalition konfrontiert. Honoriert wird der Rollentausch der FDP im Parlament von ihrer angestammten Kernklientel jedoch nicht. Die altliberalen Selbstständigen, Freiberufler und Landwirte verstehen sich selbst als Leistungsträger, Leitbilder und Stützen der bundesrepublikanischen Gesellschaft. Sie wünschen sich, dass ihre Partei in den Kommandozentralen der Regierung sitzt, nicht aber auf den harten Plätzen einer reflexhaft nörgelnden oppositionellen Ohnmacht. Teile der alten Parteianhänger verlassen daher die FDP, ohne dass zeitgleich in ähnlichem Umfang neue Wählersegmente hinzugewonnen würden. 1966/67 verliert sie folglich bei neun Landtagswahlen Stimmen und Mandate, in Bayern gar ihren Status als Parlamentspartei.

Der Hauptgrund für Dahrendorfs fulminanten Durchbruch zu Beginn des Jahres 1968 liegt darin, dass die Liberalen mit ihrer formalen Parteispitze unzufrieden sind und das Amt des FDP-Bundesvorsitzenden in dieser Zeit in gewisser Weise vakant ist. Der scheidende Vorsitzende Erich Mende hat längst den Draht zur Parteibasis wie auch das Gespür für die Stimmung der Delegierten verloren und steht in dem Ruf, eine „lame duck" zu sein. Sein Ende Januar 1968 in Freiburg gekürter Nachfolger Walter

Scheel wiederum muss sich in das neue Amt erst noch eingewöhnen, sein Start als Vorsitzender wirkt unsicher, er hält eine fahrige Antrittsrede und scheint in der Alltagsarbeit überfordert zu sein.

Die FDP sucht einen Mutmacher, der Optimismus verbreitet und Selbstbewusstsein stiftet, der die Hoffnung auf eine große liberale Zukunft bekräftigt. All das findet sie in Ralf Dahrendorf. Mit ihm lässt sich für die FDP trefflich renommieren. Schließlich gilt der Universitätsprofessor zum Zeitpunkt seines Parteibeitritts als Wissenschaftsstar, ja als „Wunderkind" der Soziologie. 1958 wird ihm mit gerade einmal 29 Jahren eine ordentliche Professur zugeteilt, in den 1960er-Jahren verfasst er gleich eine ganze Reihe vielbeachteter Bücher und erhält ein ganzes Dutzend Rufe, auch von ausländischen Universitäten.

Doch ist auf mittlere Sicht gerade der Glanz, den Dahrendorf verbreitet, ein Problem. Zumindest mit Blick auf seine politische Karriere. Denn sein Nimbus überträgt sich nicht auf seine Partei. Neben der Ausnahmeerscheinung Dahrendorfs wirken seine Parteifreunde zudem noch durchschnittlicher oder mediokrer, verglichen mit der Größe seiner Leistungen sind ihre Erfolge noch unbedeutender, im Verhältnis zur Vielfalt seiner Karrierestationen ihre Lebensläufe noch monotoner, gegenüber seinen hochfliegenden gedanklichen Konstruktionen ihre alltagspolitischen Detailkenntnisse noch kleinkarierter. Mithin: Je stärker Dahrendorf aus der Masse seiner Parteifreunde, auch jener in den Spitzengremien, herausragt, desto einsamer wird es um ihn. Zumal er seine Überlegenheit in Gesellschaft nicht verbergen, sich rhetorisch vor Auditorien nicht zurücknehmen, die anschließenden Huldigungen der Medien nicht entbehren kann.

Würde Politik in Deutschland so funktionieren, wie es in den Redaktionsstuben gelegentlich gefordert, über die Fernsehbilder transportiert und an den Stammtischen geglaubt wird, das heißt, könnte ein Bundeskanzler mit weitreichenden Weisungsrechten aus eigener Machtvollkommenheit nach Belieben gestalten, sofern er nur eine Vorstellung von Weg, Richtung und Ziel besäße, dann wären Dahrendorfs intellektuelle Fähigkeiten und analytische Qualitäten die Garanten des politischen Aufstiegs. Dann könnte man sich einen wie ihn sogar im Bundeskanzleramt vorstellen. Doch weil Politik so eben nicht funktioniert, kollidieren Dahrendorfs Eigenschaften mit ganz basalen politischen Erfordernissen: Seine Ungeduld lässt sich nicht mit der Dauer korporatistischer Entscheidungsfindungen, sein Öffentlichkeitsdrang nicht mit dem Verschwiegenheitsgebot politischer Verhandlungen vereinbaren. Der egozentrische Individualismus des Professors ignoriert die Bedeutung von Netzwerken, seine kühle intellektuelle Brillanz das Empathiegebot der Politik. Letztlich scheitert Dahrendorf in der Politik daher gerade aufgrund seiner außerordentlichen Talente und herausragenden Begabungen.

Das hat er im Übrigen, um das historische Beispiel durch einen aktuellen Fall zu ergänzen, mit Norbert Röttgen gemein, dem ehemaligen Parlamentarischen Geschäftsführer der CDU/CSU-Bundestagsfraktion, einstigen Vorsitzenden der nordrhein-westfälischen Christdemokraten und gewesenen Bundesumweltminister. Auch dieser liebt es, dem Publikum mit bedeutungsschwerer Miene, gespitzten Lippen und druckreifen Sätzen in freier Rede die eigene Exzellenz vorzuführen. „Demut", so nannte das einmal Eckart Lohse in der *Frankfurter Allgemeinen Zeitung*, „kam in seinem politischen Leben bisher weder gespielt noch wirklich vor."

Und wie schon zuvor bei dem viel älteren, in einer vollkommen anderen Zeit aktiven Dahrendorf folgt aus der offensiv vorgetragenen Intelligenz ein doppeltes Dilemma: Das Wissen um die eigene Brillanz verstärkt zum einen die Beratungsresistenz bei Röttgen. Indem er nun aber auf die Meinung von anderen wenig Wert legt, indem er keine weiteren Sichtweisen einholt und Warnungen von Dritten selbstbewusst beiseiteschiebt, verengt sich sein Blickfeld. Das hat zur Folge, dass er in Auseinandersetzungen – Momenten also, die allgemein durch Konflikt, Zuspitzung, wechselseitiges Unverständnis gekennzeichnet sind – vollends mit einem Tunnelblick durch die Politik läuft.

Zum anderen schafft sich Röttgen mit seinen altklugen Besserwissereien, seiner streberhaften Arroganz und seinem unverhüllten Ehrgeiz eine mächtige Phalanx von Widersachern, die von seiner einstigen Förderin Angela Merkel über ehemalige Gegner im Kampf um begehrte Posten und Ämter bis hin zu zahlreichen ehemaligen Weggefährten reicht, die sich daher etwa in der Kampfkandidatur um den nordrhein-westfälischen Landesvorsitz im Jahr 2010 für seinen Kontrahenten aussprechen.

Exemplarisch für die Schwierigkeiten, die sich Menschen wie Röttgen (und Dahrendorf) mit ihrer offensiven Intelligenz in der Politik selbst schaffen – wenn auch vielleicht ungewollt –, ist der Verlauf der Sondersitzung des Bundestages zur europäischen Finanzkrise am 7. Oktober 2008. Damals spricht Röttgen als einer der Hauptredner in der Debatte, die sich an eine Regierungserklärung der Kanzlerin anschließt. Der Parlamentarische Geschäftsführer der Unionsfraktion redet frei – und er reißt die Parlamentarier mit. Die Reaktionen auf seinen Wortbeitrag sind überschwänglich. Es ist Röttgen, der die Worte findet, die hängen bleiben. Knapp und klar verdeutlicht er, welche Fragen durch die Finanzkrise aufgeworfen werden. Anschaulich beschreibt er, dass die bürgerliche Politik im Angesicht von Bankencrashs und Rettungsschirmen einer neuen Legitimation bedarf und spricht damit – worauf aus dem Umfeld Merkels ausdrücklich hingewiesen wird – der Kanzlerin aus dem Herzen. So oder so ähnlich vermelden es am folgenden Tag die Berichte der Medien.

Andererseits ist hier schon unverkennbar, dass Röttgen Merkel in den Schatten gestellt hat. Aufgrund seines rhetorischen Feuerwerks erscheint ihre Rede leidenschaftslos. Erst die Stärke des Beifalls für Röttgen verweist auf den relativen Gleichmut, mit dem die Unionsparlamentarier die Rede ihrer Kanzlerin zur Kenntnis nehmen. Auch weil Röttgen die Lehren aus der Finanzkrise so exakt auf den Punkt bringt, kritisiert ein Reporter in seiner Nachberichterstattung an ihrer Regierungsführung den

„Mangel an Politik jenseits des tagesaktuellen Krisenmanagements“ und führt dies auf persönliche „Verunsicherungen“ zurück.

So ist der Blick in den Pressespiegel am folgenden Tag für Röttgen einerseits ein einziger Genuss. Andererseits wächst eben jetzt auch die Zahl seiner innerparteilichen Gegner sprunghaft an. Solange ihn die Medien „Merkels Bester“ nennen, ihn als den „klügsten Kopf“ der Kanzlerin titulieren oder gar als „Obama aus Meckenheim“, bleibt die Kritik folgenlos. Freilich: Die Medien sind sprunghaft, ihre Zuneigung hält nicht lange an. Ohne die schützende Hand der öffentlichen Meinung aber hat der offensiv intelligente Solist seinen Rivalen nicht viel entgegenzusetzen. Röttgen erfährt dies im Herbst 2012, als ihn die Kanzlerin nach der verlorenen Landtagswahl in Nordrhein-Westfalen, die Röttgen als Landesvorsitzender und Spitzenkandidat seiner Partei bestritten hat, ins Kanzleramt einbestellt und ihn dort zum Rücktritt vom Amt des Bundesumweltministers auffordert. Als politischer Solitär kann er diese Entscheidung in Ermangelung loyaler Hilfstruppen und angesichts innerparteilicher Umzingelung von Gegnern, wenn auch widerwillig, nur wehrlos akzeptieren.

Die Blitzkarrieristen: Vom schnellen Aufstieg zum abrupten Fall?

Das zentrale Kennzeichen aktueller Politikerlaufbahnen ist die Blitzkarriere. Sie widerspricht den jahrzehntealten Gepflogenheiten des politischen Systems der Bundesrepublik. Mit den Volksparteien setzte sich auch das Modell der „Ochsentour“, des sukzessiven, langwierigen Aufstiegs von unten nach oben durch. In der Regel brauchte ein Politiker mehrere Jahrzehnte, um es vom Ortsverein in den Bundesvorstand seiner Partei zu schaffen. Dem Platz in einem Landes- oder Bundeskabinett gingen oft viele Jahre der Anstrengung und Entbehrung voraus, in denen er sich im Dienst für seine Partei bewähren, oft genug: aufreiben musste. Dazu gehörten die regelmäßige Teilnahme an stundenlangen Sitzungen in rauchverhangenen Hinterzimmern rustikaler Gaststätten ebenso wie die Präsenz auf Parteitagen und am Wahlkampfstand in der örtlichen Fußgängerzone. Erst, wer ordentliches Sitzfleisch zugelegt, hunderte Plakate geklebt und tausende Hände geschüttelt hatte, durfte auf den Sprung in die deutsche Politikelite hoffen.

Sicher: Junge Leute hat es in der Spitzenpolitik schon immer gegeben. Doch die aktuelle Jugendlichkeit der deutschen Politikelite erstaunt dann doch. Mit Katja Kipping bei der Linken (Jahrgang 1978) und Philipp Rösler bei der FDP (Jahrgang 1973) finden sich gleich zwei außerordentlich junge Parteivorsitzende. Und selbst SPD-Chef Sigmar Gabriel (Jahrgang 1959) zählt in der sozialdemokratischen Ahnengalerie noch zu den Jüngeren. Zuletzt gab es mit Karl-Theodor zu Guttenberg, Kristina Schröder, Philipp Rösler und Daniel Bahr relativ viele junge Kabinettsmitglieder. Und mit der Mecklenburg-Vorpommerin Manuela Schwesig und dem Hessen Thorsten Schäfer-Gümbel wurden zwei noch kurz zuvor völlig unbekannte Nachwuchspolitiker in die Parteielite der SPD katapultiert. Blitzkarrieren haben den Vorzug, politische Talente schnell in verantwortliche Positionen zu hieven und sie so an die Politik zu binden, statt sie an die Wirtschaft zu verlieren. Außerdem verjüngen sie das politische Personal und sind ein wirksames Gegenmittel zur notorischen Überalterung der Parteiführungen. Gleichwohl sind Blitzkarrieren nicht das probate Mittel, die Probleme der Politik zu bekämpfen. Mitunter verstärken sie diese sogar.

Denn das Personal, das durch Blitzkarrieren in die Kabinette und Parlamentsränge der Republik befördert wird, weist eklatante Schwachstellen auf. Die Jungpolitiker haben ein geringes Durchhaltevermögen und eine beträchtliche Durchsetzungsschwäche. Das macht sie anfällig, zu scheitern, verleitet sie zu überhasteten Rücktritten und verfrühtem Einknicken im Clinch mit Konkurrenten und Gegnern. Zumeist fühlen sie sich durch den schnellen Aufstieg als Routiniers – ohne es allerdings zu sein. Sie wiegen sich in falscher Sicherheit und verlieren das Bewusstsein für ihre unvollständige Ausbildung zum Profipolitiker. Sie werden 10, 20, manchmal auch 30 Jahre vor dem eigentlichen Zeitpunkt, den das deutsche Parteiensystem normalerweise vorsieht, zum Berufspolitiker. Während ihres bloß kurzen Aufenthalts in niedrigen Ebenen der Politik sind ihnen schwer verzichtbare Erfahrungen entgangen, die sie als Rüstzeug benötigen, um in den Witterungen der höheren Gefilde bestehen zu können. Ihnen fehlen Prägungen und Einschnitte, die Achterbahnfahrten von abwechselnden Niederlagen und Erfolgen – insgesamt Erlebnisse, deren Fehlen sich irgendwann einmal bemerkbar macht.

Früher wären sie durch die Selektionsmechanismen des politischen Systems entweder nicht so schnell nach oben gelangt, oder sie wären frühzeitig aussortiert worden. Jedenfalls stellten die politischen Karrieremuster der Bundesrepublik lange Zeit sicher, dass bis auf wenige Ausnahmen nur diejenigen in die Spitzenpositionen gelangten, die auch gelernt hatten, sich dort zu behaupten und die über ausreichend Talent, Kenntnisse und Fähigkeiten für das politische Haifischbecken verfügten. Doch das starke Vordringen des neuen Typus des Karrierepolitikers hat die Schutzvorrichtungen des Parteiensystems unterlaufen.

Ein extremes Beispiel hierfür ist die Piraten-Partei. Als unkonventionelle Alternative zu den althergebrachten Parteimodellen „enterte“ sie die Parlamente, ging auf politische „Kaperfahrt“, wie unzählige Metaphern ihre Erfolgsgeschichte beschreiben. Doch Personalquerelen ließen nicht lange auf sich warten: Reihenweise war schon bald von Piraten-Funktionären zu hören, die ihre Ämter entnervt und ausgebrannt abgaben, die den Politikzirkus – noch dazu eben in der Piraten-Partei – als zu belastend empfanden. So trat beispielsweise der Bundesschatzmeister Rene Brosig im Frühjahr 2012 zurück, weil er kurze Nächte und keine freien Wochenenden mehr hatte. Hier verdeutlicht sich der Wert der klassischen „Ochsentour“, denn sie sorgt dafür, dass in solche

Ämter nur diejenigen aufsteigen, die um die damit verbundene Bürde wissen, die den Anforderungen eines politischen Spitzenamts dank jahrelangem Training und tiefer Vertrautheit gewachsen sind.

Darin liegt dann in der Tat ein bedeutender Unterschied zu früheren Politikergenerationen, denn in der Vergangenheit mochten professionelle Politiker nicht unbedingt über mehr Berufserfahrung verfügen, aber zumindest waren ihre Karriereverläufe deutlich langsamer und intensiver. Dadurch wurden die angehenden Berufspolitiker mit stetig wachsendem Schwierigkeitsgrad behutsam an immer anspruchsvollere Aufgaben herangeführt. So ließ sich im Karriereverlauf des klassischen Typus à la Helmut Kohl, Gerhard Schröder oder Guido Westerwelle ausgiebig der Umgang mit Krisen und Rückschlägen erlernen, Gelassenheit entwickeln, konnte man Sicherheitsnetze spannen. Karrierepolitiker absolvieren hingegen oftmals eine „Turbo-Ochsentour", die ihnen im Berliner Politikbetrieb unabdingbare Kenntnisse nur unzureichend und flüchtig vermittelt. Jüngst hat sich Politik dadurch beschleunigt, was zu anfälligen, fragilen Karrieren führte – mit dem Ergebnis, dass Politiker zwar schneller nach oben kommen, jedoch ebenso schnell wieder von der Bühne der Politik verschwinden können.

Im Unterschied zu ihren Vorgängern aus den 1950er-, 60er- und 70er-Jahren fehlen Philipp Rösler, Christian Lindner & Co. die Bewährungsproben – *bevor* sie in hochrangige Positionen gelangen, denn Spitzenämter erfordern Beharrlichkeit und Leidensfähigkeit. Helmut Schmidt zum Beispiel bewies mehrfach seine Bereitschaft, seinen Amtspflichten über den körperlichen Verfall hinaus nachzukommen. Zu sagen, er hätte wegen seiner politischen Arbeit nicht mehr genug Zeit für Freunde, Familie und Hobbys, wäre ihm – wie auch Helmut Kohl – niemals in den Sinn gekommen.

Schmidt, der an einem einzigen Tag bis zu 80 Zigaretten verqualmen kann, war bereit, für seine Amtsausübung sogar seine

Gesundheit zu ruinieren. Als Verteidigungsminister muss er 1972 in ein Lazarett eingeliefert werden. Sein Körper zeigt sichtbare Zeichen gesundheitlicher Schwäche: Er hat stark abgenommen, eingefallene Wangen und tiefe Augenhöhlen. In den Zeitungen kursieren Gerüchte über ständige Schwächeanfälle, Typhus, ja sogar Krebs. Am Ende ist die Ursache zwar „nur" eine Fehlfunktion der Schilddrüse, weshalb ihm ein Krankenhausaufenthalt verordnet wird. Doch Ruhe gönnt er sich keine: Beamte und Offiziere bestellt er zum Rapport nun eben an sein Krankenbett.

Auch seine Urlaube sind selten entspannend. Ein Beispiel hierfür ist Schmidts Ägypten-Trip Ende 1977. Aufgrund des Inszenierungsvorhabens seines Gastgebers, der damit verbundenen Sicherheitsmaßnahmen und einer Reihe von Politikertreffen wird diese Reise zur Tortur. Inmitten von maschinenpistolenbewehrten Sicherheitsleuten und frenetischer Zuschauer besichtigt Schmidt antike Relikte. Den Nil befährt er mit einer Barkasse voller Bodyguards, begleitet von Froschmännern und Scharfschützen. Außerdem muss er den britischen Ex-Premier Edward Heath und den US-Präsidenten Jimmy Carter treffen, die ebenfalls dort weilen. An Erholung ist jedenfalls nicht zu denken, und der Kanzler-Tross reist am Ende der Fahrt mit strapaziertem Gemüt nach Bonn zurück.

Nicht anders ist Helmut Kohl. Auch er gönnt sich keine Verschnaufpause und treibt Raubbau an seinem Körper. Anders kann er all die Vorstandsämter in der CDU auch gar nicht bewältigen. Es sind die 1950er- und 60er-Jahre, Kohl strebt langsam, aber sicher nach oben. Dann zieht er in die Mainzer Staatskanzlei als Nachfolger des amtierenden Ministerpräsidenten Peter Altmeier ein. So pendelt er ohne Unterlass zwischen seiner Heimatstadt Ludwigshafen und der Landeshauptstadt Mainz, fährt zu den Bundesparteitagen der CDU und den Deutschlandtagen der Jungen Union und muss darüber hinaus noch unzählige andere Termine wahrnehmen, mit denen er seinen Bekanntheitsgrad erhöht und Kontakte knüpft.

Eine andere Form des Leidens zeigt sich in der legendären SPD-Troika aus Willy Brandt, Helmut Schmidt und Herbert Wehner: Spätestens im Herbst 1973 gilt das Verhältnis zwischen Brandt und Wehner als unwiderruflich zerrüttet. Aus dieser Zeit stammen die aufgrund ihrer verschmitzten Niedertracht so berühmten Kommentare, die Wehner über die „Nummer Eins" abgab: „Der Kanzler badet gern lau – so in einem Schaumbad." Brandt reagiert auf diesen Hohn mit machtspielerischen Einfällen, setzt im Kanzler-Bungalow Walter Scheel auf Wehners Stammplatz, wohingegen dieser an eine entlegene Tischecke ausweichen muss. Niemand vermag damals zu sagen, wie sich der Bundeskanzler und der Fraktionschef jemals noch gegenübertreten könnten. Manche prophezeien gar das baldige Ende der Ära Wehner in der SPD. Es stimmt: Wehners Stern beginnt zu sinken, doch das Ende liegt noch in weiter Ferne. Fraktionsvorsitzender bleibt er noch, solange es seine Gesundheit zulässt, also bis 1983. Aber: Keiner aus der Troika schert aus dieser masochistischen Konstellation aus, indem er die einfachste Lösung ergreift und zurücktritt. Das untereinander nicht gerade befreundete Dreiergespann macht stattdessen einfach weiter.

Was die alten Politiker stark machte, war ihre lange Verweildauer auf den einzelnen Etappen ihrer Karriere. Ihr langsamerer Aufstieg ließ sie immer wieder in Situationen geraten, in denen sie Herausforderungen zu bestehen hatten und aus denen sie am Ende gestärkt hervorgingen – sofern sie nicht zu diesem Zeitpunkt bereits scheiterten und ihre Laufbahn in den Abstieg überging. Politiker benötigen Handlungs- und Raumwissen, detaillierte Kenntnisse über die Chancen und Tücken ihres Wirkungsbereichs, sie müssen ein Gespür dafür entwickeln, eine Gelegenheit abzuwarten und sie im geeigneten Moment zu ergreifen. Sie müssen lernen, auf der Grundlage unvollständigen Wissens Entscheidungen zu treffen. In diesem Bereich reicht noch der profundeste Sachverstand nicht aus, Erfahrung ist hier unersetzbar.

Politiker brauchen die Praxis von Gremiensitzungen, Parteiversammlungen und Wahlkämpfen. Das theoretische Wissen darüber genügt nicht. Daher werden gute Politiker auch niemals allein aus Führungsakademien und Workshops hervorgehen. Kurzum: Erst durch erfahrungsgeleitetes Lernen erwerben sie die Kompetenz, um sich in der Spitzenpolitik durchzusetzen. Auf den darunterliegenden Ebenen, als Abgeordnete im Kreis- oder Landtag, als Bürgermeister einer mittelgroßen Stadt oder auch als Hinterbänkler im Bundestag können sie mit Methoden und Strategien politischer Führung experimentieren. Hier sind Fehlschläge noch relativ gefahrlos möglich, ohne dass das schwerwiegende Konsequenzen für den Karrierefortgang hätte. In Toppositionen ist Lernen hingegen kaum mehr möglich.

Die Generationen vor den Karrierepolitikern machten noch reichlich Erfahrung, bevor sie Parteivorsitzende, Bundesminister oder Ministerpräsidenten wurden. Sicher, auch Konrad Adenauer war am Anfang seiner Laufbahn oft genug der Jüngste: 1906 ist er der jüngste aller zwölf Beigeordneten der Stadt Köln, 1917 Preußens jüngster Oberbürgermeister. Aber diese in jungen Jahren bekleideten Ämter bedeuteten lokale, jedoch noch keine nationale Verantwortung. Adenauer konnte hier ausgiebig das politische Regierungshandwerk erlernen. Bevor er Bundeskanzler und CDU-Chef wurde, hatte er mehr als 15 Jahre im Kölner Rathaus regiert.

Am deutlichsten wird der Vorzug langer Karriereverläufe wohl am Beispiel Helmut Kohls. Zunächst nutzt Kohl die Nachkriegszeit für einen raschen Aufstieg in der neu gegründeten CDU. Ende 1953 gelangt er in den geschäftsführenden Vorstand des CDU-Bezirksverbandes Pfalz, rund ein Jahr später schafft er es in den rheinland-pfälzischen CDU-Landesvorstand. 1954 ist er Vizechef der Jungen Union Rheinland-Pfalz, 1959 wird er CDU-Kreisvorsitzender, 1960 führt er die CDU-Stadtratsfraktion Ludwigshafen. Wie die heutigen Karrierepolitiker ist auch Kohl oft der Jüngste: mit 29 Jahren jüngstes Landtagsmitglied, mit 33 der jüngste Fraktionsvorsitzende, mit 39 der jüngste Ministerpräsident. Trotzdem handelt er sich mit diesem rasanten Auftrieb nicht die Nachteile einer Blitzkarriere ein, denn Kohl muss sich diese Fortschritte hart erarbeiten.

Auf den jeweiligen Karrierestufen und in den damit verbundenen Ämtern nimmt er sich genügend Zeit, um sein politisches Umfeld zu studieren, wie sein Biograf Hans-Peter Schwarz erkannt hat. So lernt er zum Beispiel die Erfolgsbedingungen bei Wahlen in urbanen Industriezentren am Beispiel der Ludwigshafener SPD kennen. Als grünschnäbeliger Nachwuchspolitiker sammelt er in der Industriestadt erste kommunalpolitische Erfahrungen. Um sich gegen die SPD-Dominanz wenigstens einigermaßen zu behaupten, muss er sich mächtig ins Zeug legen. Dadurch absolviert er einen soziologischen Schnellkurs, erfährt viel über die Mentalitäten in einer Arbeitsgesellschaft, weiß bald, wie die Menschen dort ticken. Im Landtag wird er in der Parlamentsarbeit geschult – „learning by doing“. Dort muss er sich auch mit Politikern aus SPD und FDP auseinandersetzen – und kann deren Denk- und Verhaltensweisen gründlich beobachten.

In jenen Jahren lernt Kohl politisches Machtmultitasking: „Er muss sich“, so stellt Hans-Peter Schwarz fest, „aber nicht nur im Mainzer Landtag behaupten, sondern auch die Basis in Ludwigshafen sichern und ausbauen, in den höheren Parteigremien Bundesgenossen sammeln, die Widersacher ausmanövrieren und dazu seine eigentliche Berufstätigkeit als ‚kaufmännischer Angestellter‘ wahrnehmen.“ Hier kann sich Kohl auf Bedingungen einstellen, die denen seiner späteren Jahre als Oppositionsführer und Kanzler in Bonn ähneln.

Als Mitglied im CDU-Bundesvorstand, dem er seit 1964 angehört, wird er Zeuge der Diadochenkämpfe um das Erbe Adenauers und ist hautnah bei Ludwig Erhards Niedergang dabei. Schwarz bilanziert Kohls Gewinn aus diesem Anschauungsunterricht: „Das zu beobachten, ist für einen Neuling natürlich von größtem Reiz. Aus nächster Nähe lernt er hier die Parteigrößen kennen und ebenso die Figuren aus dem zweiten und dem dritten Glied: ihre Stärken, ihre Schwächen, ihre Allianzen und Feindschaften, ihre Konzepte für die Parteiorganisation, ihr Urteil über die vielfältigen Probleme der Bundesrepublik, auch ihre Vorstellungen zur Außen- und Deutschlandpolitik."

In Mainz muss er derweil in einem frühen Karrierestadium gegen einen schier übermächtigen Gegner bestehen: den Ministerpräsidenten und Landesparteivorsitzenden Peter Altmeier, der seit 1947 über Rheinland-Pfalz thront. Kohl knüpft Netzwerke und organisiert Seilschaften, bis ihm irgendwann der Durchbruch gelingt. 1966, Kohl steht kurz vor seinem 36. Geburtstag, erreicht er seine Wahl zum Landesvorsitzenden, drei Jahre später wird er zum Ministerpräsidenten gekrönt. Und Altmeier hat ihn keineswegs protegiert, sondern noch bis zum letzten Moment versucht, an seiner Macht festzuhalten.

Auch auf der Bundesebene ist der einstmalige Newcomer Kohl inzwischen in das Bonner Intrigenspiel verstrickt. Nach dem Machtverlust 1969 bemüht er sich, den Unions-Fraktionsvorsitzenden Rainer Barzel als Parteivorsitzenden und Kanzlerkandidaten zu verhindern, denn Barzel, nur sechs Jahre älter als Kohl, könnte dem Pfälzer für eine lange Zeit den Weg an die Spitze versperren – anders als der 1910 geborene Gerhard Schröder, langjähriger Außenminister unter Adenauer und Erhard. Kohl verbündet sich deshalb mit Schröder, einem Relikt aus der Adenauer-Ära, für den er als eine Art Zweiter Vorsitzender die Parteigeschäfte führen will, damit dieser völlig unbelastet im Zuge einer Kanzlerkandidatur seiner staatsmännischen Attitüde nachgehen könnte. Nachdem dieser Plan fehlschlägt, setzt er sich für den 1904 geborenen Kurt Georg Kiesinger ein, den Ministerpräsidenten Baden-Württembergs. Kiesinger wird bekanntlich tatsächlich Kanzler, doch seine Amtszeit währt nur kurz, 1969 muss sich Kohl erneut mit der drohenden Führungsrolle Barzels beschäftigen.

Aus diesem Grund kandidiert Kohl auf dem Saarbrücker Parteitag 1971 kurzerhand selbst gegen Barzel – und verliert. Doch auch hier gewinnt er viele Einsichten: Er liefert sich einen rhetorischen Schlagabtausch mit einem meisterlichen Redner, er wagt eine Abstimmung, bei der er sich eines Sieges keinesfalls sicher sein kann, er erlebt, wie sich innerparteiliche Gruppen wie etwa die Sozialausschüsse mit Barzel-Voten bei Kohl für dessen unzureichende Unterstützung oder gar Gegnerschaft in vorherigen Fragen und Beschlussfassungen revanchieren, er macht die Erfahrung, nach einer langen Zeit schier unablässiger Erfolge plötzlich als Verlierer dazustehen. Und ihm vergegenwärtigt sich die Schnelllebigkeit von Politik: Nur kurze Zeit später, im Juni 1973, wählt ihn ein CDU-Sonderparteitag zum Parteivorsitzenden. Statt der einstmals 174 Stimmen erhält er nun 520 der 600 Delegiertenvoten – die Karriere seines Konkurrenten Barzel ist weitgehend vorüber.

In Rheinland-Pfalz mehrt sich unterdessen Kohls Erfahrungsschatz. Dort profiliert er sich als Reformer, der das provinzielle Bundesland gehörig modernisiert. Dabei lernt er, Widerstände zu überwinden: Mehrfach muss Kohl für seine politischen Ziele heftige Gegenwehr niederringen. So zum Beispiel bei seinem Vorhaben, gegen die katholische Kirche die Konfessionsschulen zugunsten christlicher Gemeinschaftsschulen abzuschaffen, oder bei seiner Absicht, eine einschneidende Gebietsreform durchzuführen. Hierzu tingelt er von Gemeinde zu Gemeinde, erträgt allerorten den Volkszorn und lässt sich sogar von einem Pfarrer als „Luzifer" beschimpfen.

Indem Kohl parallel auf zwei Ebenen tätig ist, der Bundes- und Landesebene, erhält er eine Vielzahl von Eindrücken und Einblicken. Schon 1976, noch sechs Jahre vor Kohls 16 Jahre währender Kanzlerschaft mit insgesamt fünf Spitzenkandidaturen, verfügt er nach drei Jahrzehnten der Urnengänge in den Kommunen, dem Land und dem Bund über mehr Wahlkampferfahrung als beinahe jeder andere Spitzenpolitiker der Republik.

Außerdem gerät Kohl mehrfach in brenzlige Lagen. Bei der Bundestagswahl 1976 fehlen ihm zur absoluten Parlamentsmehrheit lediglich sechs Mandate – die FDP hat sich im Vorhinein auf eine Fortsetzung der Koalition mit der SPD festgelegt und fällt daher als Regierungspartner für die Union aus. Erstmals stoppt Kohls unaufhörliches Voranschreiten, liegt der weitere Verlauf seiner Karriere im Ungewissen. Die Härte des politischen Geschäfts schlägt nun voll zu: Statt dass er für den eigentlich enormen Erfolg gewürdigt wird, beinahe einen ähnlich spektakulären Sieg wie Adenauer 1953 oder 1957 errungen zu haben, steht seine Karriere vor einem Wendepunkt, droht ihm plötzlich das Schicksal des gescheiterten Barzel.

Nach der Wahl von 1976 setzt ein wildes Gerangel um Positionen ein, die Karrierezukunft vieler Politiker steht auf dem Spiel – auch und besonders diejenige Kohls, der sich nun zwischen dem Verbleib in seiner behaglichen Mainzer Residenz und dem riskanten Gang nach Bonn entscheiden muss. Für den rheinland-pfälzischen Ministerpräsidenten ist das keine leichte Entscheidung, denn gerade erst haben die Kohls ihren Oggersheimer Familiensitz eingerichtet, die beiden Söhne stehen noch vor ihrem Abitur. Und sobald Kohl seinen Regierungssessel geräumt hat, könnte er nach weiteren Niederlagen in der Hauptstadt mit einem Mal ins Bodenlose fallen. Von allen Seiten wird er zu einem schnellen Entschluss gedrängt. Ohne dass er die damit verbundenen Konsequenzen abschätzen kann, wählt er den Wechsel nach Bonn und übernimmt den Fraktionsvorsitz der Union.

Nachdem er diese Krise überstanden hat, steht ihm gleich die nächste ins Haus: Im November 1976 muss er den Kreuther Trennungsbeschluss einer aufmüpfigen CSU unter deren Häuptling Franz Josef Strauß parieren. Kohl taktiert, berät, telefoniert und droht mit der Gründung eines eigenen CDU-Landesverbandes auf angestammtem CSU-Territorium. Daraufhin machen die aufgeschreckten bayerischen Unionsgranden einen Rückzug, Kohl obsiegt über Strauß. Sein politisches Kerbholz ist mittlerweile respekteinflößend: Er hat den Übervater Altmeier gestürzt, Fraktionszampano Barzel überflügelt und den temperamentvollen Bajuwaren Strauß in die Schranken verwiesen.

Kohls Beispiel beweist die Bedeutung zunächst unscheinbarer Nebenämter. Im Unterschied etwa zu Strauß verfügt Kohl in den 1950er- und 60er-Jahren über keinerlei Auslandserfahrung. Als stellvertretender Vorsitzender der Konrad-Adenauer-Stiftung kann er jedoch die fehlenden Auslandsbesuche nachholen. In der Manier eines Globetrotters fliegt er in die Volksrepublik China, reist nach Hongkong, Thailand und Australien, wo er auch auf die politischen Vertreter des jeweiligen Gastlandes trifft. Und erst im herausgehobenen Amt des CDU-Vorsitzenden kann sich der rheinland-pfälzische Regierungschef vom französischen Staatspräsidenten, dem US-Vizepräsidenten oder dem sowjetischen Ministerpräsidenten empfangen lassen. Für jemanden, der nicht der Bundesregierung angehört, ist er bald relativ gewandt auf dem diplomatischen Parkett und bereits in vielen Hauptstädten gewesen, die er später als Kanzler erneut besucht. Durch die Vielzahl seiner Ämter muss Kohl zudem bereits in einem frühen Stadium seiner Karriere die Schwierigkeit räumlich getrennter Arbeitsorte meistern. Hier übt er sich im komplizierten Machtmanagement. Durch seine Mehrfachpositionen lernt er von Beginn an, mit mehreren Büros, mehreren Machtstellen an mehreren Orten zu arbeiten und dabei einen überfüllten Terminkalender sukzessive und pünktlich abzuarbeiten. Als Landtagsabgeordneter pendelt er ständig zwischen Mainz und Ludwigshafen, als Bundesparteivorsitzender und Ministerpräsident zwischen Bonn und Mainz. In Bonn wiederum baut er sowohl die Mainzer Landesvertretung als auch die Parteizentrale als seine Machtgrundlagen aus, die ihm auch in der Zukunft Rückhalt verschaffen.

Vor allem aber legt sich Helmut Kohl in seinen politischen Lehrjahren ein dickes Fell zu. Lange bevor er Kanzler ist, weiß er sich mit der Dauerbeobachtung durch Presse und Fernsehen zu arrangieren. Das Informationsinteresse der Nachrichtenmacher und die Sensationsgier des Boulevards treffen ihn nicht schlagartig, sondern nehmen in verkraftbaren Dosen zu. Und er gewöhnt sich an die negativen Begleiterscheinungen der Hauptstadtpolitik, an Intrigen, Niederträchtigkeiten und Rückschläge.

So gibt die CSU anlässlich Kohls Kanzlerkandidatur 1976 unumwunden bekannt, ihren Vorsitzenden Strauß für den besseren Kandidaten zu halten, sich der Fraktionsgemeinschaft wegen jedoch dem Votum der größeren Schwesterpartei fügen zu wollen – ein unerhörter, fast beispielloser Affront! Aber was tut Kohl? Er verzichtet auf eine Rüge und nimmt es einfach hin. Damit handelt er sich wiederum Kritik aus den eigenen CDU-Reihen ein, diese Schandtat der CSU einfach so durchgehen zu lassen. Doch Kohl erträgt beides: die Erniedrigung durch Strauß und dessen CSU wie auch die Kritiker aus seiner eigenen Partei. Nach Niederlagen resigniert er nicht, sondern schöpft aus ihnen Stärke. Misslungene Wahlen – 1948 bemüht er sich erfolglos um den Bezirksvorsitz der Jungen Union Pfalz, 1966 um einen Platz im CDU-Bundespräsidium, 1971 um den CDU-Bundesparteivorsitz – sind wichtige Episoden in der politischen Vita Helmut Kohls, denn in diesen Zeiten befindet er sich noch nicht im Brennpunkt der Öffentlichkeit und kann persönliches Scheitern aus gesicherten Positionen heraus verarbeiten.

Mit der Zeit legt sich Kohl ein unerschütterliches Selbstbewusstsein zu. Zunehmend befreit von Selbstzweifeln, ist er überzeugt, für das Kanzleramt wie geschaffen zu sein. Sehen andere das nicht so, haben sie schlicht Unrecht. Ähnlich verhält es sich mit politischen Auffassungen: Jeder, der von Kohls Einschätzung abweicht, ist eben schlecht informiert oder hat etwas nicht begriffen. Mit inbrünstiger Selbstsicherheit wandelt Kohl durch die Politik, sodass Beobachter bald eine „gravitätische Starre" ausmachen, die ihn aus der Masse der Politiker herausstechen lasse. Als Kohl 1994 zu Gast im Pariser Élysée-Palast ist, erklärt er dem damaligen Premierminister Édouard Balladur das Deckengemälde. Große Staatsmänner wie Henry Kissinger betrachtet er einfach als seine Freunde und pflegt mit ihnen einen entsprechend lockeren Umgang. Die vielen Geschehnisse und Bekanntschaften machen Kohl gelassen und souverän, die zahllosen überstandenen Krisen, Missgeschicke, Gefahren und Feindschaften flößen ihm Selbstbewusstsein ein, das er im Kanzleramt gut gebrauchen kann.

Kurzum: In den rund 35 Jahren, die Kohl in der Politik verbringt, bevor er schließlich im Oktober 1982 in den Bonner Kanzlerbungalow einzieht, ist er zusätzlich zu seiner ohnehin gewaltigen Statur auch politisch gewachsen. Vor dem Beginn seiner Kanzlerschaft hat er einer Fülle von Herausforderungen getrotzt: Als belächelter Provinzfürst kam er einst nach Bonn, überwand Rivalen und gebot den Autonomiebestrebungen der frechen Schwesterpartei CSU Einhalt. Irgendwann war er schlichtweg daran gewöhnt, dass viele ihm nichts zutrauten, sodass er sich von Zweiflern nicht mehr verunsichern und schon gar nicht entmutigen ließ.

Durch das Erlebnis unterschiedlichster Zustände und Konstellationen sowie die mehrfache Konfrontation mit mächtigen Gegnern gewinnt Kohl während seines schrittweisen Aufstiegs wertvolle Situationserfahrung, die ihn für spätere Widrigkeiten wappnet und ihn von heutigen Karrierepolitikern unterscheidet. Jahrelang trainiert der Berufspolitiker Kohl in mittleren Ebenen, wohingegen die Blitzkarrieristen diese Stationen einfach überspringen oder darin nur kurze Zeit zubringen.

Nochmals: Viele aus der heutigen Politikelite merken erst, wenn sie bereits in die Bredouille geraten sind, dass ihnen der Politikbetrieb nicht geheuer und das von ihnen bekleidete Amt eine zu große Herausforderung ist. In eine solche Lage wären sie in früheren Zeiten womöglich nie gekommen, weil sie es gar nicht erst in diese Position geschafft hätten. Schmidt, Kohl und Strauß waren demgegenüber leidgeprüfte Politjunkies, die wussten, was sie erwartete: Sie hatten gelernt, auf Freizeit zu verzichten, die Familie zu kurz kommen zu lassen, Krankheiten am

Schreibtisch auszukurieren und die Dauerbeobachtung durch die Medien zu erdulden. Sie waren auf die Bürden und Unannehmlichkeiten ihrer Ämter gut vorbereitet. Das politische Immunsystem der pfeilschnellen Karrierepolitiker ist dagegen in der Regel unterentwickelt, ihr frühes Scheitern ungleich wahrscheinlicher.

Der Abschied von den Machtgenies

Überhaupt spiegeln sich in den Stärken der alten die Schwächen der neuen Politiker wider, denn letztere sind überwiegend schlechte Machtspieler mit einem kurzsichtigen Blick für Gelegenheitsfenster. Die Politiker haben verlernt, Möglichkeiten zu erkennen und daraus Machtkapital zu schlagen. Ihre Fähigkeit, Situationen zu interpretieren und Machtkorridore zu öffnen, hat stark nachgelassen. Auch hat ihre Opferbereitschaft abgenommen, sämtliche Belange des Lebens für die Politik hintanzustellen: Sie gehen in Elternzeit, arbeiten halbtags oder steigen wegen vergleichsweise nichtiger Gründe aus. Und sie beherrschen zentrale Techniken der Machtausübung nicht. Blicken wir noch einmal auf den Rekordkanzler: Kohl begreift Politik – und das mit der Zeit immer besser. Neben einem scharfen Blick für Chancen und Gefahren weiß er auch um seine Schwächen. Daher schart er einen Kreis von talentierten Politikern um sich, und damit Verbündete und Helfer, die seine Schwäche mit ihren Stärken ausgleichen. Auch das ist eine fabelhafte Politikkompetenz. In mehreren CDU-Landesverbänden sucht und rekrutiert Kohl gleichermaßen aufstrebende wie fähige Politiker, darunter Walther Leisler Kiep und Heiner Geißler – allesamt Charaktere, die mit ihren Fähigkeiten Kohls Eigenschaften ergänzen und sein wachsendes Netzwerk bereichern.

So versteht Kohl, der spätere Vater des Euros und Duzfreund zahlreicher Staats- und Regierungschefs, zunächst wenig von Außenpolitik. Aber er hat Horst Teltschik. Dieser alsbald langjährige Weggefährte organisiert Kohls Reisen, knüpft Kontakte im Ausland und bereitet Kohl mit Briefings auf diplomatische Missionen vor. Auf diese Weise kann Kohl seinen beträchtlichen Rückstand auf die außenpolitisch beschlagenen und diplomatisch weitaus erfahreneren Politiker Brandt, Schmidt oder auch Strauß einigermaßen wettmachen. Als CDU-Vorsitzender greift der rheinland-pfälzische Regierungschef einfach auf den Sachverstand seiner Minister in Mainz zurück, auf Heiner Geißlers Sozialministerium, auf Johann Gaddums Finanzministerium. Mit Kurt Biedenkopf, einem ehemaligen Professor für Wirtschafts-, Handels- und Arbeitsrecht, den es in die Politik verschlagen hat, kaschiert er seine Schwäche in finanz- und wirtschaftspolitischen Angelegenheiten, die insbesondere im Wettstreit mit Helmut Schmidt, einem darin ungewöhnlich bewanderten Politiker, besonders auffällig ist. Kohl ist zudem ein begnadeter Wahlkämpfer. Auch dabei helfen ihm überaus gewitzte und weitblickende Berater, darunter die Demoskopie-Königin Elisabeth Noelle-Neumann, der Wahlkampfstratege Peter Radunski oder der Medienexperte Gerd Bacher.

Willy Brandt beherrschte diese Machttechnik ebenfalls eine Zeitlang – es waren seine erfolgreichsten Jahre. Als Brandt im Dezember 1970 in Warschau vor dem Mahnmal zum Gedenken an den Aufstand im jüdischen Ghetto 1943 auf die Knie fällt, produziert er bewegende Bilder, die zu den bedeutendsten des 20. Jahrhunderts zählen. Doch die Details der erfolgreichen Ostpolitik hat sein Berater Egon Bahr ausgetüftelt. Brandt sorgt indessen für die politische Macht, diese Konzeptionen durchzusetzen – eine ideale Arbeitsteilung zwischen Profipolitiker und politischem Intellektuellen, wie es sie in der Geschichte der Bundesrepublik nicht oft gegeben hat, so stellt der Parteienforscher Franz Walter fest.

Die beiden ergänzen sich prächtig. Bahr gefällt daran besonders, wie ihn die Öffentlichkeit als gewieften Strategen im Hintergrund, als raffinierten Geheimdiplomaten wahrnimmt. Und

Brandt kann in den Medien als famoser Außenpolitiker glänzen, dessen Werk an die Bedeutung von Adenauers Westintegration heranreicht und sich mit bismarckscher Weitsicht messen lässt. So fügen sich beide exzellent in zwei unterschiedliche Rollen. Nur Brandt, nur Bahr – keiner von ihnen hätte allein auf sich gestellt jenen Status und Erfolg erlangt, die ihnen die Geschichtsbücher heute zuschreiben. Und beide steigen hernach ab, als sich – nicht zuletzt als Resultat ihres Erfolgs – neue Situationen einstellen und politische Konstellationen ändern, in denen das Duo Brandt–Bahr auseinanderbricht.

Ein weiteres Mitglied von Brandts Küchenkabinett ist Horst Ehmke, anfangs kein Politiker, sondern ein Universitätsgelehrter. Einerseits sind viele Sozialdemokraten stolz auf Ehmke, denn der ist ja schließlich ein „echter" Professor. Andererseits misstrauen sie seiner politischen Wendigkeit, denn der umtriebige Jurist, noch dazu als Arztsohn bürgerlicher Herkunft, gehört innerhalb der SPD ganz sicher nicht zur politischen Traditionskompanie. Zudem hat Ehmke die klassische Aufstiegstortur durch sämtliche Ebenen der Partei einfach übersprungen, kam als waschechter Seiteneinsteiger nach Bonn. Dort wird er zu Zeiten der Großen Koalition schnell zum Bundesminister ernannt, anschließend holt ihn Brandt 1969 an die Spitze des Kanzleramts.

Mit Kanzleramtsministern, wie man sie heute kennt, hat Ehmke nichts gemein. Er ist laut, eitel, forsch, alles andere als ein geräuschloser Machtmaschinist. Viele in der SPD mögen dieses Energiebündel nicht, das sich für die Zeit nach Brandt auch die Kanzlerschaft zutraut. Doch Brandt gegenüber bleibt er loyal und hält ihm vor allem mit seiner Arbeitswut eine Menge an aufreibendem Aktenstudium vom Hals. Mit seinem rauflustigen Gemüt trägt er viele der Kämpfe aus, die der eher konfliktscheue Brandt meidet. Ehmkes Wechsel an die Spitze des Forschungsministeriums nach der Wahl 1972 ist deshalb zwar nicht der alleinige, jedoch ein wesentlicher Grund für das baldige Ende von Brandts Kanzlerschaft. Sucht man hingegen solche aufeinander zugeschnittenen, eingespielten Teams wie bei Kohl und Brandt unter den gegenwärtigen Spitzenpolitikern, wird man nicht so schnell fündig. Die aktuelle Politikergeneration misst dieser Machtmethode allem Anschein nach keinen sonderlich hohen Wert bei. Der berühmte florentinische Machttheoretiker Niccolò Machiavelli wusste bereits im 16. Jahrhundert, dass man in der Politik entweder durch Tüchtigkeit oder durch Glück an die Macht kommt – und dass man sich im letzteren Fall schnellstmöglich ein Fundament schaffen sollte, um gegen die Wechselfälle der Politik gerüstet zu sein.

3 Aufstieg des Karrierepolitikers

Politik als Job – der Karrierepolitiker

Hat sich also mit Blick auf die Karriereverläufe der letzten Jahrzehnte nichts verändert? Seiteneinsteiger scheitern heute wie damals, nicht selten zudem aus denselben Gründen. Im Übrigen stellen Quereinstiege unverändert, mit einem weitgehend stabilen Anteil über die vergangenen 40 Jahre hinweg eine Seltenheit dar. Auf der anderen Seite stellt Andreas K. Gruber in seiner aktuellen Analyse politischer Karriereverläufe fest, dass 73 Prozent der Berufspolitikerlaufbahnen dem Muster der Standardkarriere entsprechen. Dies ist exakt der Wert, den auch schon Dietrich Herzog 1975 ermittelt hat. Daher entsteht in der Tat der Eindruck, dass die Karriereverläufe in der deutschen Spitzenpolitik durch eine verblüffende Stabilität gekennzeichnet sind.

Das ist indes nur die halbe Wahrheit. Die Werdegänge der aktuellen politischen Eliten markieren eher einen graduellen Wandel denn einen fundamentalen Bruch des Gewohnten. Auch wenn man nicht der Nostalgie verfällt, der zufolge früher alles rundweg gut und vollständig anders gewesen sei, wenn man also nicht glaubt, dass Adenauer nicht mit ganzem Herzen zunächst Kanzler werden und später bleiben wollte oder ein früher Karrierepolitiker wie der Freidemokrat Erich Mende ein singulärer Fall gewesen sei, dann zeigt sich aber doch deutlich, dass sich in den letzten Jahren Veränderungen vollzogen haben, die es in ihrer Gesamtheit rechtfertigen, den auf Dietrich Herzog zurückgehenden Karrieremustern mit dem Typus des Karrierepolitikers ein neues Laufbahnmodell zur Seite zu stellen.

Wenn bisher vom Karrierepolitiker die Rede war, dann wird dieser Begriff als Synonym für das rein politische Karrieremodell verwendet. Im Rahmen ihrer für das Buch „Zug um Zug" geführten Gespräche charakterisierten Helmut Schmidt und Peer

Steinbrück beispielsweise den Karrierepolitiker als jemanden, der an der Universität bereits das Studienfach Politik belegt, sich in einer Parteijugendorganisation engagiert, schon zu diesem Zeitpunkt ein Mandat anstrebt und später stromlinienförmig aufsteigt. Einen anderen Beruf als die Politik hat er nicht erlernt, weshalb sein Sensorium für Vorgänge und Veränderungen außerhalb der Parteien ebenso unterentwickelt ist wie seine Bereitschaft, beizeiten zurückzutreten.

Die Laufbahnen der Karrierepolitiker ähneln auch tatsächlich in vielem den Laufbahnmustern der „Ochsentour" und der rein politischen Karriere. Identisch sind sie mit ihnen jedoch nicht. Vom Laufbahnweg der „Ochsentour" unterscheiden sie sich elementar durch eine erheblich raschere Abfolge der einzelnen Karriereschritte, eben die Blitzkarriere.

Was also zeichnet nun den Werdegang des Karrierepolitikers aus? Emanuel Richter und seinem Buch „Was ist politische Kompetenz?" zufolge sind die zu erlangenden Positionen in ihrer Zahl, in ihrem Profil und in ihrem Rang klarer denn je klassifiziert. Zugangsvoraussetzungen werden genauer festgelegt, ein akademischer Abschluss gilt heute vielfach als faktische Ausbildung für den Beruf „Politiker". Zudem wird die Bewährung im Amt immer exakter zu messen versucht und schon früh lenken die anvisierten Karriereziele das strategische Handeln. Politik wird dadurch immer mehr zu einem gewöhnlichen Job, einem Beruf.

Bis heute wird die Politik vom Mainstream der Politikwissenschaft als unsicheres Beschäftigungsverhältnis beschrieben. Da Parlamentsmandate und Regierungsämter davon abhängig sind, wie Wahlen ausgehen, wird dies auch zukünftig ein Stück weit so bleiben. Dennoch sind durch die zunehmende Standardisierung der einzelnen Karriereschritte und dadurch, dass faktisch bestimmte Bildungsqualifikationen als Karrierevoraussetzung etabliert worden sind, politische Karriereverläufe besser planbar und insofern weniger unsicher geworden. Mittlerweile praktiziert ein wachsender Anteil der professionellen Politiker ihren

Beruf nicht selten so, als ob Politik eine mathematische Gleichung sei, mit benennbaren Variablen, feststehenden Kausalitäten und berechenbaren Korrelationen, die politischen Erfolg kalkulierbar machen.

Eine scharfe Kritikerin des politischen Spitzenpersonals der Gegenwart, die österreichische Literaturnobelpreisträgerin Elfriede Jelinek, spitzt die zunehmende Karrieresicherheit in der Politik polemisch zu, wenn sie die zeitgenössischen Jungpolitiker als „Ritter des Ungefährlichen Platzes" und am Beispiel der Sozialdemokratie die Parteien als „Maßschneiderei für Karrieren" bezeichnet. „Diese Leute", so Jelinek, „haben immer schon einen Platz und müssen keinen mehr bekommen." Und weiter: „Diese Buben und Mädel bekommen genau das Schicksal, das sie sich wünschen. So wird das jetzt gemacht. So werden die gemacht. Das sind gemachte Leute, noch bevor es sie überhaupt gibt."

Die am stärksten sinnfällige Folge der erhöhten Zielstrebigkeit, mit der die verschiedenen Stufen auf der Karriereleiter erklommen werden, ist, wie bereits erwähnt, die verminderte Verweildauer auf den einmal erreichten Positionen und ein forciertes Vorankommen auf dem Weg an die Spitze von Parteien, Fraktionen und Regierungen. Ein weiteres Resultat der zunehmenden Normierung und Formalisierung politischer Karrieren ist die partielle Schließung und sozialstrukturelle Verengung der Parteien. Wenn bestimmte Ausbildungswege und Qualifikationsniveaus den Zugang in die Profi-Politik regulieren, dann werden Hürden errichtet, die für Laien den Zugang zum politischen Betätigungsfeld einschränken. Des Weiteren führt der Prozess der Karrierisierung dazu, dass sich der Zeitaufwand, der schon im Stadium des ehrenamtlichen Engagements für Politik notwendig ist, noch einmal erhöht und die Anforderungen an die Planung der angestrebten politischen Karriere wachsen.

Das bedeutet, dass die institutionelle Vernetzung, desgleichen Basisnähe und Bodenhaftung wichtiger werden. Es ist jedenfalls auffällig, dass eine Vielzahl von Spitzenpolitikern fest in der Kommunalpolitik verankert ist, zumal die Parteien- und Wahlforscher jahrelang einen ganz anderen Trend prognostizierten, dessen Schlagworte Professionalisierung, Zentralisierung, Kommerzialisierung lauteten und die suggerierten, Parteien wie Konsumgüter bewerben, ihnen ein Markenimage verpassen sowie politische Führung nach Art der Unternehmenslenkung modellieren zu können. Als Erfolgsrezept erscheint heute eher das gerade Gegenteil: die engagierte Wahlkreis- und Basisarbeit. Es ist bemerkenswert, dass sich bei der niedersächsischen Landtagswahl, die zeitgleich mit der Niederschrift dieses Buches abgehalten wurde, mit David McAllister und Stephan Weil ein ehemaliger und ein amtierender Bürgermeister gegenüberstanden, der erste von 2001 bis 2002 in Bad Bederkesa, letzterer seit 2006 in Hannover.

Daher stimmt die Behauptung nicht, die modernen Karrierepolitiker, die ihre Berufsrisiken zu minimieren versuchen, seien abgekoppelt, hätten keinen Bezug zur Basis und würden die Lebensrealitäten vor Ort nicht mehr kennen, da sie sich tagein, tagaus einzig im politischen Raumschiff „Berlin-Mitte" aufhielten. Insbesondere die Sozialdemokratie gibt hiervon ein Beispiel, wo neben dem erwähnten Stephan Weil auch der Kieler Torsten Albig und der Münchener Christian Ude als Spitzenkandidaten der SPD bei Landtagswahlen antraten bzw. – im Fall Udes – antreten. Und nicht nur weil Albig und Weil ihre Wahlen gewannen und jetzt den Bürgermeisterstuhl mit dem Ministerpräsidentensessel tauschen, lässt sich konstatieren, dass der Typus des Bürgermeister-Politikers seit einiger Zeit namentlich in der SPD Furore macht.

Vom Rathaus in die Staatskanzlei – Stephan Weil als Prototyp des Oberbürgermeister-Politikers

Was aber sind das für Menschen, die jahrelang als Bürgermeister gearbeitet haben und in diesem Amt maßgeblich geprägt worden sind? Da oft auf die Gemeinsamkeiten zwischen den Bürgermeister-Politikern hingewiesen wird, erscheint es legitim, am Beispiel von Stephan Weil allgemeine Tendenzen zu ermitteln und generalisierende Aussagen zu treffen.

Stephan Weil war sechs Jahre lang Oberbürgermeister von Hannover, als er zum Ministerpräsidenten Niedersachsens gewählt wird. Zuvor amtierte er ein knappes Jahrzehnt als Stadtkämmerer der Leinestadt. Geboren in Hamburg, aber bereits mit sechs Jahren in die Landeshauptstadt von Niedersachsen umgezogen, wächst er in einem bürgerlichen Umfeld auf, beide Eltern sind Akademiker, der Vater Ingenieur. Nach dem Besuch eines humanistischen Gymnasiums und dem Jurastudium arbeitet Weil in rascher Folge zunächst als Rechtsanwalt, Staatsanwalt und Richter, ehe er seit 1994 im Schnittfeld von Politik und Administration tätig wird.

Schaut man sich seinen Wahlkampf an, dann scheinen sich zunächst die mit seiner Person verbundenen Zweifel zu erhärten, die darauf beruhen, dass ihm Eigenschaften wie Lockerheit, Esprit und Geselligkeit zu fehlen scheinen. Seine Versuche, im Straßenwahlkampf Kontakt mit den Bürgern aufzunehmen, wirken unbeholfen und verkrampft. Legion sind die Berichte über verdutzte Passanten, denen er im Vorbeigehen, verbunden mit einem kurzen Gruß und einer noch kürzeren Aufforderung, am 20. Januar 2013 wählen zu gehen, eine Rose in die Hand drückt. Während Weil weiterstürmt, bleiben die so Beschenkten verdutzt zurück, nicht selten ratlos, mit wem sie es gerade eigentlich zu tun gehabt haben. Kein Zufall daher, dass der Spitzenkandidat der SPD unmittelbar vor der Landtagswahl letzten Umfragen zufolge nur 67 Prozent der Befragten ein Begriff ist, wohingegen seinen christdemokratischen Kontrahenten, David McAllister, jeder kennt. Im Wahlkampf wirkt Weil solide, seriös, wie ein Normalbürger, das heißt durchschnittlich und keineswegs außergewöhnlich.

Nun ist eines der wesentlichen Erfordernisse demokratischer Systeme das Vertrauen, das die Bevölkerung den Institutionen und ihren politischen Repräsentanten entgegenbringt. Vertrauen aber setzt Glaubwürdigkeit voraus, es gründet zumindest auf dem Eindruck von Ehrlichkeit und Authentizität. Authentisch könnte Weil jedoch nicht sein, wenn er als politischer Haudrauf, Polarisierer oder Bierzeltagitator inszeniert werden würde. Nahezu alles in seinem Werdegang spricht dagegen. So weist seine politische Karriere einerseits Elemente einer langjährigen kontinuierlichen Parteikarriere auf: Seit über 30 Jahren SPD-Mitglied, war er zunächst Vorsitzender der Hannoveraner Jusos und führte später den Stadtverband der SPD. Andererseits entspricht sein Werdegang in manchem dem Typus des politischen Büroleiters, betrachtet man seine langjährige Verwaltungskarriere, die noch zu Zeiten Gerhard Schröders im Rang eines Ministerialrates begann und ihre Fortsetzung in der bereits erwähnten Tätigkeit als Stadtkämmerer Hannovers fand.

Freilich: Weder das eine noch das andere begründet einen Hang zum Schillernden, Überraschenden, Unkonventionellen, gar Charismatischen. Die Lehren, die Weils politische Sozialisation bereithält, weisen vielmehr sämtlich in die Richtung des anpassungsfähigen, dem Pragmatismus verpflichteten, sich seiner praktischen Verantwortung für das Gemeinwohl bewussten Verwalters des Politischen.

Eben dies sind nun aber prägende Stilmerkmale eines politischen Typus, den der Historiker und Adenauer-Biograf Hans-Peter Schwarz einmal als selbstbewussten Stadtbürger bezeichnet hat – womit ihm neben Adenauer auch eine treffende Charakterisierung von Stephan Weil gelang. Der „selbstbewusste Stadtbürger", so Schwarz, zeichne sich dadurch aus, dass er „Konkretist und Pragmatiker" sei. Kundig in den administrativen Details, sei er ein tatkräftiger Praktiker, immun gegen visionäre Fantastereien und träumerische Schwärmereien. Er liebe Ordnung und Disziplin, alles potenziell Chaotische oder Systemumstürzende lehne er ab. Deswegen sei er aber keineswegs ohne Ambitionen, vielmehr verbinde sich in ihm eine realistische Vorsicht mit Wagemut und unbürokratischem Gestaltungswillen. Zupackend und flexibel, dynamisch und gleichzeitig listig, richte er seine Politik einerseits zwar nicht an den gegebenen gesellschaftlichen Mehrheiten aus, er versuche sie andererseits aber auch nicht zu prägen. Der selbstbewusste Stadtbürger zielt mit seiner Politik also nicht darauf ab, Mehrheitsmentalitäten dauerhaft zu formen, das heißt, sie im Sinne einer wie auch immer gearteten Ideologie zu verändern. Die für ihn entscheidenden Mehrheiten sind vielmehr die parlamentarischen Majoritäten, sind Interessenbündnisse, die er trickreich schmiedet und nach Bedarf auch wechselt.

Auch Stephan Weil zeichnet sich durch ein administratives Politikverständnis, Pragmatismus, ein in sich selbst ruhendes Selbstbewusstsein und koalitionspolitische Flexibilität aus. Sein Selbstbild als Hannoveraner Oberbürgermeister ist das eines Verwalters des Gemeinwohls. Er will gestalten, seine Arbeit machen und Lösungen liefern. Recht zu behalten ist ihm demgegenüber nicht so wichtig. Weils Pragmatismus zeigte sich schon in der Hochschulpolitik Ende der 1970er-Jahre, als er von Göttinger Kommilitonen mit dem Spottnamen „Helmut Schmidt" belegt wurde. Dauerhaft verunsichert hat ihn das nicht, selbstgewiss trifft er bis heute wichtige Entscheidungen für sich allein, etwa die, gegen den Landesvorsitzenden Olaf Lies bei der Urwahl des Spitzenkandidaten bei der Landtagswahl 2013 anzutreten. Oder die, wie sein Schattenkabinett im Landtagswahlkampf zusammengesetzt sein soll, dessen Mitglieder er berief, ohne sich zuvor selbst mit engen Vertrauten abgestimmt zu haben. Von seiner koalitionspolitischen Offenheit schließlich zeugen seine Weigerung, eine Große Koalition nach der niedersächsischen Landtagswahl auszuschließen, und seine allenfalls lauen Bekenntnisse zu den Grünen – mit denen er gleichwohl in Hannover harmonisch zusammenarbeitet, wo er die dienstälteste rot-grüne Koalition in einem deutschen Rathaus leitet.

Sicherlich verdankt sich Weils Aufstieg zum Spitzenkandidaten bei der Landtagswahl nicht zuletzt spezifischen Umständen in Niedersachsen und in der niedersächsischen SPD. Mit seiner kommunalpolitisch grundierten, nüchternen Sachbezogenheit passt er nicht nur nach Hannover, sondern auch in das Land Niedersachsen, dessen Kollektivmentalität gerne mit dem Attribut bodenständig versehen wird. Erst recht ist Weil der geeignete Vorsitzende und Spitzenkandidat einer Landespartei, die mit ihren 2,5 Mitarbeiterstellen in Niedersachsen nur als „potemkinsche Fassade" existiert: kaum arbeitsfähig und den vier niedersächsischen Parteibezirken chronisch unterlegen. Diese erhalten nicht nur den Großteil der Mitgliedsbeiträge und besitzen deshalb eine bessere Personalausstattung, sie nehmen auch einen starken Einfluss auf die Listenaufstellung und reden über den Parteirat direkt in Berlin mit.

Zudem ist die niedersächsische SPD seit Schröders Abgang Richtung Kanzleramt vorzugsweise durch Führungsprobleme und internen Streit, durch Querelen und die Beschäftigung mit sich selbst aufgefallen. Die Partei ist in zwei annähernd gleich große Blöcke gespalten, was sich noch bei der innerparteilichen Urwahl des Spitzenkandidaten zeigte, als Weil sich nur knapp mit 1841 Stimmen oder 53,3 Prozent gegen seinen Gegenkandidaten Olaf Lies durchsetzte, der 46,1 Prozent der abgegebenen Mitgliederstimmen erhielt. Diese Rahmenbedingungen erfordern viel eher einen bedächtigen Mann des Ausgleichs an der Spitze als einen mitreißenden, charismatischen Polarisierer.

Wenn der Hannoveraner Oberbürgermeister schließlich als „unsexy", dafür aber nachhaltig gilt, so korrespondiert diese Wirkung mit einer sozialstrukturellen Entwicklung, die das großflächige und überwiegend ländliche Niedersachsen zukünftig vor große Herausforderungen stellen wird: der demografische Wandel. Auch die anderen Landesparteien haben dieses Problem erkannt, aber in Niedersachsen dürfte es weitreichender zu spüren sein als in den meisten anderen westdeutschen Regionen. Bis 2030, so sagen es die Prognosen, sinkt der Anteil Jugendlicher an der Niedersächsischen Gesamtbevölkerung von jetzt 19,8 Prozent auf dann 16,7 Prozent. Der Anteil der über 65-Jährigen steigt im selben Zeitraum sogar von 20,8 Prozent auf 29 Prozent. Der politische Stil der alternden Gesellschaft aber ist das gedämpft vorgetragene Veto eher denn der herrische Appell. In solchen Gemeinwesen richtet sich das Augenmerk der Mehrheit weniger auf die ferne Zukunft, deren Bilder von Visionen und Utopien gezeichnet werden, sondern auf die Gegenwart und einen funktionell organisierten Alltag. Noch einmal: Dies gilt für Niedersachsen stärker als für andere Bundesländer in Westdeutschland, da die Folgen des demografischen Wandels hier rascher und deutlicher spürbar werden.

Doch begünstigen auch andere, über die niedersächsischen Landesgrenzen hinausweisende, allgemeinere Entwicklungen den Karrieresprung Stephan Weils wie im Übrigen auch weiterer Kommunalpolitiker. Schon vor einigen Jahren jedenfalls wurde mit Blick auf deutsche und auch europäische Politik die These von der „Bonapartisierung der Politik", wie sie insbesondere um die Jahrtausendwende kursierte, zurückgewiesen. Mit „Bonapartisierung" ist gemeint, dass angelehnt an ausgemachte Medienpolitiker künftig das sogenannte telepolitische Charisma als Basisvoraussetzung politischer Führung bedeutsamer werden sollte. Doch betrachtet man die Parteivorsitzenden, Merkel, Rösler, Roth und Riexinger, dann kann von einem systematischen Aufstieg des mediencharismatischen oder bonapartistischen Typs keine Rede sein. Auch das kommt Weil zugute.

Das heißt: Stephan Weil, dieser Prototyp des Oberbürgermeister-Politikers, der „Olaf Scholz Niedersachsens", dieses Gegenmodell zu den Alt-68ern in den Parteien, entspricht mit seiner trockenen Sachlichkeit dem Geist der Zeit. Sicher, der SPD-Spitzenkandidat versteht sich nicht auf den schönen Schein, er ist kein Menschenfänger und seine Auftritte wirken nicht so abgezockt wie bei den meisten Politikern. Andererseits, so könnte man nach den vielfach desillusionierenden Erfahrungen mit gebrochenen Versprechen und enttäuschten Hoffnungen in der Politik auch mit dem vom *Tagesspiegel* berichteten SPD-Kalkül fragen: „Wer will schon noch die alte Schröder-Show, wenn er gut gemachtes Handwerk haben kann?"

Streit als Essenz der Politik

Insofern dürfte unbestritten sein, dass Stephan Weil – und mit ihm die Oberbürgermeister-Politiker im Allgemeinen – ein grundsolider Kopfmensch ist, der sich Problemen sachrational nähert, emotional dagegen eher „unmusikalisch" wirkt. Nicht so klar ist, wie er zu politischen Konflikten steht. Trägt er sie aus, wo es aufgrund der objektiven Sache oder dem subjektiven Fortkommen geboten scheint? Oder folgt er dem Harmonieprinzip, demzufolge innerparteiliche Streitigkeiten partout zu vermeiden und Kompromisse um des Kompromisses willen zu schließen sind? Zunächst spricht einiges für die erste Alternative. Schließlich zeugt es von Mut und einer gewissen Konflikthärte, in der Urwahl des Spitzenkandidaten gegen den Landesparteivorsitzenden anzutreten.

Und doch ist Weils Werdegang und Politikstil eher von Konfliktscheu und einer tastenden Vorsicht geprägt. Selbst seine Kampfkandidatur gegen Olaf Lies um die Rolle als Herausforderer David McAllisters war paradoxerweise wenig kontrovers. Handfeste Unterschiede zwischen Weil und Lies zeigten sich nicht, beide Kandidaten bekannten sich unverblümt dazu, dass ihre Vorhaben und ihr politisches Programm kaum Unterschiede aufwiesen. Und Weil selbst hatte, bevor er sich zur Kandidatur bereit erklärte, die Zustimmung der aus Niedersachsen stammenden Bundesprominenz eingeholt, darunter des Parteivorsitzenden Sigmar Gabriel, des ehemaligen Generalsekretärs Hubertus Heil und nicht zuletzt des Parlamentarischen Geschäftsführers Thomas Oppermann, den er seit ihrer gemeinsamen Zeit als Jurastudenten Ende der 1970er-Jahre in Göttingen kennt und mit dem er schon damals eine „Basisgruppe Jura“ gegründet hatte.

Die hier sichtbar werdende Prädisposition für Konfliktvermeidung entspricht einem allgemeineren Trend. Seit den frühen 1990er-Jahren werden von der Politikwissenschaft die Bedeutung und der Nutzen, ja die Notwendigkeit von Kompromissbereitschaft, Verhandlungsgeschick und Konsensfähigkeit als politische Führungsressourcen betont. Öffentlicher Streit gilt demgegenüber als politische Führungsschwäche oder gar eine Art Unglück. Diese Bewertung von politischem Streit hatte zur Folge, dass Politiker und Parteien seither versuchen, jegliche Meinungsverschiedenheit zu unterdrücken oder jedenfalls vor der Öffentlichkeit zu verbergen. Der Verlauf der Parteitage, wie sie in der jüngeren Vergangenheit abgehalten wurden, verdeutlicht dieses Harmoniedogma exemplarisch: In den 1970er-Jahren war es auf SPD-Parteitagen noch üblich, dass um die Inhalte der Politik heftig gerungen wurde, dass sich Delegierte auch durch die Parteitagsleitung und Verweise auf die Geschäftsordnung nicht davon abhalten ließen, sich Gehör zu verschaffen. Während die Delegierten früher beim geringsten Anschein von Manipulation durch die Parteispitze auf die Barrikaden gingen, zählt heute allein die Macht der Bilder, Inszenierungen und Images. Zu diesem Zweck muss jede kontroverse Diskussion vermieden und jede Kritik an der Partei- oder gar Regierungsführung unterlassen werden. Es herrscht das Primat von Geschlossenheit und Einheit, selbst wenn infolgedessen die innerparteiliche Willensbildung statt auf eine dauerhafte Überzeugung auf eine oberflächliche und insofern stets prekäre Überredung gegründet werden muss.

Damit ist die Funktion des Streits vollends aus dem Blick geraten. Es erscheint paradox, doch der gesellschaftliche Frieden basiert nicht selten auf vorangegangenem Streit. „Der Fremde“, so hat es einst der Konflikttheoretiker Lewis Coser formuliert, „wird einem im Kampf vertraut.“ Eine Übereinkunft zwischen gegnerischen Parteien ist verständlicherweise umso eher möglich, je realistischer beide Seiten ihre eigene Stärke und die des Gegners einschätzen können. Coser nennt noch weitere, langfristig befriedende Wirkungen von Streit: Ihm zufolge entstehen erst im Konflikt allgemein geteilte Normen und Regeln, wie künftige Kontroversen auszutragen seien. Konflikte würden zudem vereinheitlichend auf die Organisationsstrukturen der Konfliktparteien wirken und so eine Auseinandersetzung auf Augenhöhe ermöglichen. Und schließlich entziehe eine realistische Einschätzung der Machtverhältnisse einem unverantwortlichen Abenteurertum die Grundlage. So verstandener Streit ist konstruktiv – und das wirksamste Sedativ gegen blinden Zorn. Denn: Erst wo Streit unterbunden wird, wächst unter der nur scheinbar ruhigen Oberfläche destruktiver Zorn heran, der irgendwann ausbricht, regellos verläuft und unkontrollierbar ist.

Darüber hinaus haben Historiker festgestellt, dass Konflikte „das treibende Prinzip aller Entwicklung sind" wie es Wolfgang Schivelbusch in seiner Monografie „Die Kultur der Niederlage" formuliert hat. Harmonie bedeutet Statik, geschichtliche Entwicklung und Veränderung bedürfen der Meinungsverschiedenheit, des Widerspruchs, der Differenz. Es ist der Streit, das heißt der Bruch mit dem schon Etablierten, der neue Positionen hervorbringt. Es ist der Streit, in diesem Fall in Form der Abgrenzung von einem außen stehenden Gegner, der dazu führt, dass sich neue Gruppenidentitäten herausbilden. Es sind Streit und Konflikte, die Flexibilität erzeugen und die gesellschaftliche Anpassungsfähigkeit an veränderte Bedingungen erhöhen, wohingegen Gemeinwesen, die jeglichen Konflikt unterdrücken, in ihrer Vitalität erlahmen und letztlich stillstehen.

Mithin ist in Demokratien Streit regelrecht die Essenz von Politik. Anders gesagt: Streit ist Politik und Politik ist Streit. Diese Definition bekommt noch einmal eine ganz andere Brisanz, wenn man gleichzeitig beobachtet, dass dort, wo sich die wichtigsten Politikanbieter allzu einig sind, wo sie weitgehend inhaltsleer um eine weitgehend deckungsgleiche Klientel in einer weitgehend konturenlosen Mitte balgen, populistische Parteien und vorzugsweise solche am rechten Rand des politischen Spektrums in den letzten drei Jahrzehnten massiven Zulauf verzeichneten. Es geht also nicht nur um die Bedeutung des Streits für die Politik, sondern letztlich um seine Bedeutung für die Demokratie.

Den sogenannten 68ern, also den Geburtsjahrgängen 1938 bis 1948, war dieser Zusammenhang noch bewusst. Das zeigen die Ausführungen des SPD-Vordenkers Johano Strasser unter dem Titel „Als wir noch Götter waren im Mai". Den im Konflikt ungebeugten, „aufrechten Gang" bezeichnet er als Metapher für ein richtig verstandenes demokratisches Engagement. Die Stärke der Demokratie besteht für ihn darin, Autoritäten einer permanenten kritischen Überprüfung zu unterziehen und sie dadurch zu stetiger Rechtfertigung zu zwingen. Überhaupt sei der kritisch gemeinte Einspruch die Bedingung jeglicher demokratischer Partizipation. Denn: „Wer den Mund aufmacht, wer sich einmischt, der zeigt damit, dass er sich nicht zum passiven Objekt der Politik, nicht zum bloßen Zuhörer und Zuschauer, nicht zur Staffage degradieren lassen will."

Ein solches Denken wirkt heute wie aus der Zeit gefallen. Auch für den kontroversen Meinungsaustausch gelten strenge Verhaltensregeln, Wutreden werden schnell als unanständig gebrandmarkt, und wo Konflikte aufbrechen, werden sie wohltemperiert ausgetragen, leidenschaftslos, ohne Biss. Im Sommer 2010 – es ging um die Gesundheitspolitik der schwarz-gelben Bundesregierung – fassten Liberale und Christsoziale ihren Ärger übereinander in Begriffe wie „Wildsau" und „Gurkentruppe". Sofort war die Aufregung im konservativ-liberalen Lager groß, bürgerliche Umgangsformen wurden eingefordert, ihr Kern in wechselseitiger Wertschätzung verortet. Dabei wurde übersehen, dass die beiden legendären bürgerlichen Kanzler, Konrad Adenauer und Helmut Kohl, Kritikern und auch Parteifreunden gegenüber derartige Anstandsregeln nie beachtet haben. Adenauer fiel, wenn es ihm passte, seinem Gegenüber rüde ins Wort, streute wilde Diffamierungen, drohte, erpresste, verletzte. Und dass Kohl alles andere als zimperlich mit Parteifreunden umging, dass er regelrechte Schimpfkanonaden auch auf führende Christdemokraten abschoss, das zeigen die 2012 als Buch erschienenen „Berichte zur Lage", die Kohl zwischen 1989 und 1998 im Bundesvorstand der CDU hielt.

Heute sind selbst die Vorreiter der Abteilung „Attacke" handzahm. Generalsekretäre changieren schon begrifflich zwischen dem „General" und einem „Sekretär". Entsprechend offen ist der Posten für ganz unterschiedliche Amtsverständnisse und Führungsstile. Doch waren in den 1970er- und 1980er-Jahren die Generalsekretäre zumeist angriffslustige Temperamente, die mit offenem Visier kämpften und den Säbel dem Florett vorzogen. 1985 verstieg sich der SPD-Vorsitzende Willy Brandt gar zu der Behauptung, Heiner Geißler, der CDU-Generalsekretär von 1977 bis 1989, sei „seit Goebbels der schlimmste Hetzer in diesem Land". Betrachtet man dagegen die Amtsträger seit den 1990er-Jahren, dann sind die Säbelfechter in der Minderheit. Der typische Generalsekretär versieht seine Tätigkeit heute zumeist als Sekretär, er pflegt nicht mehr den ungestümen Angriff. Gerade im Vergleich mit seinen Vorgängern ist er brav, seine Rhetorik wirkt wie in Watte gepackt. Niemand geht mehr in Deckung, wenn er das Wort ergreift.

Kein Wunder daher, dass sich auf den Spitzenplätzen bei den Ordnungsrufen in Bundestagsdebatten fast ausschließlich Politiker finden, die längst aus der aktiven Politik ausgeschieden sind. Und dass Günter Pursch, der als Herausgeber der „Parlamentarischen Schimpfchronik" die verbalen Wutausbrüche im Plenum seit 1949 dokumentiert hat, die Kunst der intelligenten Beleidigung im Niedergang begriffen sieht. Man sieht hieran: Durch die herrschende Kultur der Streitvermeidung verkümmert die Sprache. Denn Sprache ist das entscheidende Mittel, mit dem Streit ausgetragen wird, eben weil der verbale Konflikt sich im Unterschied zu gewaltförmigen Arten der Auseinandersetzung durch die Absenz von Gewalt auszeichnet.

Darüber hinaus trägt eine fehlende Streitkultur auch zur Schwächung des Parlamentarismus bei. Schon im Vorfeld möglicher Kontroversen gefundene Konsense reduzieren zwar einerseits Reibungsverluste, erschweren aber andererseits die Kontrolle des Regierungshandelns durch das Parlament und eine kritische Öffentlichkeit.

Was Sprache kann, zeigt mustergültig Brandts Ankündigung, „Mehr Demokratie wagen" zu wollen in der Regierungserklärung nach seiner Wahl zum Bundeskanzler 1969. Die Jugend wollte sich damals nicht mehr mit der passiven Rolle des bloßen Wahlbürgers begnügen, sondern stattdessen die Demokratie mit Leben füllen. „Partizipation" war eines der Zauberwörter dieser Zeit, der Bürger sollte zum „Aktivbürger" gemacht und seine Mitsprachemöglichkeiten sollten in allen Lebensbereichen erweitert werden. Dass aber die Forderung, die „Demokratie als Lebensform" in allen gesellschaftlichen Bereichen durchzusetzen, die nachwachsende Generation in die Parteien und vor allem in die SPD führte, hing mit Brandts Worten zusammen, die bei der Jugend Mut und Zuversicht auslösten und eine enorme Aufbruchsstimmung erzeugten.

Wirkungsvolles Reden kann man im Übrigen lernen. Übung macht auch hier den Meister. Die alten Griechen wussten das noch, bei ihnen war vor rund 2500 Jahren die Rhetorik eine der wichtigsten akademischen Disziplinen. Vor diesem Hintergrund kann der Altkanzler Helmut Schmidt resümieren, seiner Erfahrung nach gehöre zur Rhetorik nicht nur eine natürliche Begabung, sondern auch eine erlernbare Technik: „Man muss lernen, wie man präsentes Wissen innerhalb von Sekunden aus dem Hinterkopf in den vorderen Teil des Gehirns transportiert und den Satz dann so ausspricht, dass er nicht nur einen Anfang hat und nicht nur ein Subjekt, sondern auch ein Prädikat und auch ein

Ende." Durch das regelmäßige Ausfechten von Wortduellen – das weiß auch der politische 68er und vormalige Schmidt-Gegner Johano Strasser – entwickelt man ein Gespür für Situationen und Wirkung, kann man es in Redeschlachten zu einer gewissen Raffinesse bringen, vielleicht sogar bis hin zum „Argumentationsgangster", der sich in Diskussionen von seinen Kontrahenten nicht fassen und auch in scheinbar aussichtslosen Situationen nicht unterkriegen lässt. Daran mangelt es heute: an der notwendigen Übung im permanenten Dauerdisput und nicht so sehr an den grundsätzlichen Begabungen an sich.

Bedeutungsgewinn und Funktionsverlust: Die Jugendorganisationen

Natürlich fehlen heute für Grundsatzkonflikte und Fundamentalkontroversen auch die großen Streitfragen und die klaren inhaltlichen Gegensätze insbesondere zwischen den Volksparteien. Die Abschleifung der ideologischen Konturen wirkt sich schon – und mit vielleicht besonders gravierenden Folgen – auf die Jugendverbände der Parteien aus. Den Jugendorganisationen jedenfalls werden in der Forschung regelmäßig drei Aufgaben zugeschrieben: Zum einen dienen sie der Rekrutierung späterer Funktionsträger der Parteien. Zum anderen soll in ihren Reihen und durch ihre Versammlungspraxis und Seminarangebote der Nachwuchs politisch geschult werden. Schließlich fungieren sie als Sprachrohre der Jugend, weshalb Jugendverbände in der Vergangenheit vielfach Orte waren, an denen programmatische Neuansätze diskutiert und formuliert wurden.

Bemerkenswert ist nun, dass durch den Bedeutungsverlust der Parteiflügel und die Entideologisierung der etablierten politischen Kräfte auch in der Parteijugend aller Parteien das Training und die Verinnerlichung einer durch die Praxis unverwässerten, „reinen" Lehre an Bedeutung verloren hat. Ebenso wird die

Schulung politischer Grundfertigkeiten – und das betrifft nicht zuletzt die Verinnerlichung von Strategien und Verhaltensweisen, wie man sich selbst und seine inhaltlichen Anliegen auch gegen Widerstände durchsetzt – durch den anhaltenden Mitgliederschwund zunehmend erschwert. Aus dem gleichen Grund gerät die Personalauswahl innerhalb der Jugendverbände zunehmend weniger selektiv, kann von einem „survival of the fittest" und einer Auslese der Besten auch mit gutem Willen kaum noch gesprochen werden.

Der Mitgliederschwund der Jugendorganisationen ist in der Tat alarmierend. Von 1983 bis 2008 halbierte sich die Mitgliedschaft in der christdemokratischen Jungen Union von 261.984 auf 126.315. Noch dramatischer war der Rückgang bei den SPD-nahen Jusos, die in den 1970er-Jahren 337.000 Mitglieder zählten, ein Bestand, von dem 2008 nur noch weniger als 70.000 übrig geblieben waren. Der Mitgliederverlust ließ sich auch durch Öffnungsversuche und Schnuppermitgliedschaften nicht aufhalten. Indem man die Mitgliedschaft von Jugendorganisation und Mutterpartei voneinander trennt, tritt aber der Jugendmangel unter den Parteimitgliedern noch eklatanter zutage: In wenigen Jahrzehnten fiel der Anteil der unter 30-Jährigen in der CDU von 15 Prozent auf 5,1 Prozent und in der SPD sogar von 19,3 Prozent auf 4,3 Prozent. Ideologisch hat sich auch die Parteijugend auf die unverbindliche Mitte zu bewegt, bei den Grünen nicht anders als bei den Liberalen. Auch die Jusos sind keine „Revoluzzer" mehr, sondern speisen ihre Vorstellungen, die auf die Gestaltung statt die Abschaffung des Kapitalismus hinauslaufen, unauffällig und diszipliniert über die Gremien in die SPD ein. Besonders signifikant ist die ideelle Orientierungslosigkeit der Jungen Union. Dem Selbstverständnis nach das konservative Gewissen der Unionsparteien, besitzt ihr Konservatismus einen uneindeutigen Patchwork-Charakter. Die Jung-Unionisten wollen alles, und sie wollen es gleichermaßen: mehr Familie und mehr Kinderkrippen, keine doppelte Staatsbürgerschaft und doch mehr türkische

Mitglieder, Alternativenergie ebenso wie Atomkraftwerke, Wirtschaftsliberalismus und Gemeinschaftsverantwortung.

Dennoch sind die Aufstiegsmöglichkeiten des Nachwuchses seit den 1990er-Jahren merklich gestiegen. In den überalterten Parteien werden die wenigen Jungen trotz rückläufiger Organisationsstärke ihrer Hausmacht in Form des Jugendverbandes gehätschelt und getätschelt. Heute besetzen zahlreiche ehemalige Jugendaktivisten sowohl aus den Reihen der Jusos als auch der Jungen Union politische Führungspositionen. Hier kommt ein Paradoxon zum Vorschein: Die Relevanz der politischen Jugendverbände in der Gesamtgruppe der Gleichaltrigen ist seit den 1990er-Jahren weiter und beschleunigt zurückgegangen. Aber das Gewicht der Herkunft aus den Führungsetagen dieser Jugendorganisationen für die Abgeordnetenkarrieren hat drastisch zugenommen.

Wenn insofern zum einen konstatiert wird, dass die Jugendverbände ein unverändert wichtiges, ja zuletzt immer wichtiger gewordenes Reservoir für die Nachwuchsrekrutierung bilden und man zum anderen feststellt, dass allerorten die verschiedenen Parteiflügel zu Personalbesetzungsmaschinen degeneriert sind und die wenigen verbliebenen Jugendlichen keine erbitterten Schlachten und Selektionskämpfe mehr schlagen müssen, dann ist die Schlussfolgerung erlaubt, dass es vermutlich nie zuvor so leicht war wie heute, in Führungspositionen aufzusteigen. Selten gab es für junge Menschen so gute Aufstiegsmöglichkeiten wie gegenwärtig – auch weil der engagierte Nachwuchs infolge der Überalterung der Parteien von den Parteispitzen protegiert, in Schulungskursen gefördert und in die Obhut von Mentoren gestellt wird.

Andererseits ist davon auszugehen, dass die großzügige Förderung auch unintendierte Nebenfolgen hat: Der Geschäftsführer der Böll-Stiftung in Nordrhein-Westfalen sprach einmal von „Adoptivkaisertumsproblemen“ und meinte damit, dass die Jugendförderung der Parteien beim Nachwuchs dazu führe, dass auffallend viele „Verschnitte, Doubles, Imitate, Klone oder Büttel“ nachrückten. Das Anspruchsdenken der Jungmitglieder ist in jedem Fall gewachsen. Und es richtet sich nicht auf Forderungen, die man versucht, im Konflikt gegen die Älteren durchzusetzen. Stattdessen wird von den Älteren die Vertretung der eigenen Jugendbelange erwartet.

Die Jungen wünschen, einer Studie von Thomas Leif zufolge, dass mit der Jugend vor Ort „sehr sorgsam“ umgegangen wird, dass ihnen Mandate und Ämter eröffnet werden, ohne dass damit zu große zeitliche Belastungen verbunden sind. Und sie kritisieren trotz aller Vergünstigungen, dass Talenten oft „keine realistische Karriereperspektive aufgezeigt“ und zu wenig darauf geachtet wird, „dass man potenziellen Nachwuchskräften schon frühzeitig ein Signal gibt, dass es sich durchaus auch lohnen kann, eine gewisse Zeit auf das erhoffte Mandat zu warten“. Die Jungen, heißt das, beißen sich nicht mehr durch, sie scheuen das Risiko und wollen stattdessen umfassende Absicherungen und Zukunftsgarantien. Folglich wissen sie vor allem nicht mehr, was es heißt, Niederlagen einstecken zu müssen. Das aber hat – abermals paradoxe – Folgen.

Der Sinn von Niederlagen und Konflikten

Niederlagen sind zunächst einmal etwas Unangenehmes, das man zu umgehen trachtet und einem wenig wünschenswert erscheint. Eine solche Perspektive übersieht aber, dass Triumphe im Rückblick oftmals mit dem „Fluch des Sieges“ (Heinrich Mann) belegt waren, wohingegen der langfristige Erfolg auf Seiten der Verlierer stand. Von Reinhart Koselleck, einem der bekanntesten deutschen Historiker, stammt die Formulierung, „dass Geschichte kurzfristig von den Siegern gemacht, mittelfristig vielleicht durchgehalten, langfristig niemals beherrscht wird“. Natürlich folgt daraus nicht, dass Niederlagen, vor allem solche vernichtenden Ausmaßes, nicht unmittelbar als Schrecken, Grauen oder Demütigung empfunden würden. Doch stammen eben die historischen Erkenntnisgewinne langfristig zumeist von den Besiegten, und zwar deshalb, weil durch Niederlagen eine intensive Suche nach den mittel- oder langfristigen Gründen in Gang gesetzt wird, weil alles anders gekommen ist, als geplant oder erhofft, und daher nun die Beweisnot, wie diese Abweichung vom Erwarteten zu erklären ist, eine tiefgründige Ursachenforschung anstößt.

Niederlagen mobilisieren Zusatzenergien, sie wecken verborgene Kräfte. Dies übrigens nicht nur auf staatlicher oder nationaler Ebene, sondern auch im persönlichen Bereich: „Wer nie am Abgrund gestanden hat, kann ein Großer nicht werden" – dieser Aphorismus, von Joschka Fischer geprägt, verbalisiert, verdichtet und personifiziert die historischen Lehren über die Produktivität und Innovativkraft von Krisen, er spitzt zugleich die psychologischen Erkenntnisse über den Zusammenhang von persönlichen Leiden, Gebrechen und Ausgrenzungserfahrungen auf der einen und Höchstleistungen auf der anderen Seite zu.

Ein Gutteil der heutigen Politikelite hat freilich kaum mehr Niederlagen einstecken müssen, Abgrunderfahrungen sammeln gerade die Jüngeren immer weniger, da die innerparteiliche Konkurrenz und die politischen Selektionskämpfe immer schwächer werden. Außerdem weisen ihre Karrieren kaum noch Brüche auf. Philipp Rösler, Christian Lindner, Frank-Walter Steinmeier oder Kristina Schröder – sie alle stiegen widerstandslos auf, gelangten ohne eine nennenswerte Niederlage in Spitzenpositionen. Um Generalsekretär, Parteivorsitzende und Bundesminister zu werden, mussten sie so gut wie nie Situationsgenialität nachweisen, eine Intrige spinnen, einen Kunstgriff vornehmen oder einen Konflikt durchstehen. Auf ihrem Weg nach oben gab es keine politischen Leichen, keine zerstörten Karrieren von Konkurrenten.

Die Politiker von heute haben das Scheitern verlernt. Belastbare Politiker müssen im Verlauf ihrer Karriere einige Male sozusagen auf die Nase gefallen sein. Nur so lernen sie, mit Niederlagen umzugehen, und sind auf Rückschläge in exponierten Stellungen vorbereitet. Kohl ist hierfür, wie gezeigt, das beste Beispiel.

Bei der SPD hat sich die Generation nach den 68ern nie durchsetzen können, sie spielte als Machtfaktor keine Rolle, weshalb das Karrierefenster für die ab den 1960er-Jahren Geborenen seit einigen Jahren weit offen steht. In der CDU zeigt sich dasselbe Phänomen, wenn auch aus anderen Gründen: Hier ist in der Zeitspanne von 2010 bis 2012 mit Roland Koch, Christian Wulff, Ole von Beust, Peter Harry Carstensen und Peter Müller eine komplette Führungsriege aus der Politik ausgeschieden, mithin die etwas Älteren, die Posten hätten blockieren können. Da sie dies nun nicht mehr taten, machten die 1960er-Jahrgänge abermals die Erfahrung, dass die Karrierebahn weitgehend frei war, vor allem, weil die früheren Neumitgliederströme in die Parteien mittlerweile zu Rinnsalen geworden waren und die Gleichaltrigen auch untereinander keine harten Konkurrenzkämpfe mehr austragen mussten.

Aber, so mag man an dieser Stelle einwenden, widerspricht nicht zum Beispiel der Werdegang Sahra Wagenknechts dieser Deutung grundlegend? Legt die im Jahr 1969 in Jena geborene Tochter einer Deutschen und eines Iraners nicht über weite Strecken ihres bisherigen Lebens einen erstaunlichen Trotz und Widerstandsgeist an den Tag? Zeichnet sie sich nicht durch einen ebenso eigenwilligen wie unangepassten Nonkonformismus aus?

Tatsächlich rufen ihre politische Positionierung und ihr Auftreten nach der deutschen Wiedervereinigung ganz spontan Erstaunen hervor. Denn dieselbe junge Frau, die nach 1990 als Wortführerin der Kommunistischen Plattform (KPF) strenggläubige Sozialismusvorstellungen postuliert und deutlich vernehmbar die Vorzüge der DDR preist, die den nun das gesamtdeutsche Wirtschaftsleben durchdringenden Rheinischen Kapitalismus zum Teufel wünscht und sich optisch Rosa Luxemburg annähert – dieselbe handelt sich zuvor im realexistierenden Sozialismus als Heranwachsende einen Aktenvermerk der Stasi ein, der ihr zu DDR-Zeiten den Weg an eine Universität versperrt, sie zunächst auf die ungeliebte Stelle einer Sekretärin verweist und schließlich, nachdem sie die Stelle gekündigt hat, ein als „asozial" verschrienes Leben als Arbeitslose allein in einer Wohnung in Berlin-Karlshorst führen lässt. Und obwohl sie letzten Endes die Herrschenden für ihr Leben und ihre unerfüllten Studienträume verantwortlich machen muss, tritt sie ausgerechnet 1989, also im Jahr des Mauerfalls, in die Staatspartei des ostdeutschen Regimes, die SED, ein.

Bei genauerem Hinsehen zeigt sich aber, dass der flüchtige Blick die Widerständigkeit Wagenknechts mutmaßlich überschätzt. Die Verhältnisse in der DDR lehnt sie nicht kategorisch ab. Stattdessen scheint ihr Aktenvermerk auf einem Irrtum zu beruhen, legt die Stasi ihr doch als Hungerstreik aus, was nur die körperliche Reaktion einer Einzelgängerin darstellt, die bei einer Wehrübung in einem Mehrbettzimmer zusammen mit anderen Mädchen untergebracht ist und an dieser Zwangsgemeinschaft leidet. Und in die SED tritt sie sechs Monate vor dem Mauerfall ein, also spät genug, dass ihr im Rückblick Opportunismus nicht unterstellt werden kann, aber früh genug, um den kommenden Systembruch noch nicht zu erahnen.

Vor diesem Hintergrund erscheint dann als nicht unwahrscheinlich, dass ihre Führungsrolle in der KPF der tatkräftigen Unterstützung einer weitgehend männerdominierten und besonders stark überalterten Gruppierung zu verdanken ist, die händeringend eine junge Frau suchte und sie – als sie diese gefunden hatte – protegierte. Dann wäre Sahra Wagenknecht auf derselben Karrierestraße gefahren, wie so viele ihrer Altersgenossen – bloß dass sie bei ihr der Umstände halber besonders breit ausgebaut und dementsprechend besonders schnell zu befahren gewesen wäre.

Über die Gründe ihrer Ablehnung der westdeutschen Wirtschafts- und Gesellschaftsordnung können nur Vermutungen angestellt werden: Ist es die Gegenreaktion einer Eigenbrötlerin angesichts des mehrheitlichen Hurra-Patriotismus und der Wiedervereinigungseuphorie in den ersten Nach-Wende-Jahren? Wird ihre Kritik von dem ursprünglichen Wunsch gespeist, die DDR zu reformieren, ohne sie aufzulösen? Spielen beide Motive eine Rolle – oder ist ein ganz anderes, drittes oder viertes ausschlaggebend? Fest steht jedenfalls, dass noch im Jahr 2006 die Kommentatoren bei Sahra Wagenknecht, der „Heiligen Johanna der gichtigen Altkader", wie die *Frankfurter Allgemeine Zeitung* sie einmal genannt hatte, ein trennscharfes Schwarz-Weiß-Denken und einen missionarischen Eifer diagnostizieren und dass sie bei ihr ein ebenso klares wie einseitiges Weltbild ausmachen, welches sie hinter jeder politischen und gesellschaftlichen Entscheidung profitgierige Unternehmen und gewissenlose Manager wittern lässt.

Doch hinter dem linksradikalen Duktus ihrer jugendlichen Rede verbarg sich eine allenfalls moderate Konfliktneigung. Bereits im Verlauf der 1990er-Jahre – also sehr viel eher, als heute zumeist gemutmaßt wird – lernt sie, sich etwa in die Parteidisziplin einzufügen. Vor diesem Hintergrund wirken vereinzelte skandalträchtige Interviews aus der Mitte des vorvergangenen Jahrzehnts wie verbale Rückzugsgefechte. Trotz gelegentlicher Meinungsverschiedenheiten, vor allem mit Gregor Gysi, erwirbt sich das PDS-Parteivorstandsmitglied Wagenknecht frühzeitig den Ruf, in den Gremien keine Blockiererin zu sein, sondern diszipliniert mitzuziehen und gemäß der Vorstandslinie abzustimmen. Und obwohl sie auch zu Beginn des 21. Jahrhunderts ein „antikapitalistisches Programm" für die PDS einfordert und die einseitig negative Bewertung des realexistierenden Sozialismus in der untergegangenen DDR bemängelt, bemerkt doch bereits damals ein kluges Porträt von Steffen Reichert in der *Mitteldeutschen Zeitung* unter dem Titel „Dem Morgenrot entgegen", dass

Wagenknecht ihre Sätze stets vorsichtig formuliere und zumindest öffentlich nie ein unbedachtes Wort fallen lasse.

Der jüngst bei Wagenknecht diagnostizierte Wandel fällt daher erheblich weniger spektakulär aus als vielfach angenommen. Tatsächlich ist sie nicht von einer verstockten Kommunistin der unverbesserlichen sogenannten Betonfraktion zu einer moderaten Linken mutiert. Das zeigt sich auch darin, dass sie etwa in Nordrhein-Westfalen nach der letzten Landtagswahl eine Regierungsbeteiligung der Linkspartei unterstützt, obwohl sie sich des Zwanges zu Kompromissen bewusst ist. Zudem erklärt sie sich bereit, Abstriche von den ursprünglichen Forderungen zu machen, und stellt als einzige Bedingung, „dass die Richtung stimmt“. Es ist daher zu vermuten, dass sich hier eine versierte politische Strategin zu diesem Kurswechsel durchgerungen hat, von dem sie sich einen neuen Karriereschritt verspricht, nachdem sie zuvor geschickt und erfolgreich das mediale Interesse an Tabubrüchen bedient hatte und auf diese Weise zu einem regelmäßigen Gast in TV-Talkshows avanciert war.

Radikale Provokationen sind das Stilmittel ambitionierter Aufsteiger auf ihrem Weg nach oben. In der Parteispitze angekommen, gewinnt die Integration der verschiedenen Parteiflügel an Gewicht, rücken auch Kabinettsposten in den Bereich des Möglichen. Daher empfiehlt Wagenknecht als Vizevorsitzende der Linkspartei im Herbst 2010 eindringlich die Annahme des ersten Parteiprogrammes der aus WASG und PDS fusionierten Partei mit dem Argument, es eine die Partei statt sie zu spalten; daher buchstabiert sie das parteioffizielle linke Dogma des Sozialismus wirtschaftsfreundlich aus, wenn sie ihn in ihrem Buch „Freiheit statt Sozialismus“ durch „Produktivität, Kreativität, Innovation und technologischen Fortschritt“ gekennzeichnet sieht – und zitiert den lagerübergreifend zustimmungsfähigen Ludwig Erhard seit einiger Zeit häufiger als den polarisierenden Karl Marx.

Brüchige Erfolge: Risiken und Nebenwirkungen des schnellen Aufstiegs

Neben dem Mangel an Niederlagen und Konflikten zeichnet sich die Generation der Karrierepolitiker durch die Neigung aus, sich überwiegend auf flüchtige Machtressourcen zu verlassen. Dies wird am Beispiel der rheinland-pfälzischen CDU-Chefin Julia Klöckner, Jahrgang 1972, deutlich: Als eine der gegenwärtig vielversprechendsten Nachwuchshoffnungen der Christdemokraten strebt sie anfangs gar keine Karriere in der Politik an. Eines Tages überredet sie Prinz Michael zu Salm-Salm, dem als CDU-Kandidaten die Eroberung seines Wahlkreises mehrfach missglückt ist, in dem sozialdemokratisch dominierten Gebiet anzutreten, denn vielleicht, so die Überlegung, könnte ja eine junge Frau die Wende herbeiführen. Prompt verschaffen ihr ihre Förderer einen aussichtsreichen Listenplatz, der sie 2002 in den Bundestag befördert. In den beiden darauffolgenden Wahlen holt sie dann in ihrem Wahlkreis tatsächlich das begehrte Direktmandat.

In Berlin mausert sich die gelernte Journalistin binnen zweier Legislaturperioden zu einer Profi-Politikerin, doch für die wenigsten ihrer Ämter muss sie jemals hart kämpfen. Der rheinland-pfälzische Landesverband trägt Klöckner die Spitzenkandidatur an, denn wie niemand sonst in der Partei könnte sie mit ihrem jugendlichen Charme einen wirkungsvollen Kontrast darstellen zum ergrauten, bärtigen Ministerpräsidenten Kurt Beck, an dem sich nach mehr als 15 Jahren die Menschen sattgesehen haben. In einer chronisch erfolglosen Partei in der Krise, in der ein verzweifeltes Bedürfnis nach Hoffnung und Aufbruchsstimmung herrscht, hat eine wie Klöckner leichtes Spiel.

Als sie in die Politik einsteigt, liegt die rheinland-pfälzische CDU seit Jahren am Boden. Wahl für Wahl triumphieren seit 1991 die Sozialdemokraten, erst Scharping, dann Beck. Der letzte starke Mann der Partei war Christoph Böhr, der sich nach einer Serie von Niederlagen, die die Partei an den Rand der 30-Prozent-Marke gebracht haben, 2006 zurückzog. Klöckner hat es also nicht sonderlich schwer, in diesem desaströsen Umfeld als ambitionierte Nachwuchspolitikerin in der Rolle der Hoffnungsträgerin an die Spitze des Landesverbands aufzurücken. Die frustrierte Partei reagiert auf ihre Kandidaturabsicht mit großer Freude. Vielleicht, so denken vermutlich nicht wenige leidgeprüfte Unionisten in und um Mainz, würde man mit dem unverbrauchten Blondschopf voller Tatendrang, der sich inzwischen auch noch in Berlin einen Namen gemacht hat, ja doch eine realistische Chance bei der Jagd auf das Ministerpräsidentenamt haben.

Wie vorgesehen, finden Journalisten für sie sogleich ausschließlich solche Attribute, wie sie sich jede Partei nur erträumen kann und keine Ausbildungsstätte sie jemals wunschgemäßer hervorbringen könnte: jung, weiblich, schön, dynamisch, heimatverbunden, redegewandt, energiegeladen. Das jagt den sozialdemokratischen Wahlkampfplanern in der Tat Angst ein. Plötzlich wartet die notorisch zerstrittene und glücklose CDU mit einer vorzeigbaren, rundweg parteiintern wie auch in der Bevölkerung beliebten Kandidatin auf, die den Wahlkampf unversehens zu einem Zweikampf zwischen Mann und Frau, jung und alt macht. Gelingt ihr allerdings in absehbarer Zeit kein Durchbruch, droht Klöckner das Ute-Vogt-Syndrom: Vom Symbol einer verheißungsvollen Zukunft kann sie wie die einstige Hoffnungsträgerin der Südwest-SPD schnell zum Überbleibsel einer ruhmlosen Vergangenheit herabsinken.

Ähnlichen Gründen wie Klöckner verdankt auch Hannelore Kraft ihren bisherigen Siegeszug. Die Sozialdemokratin Kraft erblickt 1961 in Mühlheim das Licht der Welt. Im Gegensatz zu ihrem Vorvorgänger Peer Steinbrück, einem gebürtigen Hamburger, ist ihr Profil wie zugeschnitten auf ihren Job als Regierungschefin von Nordrhein-Westfalen. Als sei sie ein eigens für den Wahlkampf kreiertes Produkt einer sozialdemokratischen Marketing-Agentur, ist sie die Tochter eines Straßenbahnfahrers, Gattin eines Handwerksmeisters, erste Abiturientin in der Familie, die ein aufstiegsorientiertes, jedoch nicht herkunftsverleugnendes Studium an der Duisburger Gesamthochschule absolviert und in einem sauerländischen Ferienheim Urlaub macht – noch sozialdemokratischer wird es im 21. Jahrhundert kaum mehr gehen.

Auch ihr Heimatbezug ist ideal für ihre Rolle als Landesmutter, insbesondere als Nach-Nachfolgerin des landesfremden Norddeutschen Steinbrück. Ihr Ehemann Udo Kraft ist Elektroinstallationsmeister, jubelt für die „Zebras" des MSV Duisburg, war Jugendtrainer bei Rot-Weiß Mühlheim und tingelt nun als „First Udo" durch Nordrhein-Westfalen. Kraft selbst – geboren, aufgewachsen und berufstätig nahezu ausschließlich im Ruhrgebiet – beschäftigt sich gerne mit ihrem Retriever Sandy, verfolgt die Spiele von Borussia Mönchengladbach oder „klönt" mit Freunden. Auch ihr Leitspruch könnte bodenständiger und sympathischer kaum sein: „Offen und ehrlich, aber nicht immer einfach und bequem." Doch eigentlich wirkt Kraft nicht wie eine Vollblutpolitikerin, denn bis 2001 arbeitet sie als Unternehmensberaterin. Im Jahr 2000 kommt sie in den Landtag. Wie aus dem Nichts macht sie der Ministerpräsident Wolfgang Clement 2001 zur Ministerin für Bundes- und Europaangelegenheiten. Kurze Zeit später erhält sie unter dem neuen Regierungschef Steinbrück das Wissenschafts- und Forschungsressort. Nach Steinbrücks Niederlage gegen den CDU-Mann Jürgen Rüttgers 2005 übernimmt Kraft den Fraktionsvorsitz – und ist damit Oppositionsführerin im Parlament des bevölkerungsreichsten Bundeslandes. All das spielt sich, wie gesagt, innerhalb von vier Jahren ab.

In dieser Zeit absolviert Kraft zwar einen intensiven Crashkurs in Sachen Politik, doch eine langjährige Ochsentour ersetzt dieser Vorgang nicht. Zu ihren Kabinettsposten gelangte sie als Protegé unterschiedlicher Förderer ohne Widerstände. Ihre Ämter hatte sie sich jedenfalls weniger als andere Politiker in der Geschichte Nordrhein-Westfalens zu erkämpfen. Und wie Klöckner profitiert auch Kraft von der derangierten SPD. Kraft nimmt damals, im Sommer 2005, die Zügel einer einstmals stolzen, jedoch von Rüttgers, dem neuerdings zum „Arbeiterführer" ausgerufenen CDU-Star, gedemütigten und entmutigten Partei in die Hand. Die SPD in Nordrhein-Westfalen befindet sich also in einem beklagenswerten Zustand – weshalb sich auf Kraft große Hoffnungen auf eine baldige Rückkehr an die Fleischtöpfe der Macht richten. Die anschließende Krise auch der Bundespartei, die ebenfalls eine Wahlniederlage erleidet und wie in Düsseldorf nun nicht mehr den Regierungschef stellt, beschleunigt den Aufstieg Krafts in die SPD-Spitze. Schon ihren Einstig in die Politik 1994 begünstigte eine Parteikrise: Ihrem Kreisverband Mühlheim liefen damals die Wähler davon. Prompt gelangte sie – weiblich, jung, studiert – nur kurze Zeit nach ihrem Parteibeitritt in den Kreisvorstand.

2010 drucken Tageszeitungen Inhalte aus E-Mails, die zwischen Ministerpräsident Rüttgers und dessen engstem Vertrauten Boris Berger hin- und hergingen, in denen sie über die Konkurrentin Kraft herziehen: „Geschieht der Alten recht. Immer auf die Omme." Durch diese Anekdote und den NRW-Wahlkampf gewinnt die außerhalb Nordrhein-Westfalens eher unbekannte Kraft langsam an Kontur. In der frühsommerlichen Atmosphäre des Mais 2010 kann sie ihren Genossen schließlich zurufen: „Die SPD ist wieder da!" Sie hat die an sie gestellten Erwartungen nicht enttäuscht, hat ihre Anhänger mit einem Wahlsieg beglückt, der die historische Niederlage gegen Rüttgers 2005 schlagartig vergessen macht, so, als ob die Zeit der schwarz-gelben Regierungszeit in Düsseldorf nichts weiter als eine Erinnerungslücke in der glorreichen Geschichte der SPD sei. Dank Kraft dürfen die SPDler im Tonfall von Besuchern eines Bundesligaspiels rufen: „Schade, Jürgen, alles ist vorbei!" Sie hat den von Landtags- und Bundestagswahldebakeln gepeinigten Sozialdemokraten ihr Selbstbewusstsein zurückgegeben und den Beweis angetreten, dass die vermeintlich „alte Tante" SPD so alt doch gar nicht ist.

Zumindest klingt so der Tenor aus jenen Tagen – ein berauschendes Erfolgserlebnis! Schmährufe auf den Gegner, Einzug in die Staatskanzlei: Kraft ist erfolgreich, Journalisten erklären sie wortspielerisch zur „Kraftquelle" ihrer Partei, im Berliner Willy-Brandt-Haus hält ein erleichterter Parteivorsitzender Gabriel freudig ein Plakat in die Kameras mit dem Slogan: „NRW gibt uns die Kraft". Vergessen nun auch, dass wenige Monate zuvor noch eine ganz andere, deutlich pessimistischere Stimmung im Landesverband herrschte, als Krafts Parteifreunde noch zynische Töne anschlugen und die CDU-Parole „Wir haben die Kraft" mit dem Satz „Wir auch – leider" beantworteten. Das Beispiel Kraft zeigt: Vom bemitleidenswerten Spottobjekt zur strahlenden Siegerin ist es in der Politik kein weiter Weg. Und: Für eine Spitzenpolitikerin, gar mögliche Kanzlerkandidatin der Zukunft musste sie bemerkenswert wenige Prüfungen bestehen.

Auch für einen weiteren Kopf aus der Riege der jüngsten SPD-Hoffnungsträger ging es zuletzt sehr schnell aufwärts. Torsten Albig, geboren 1963, kann durchaus auf eine lange Karriere in der Bundespolitik zurückblicken, allerdings nicht in einem Wahlamt, sondern in der politischen Bürokratie. Albig war die meiste Zeit seines Berufslebens nicht Inhaber, sondern Administrator politischer Macht. In Bremen geboren, in Ostholstein aufgewachsen, verschlägt es ihn 1977 nach Nordrhein-Westfalen, wo er in Bielefeld sein Abitur macht und studiert. Dort beginnt 1982 sein politisches Engagement in der SPD. Er wird Vorsitzender seines Ortsvereins und lernt die Verhältnisse an der Parteibasis kennen.

Im Anschluss an sein Jurastudium kehrt er 1992 in seine Heimat zurück und arbeitet in der Steuerverwaltung Schleswig-Holsteins. In Lütjenburg setzt er seine Parteiarbeit in der SPD fort, wird Mitglied des Magistrats und übernimmt den Fraktionsvorsitz der sozialdemokratischen Stadtverordneten. Zwei Jahre später wechselt er wieder nach Nordrhein-Westfalen, diesmal für die schleswig-holsteinische Hauptstadtvertretung in Bonn. Nochmals zwei Jahre später stellt er sich auch hauptberuflich in den Dienst der SPD, bekommt einen Job in der Parteizentrale, direkt im Büro des Bundesvorsitzenden Oskar Lafontaine. Albig ist nun mit der Vorbereitung des Bundestagswahlkampfs 1998 beschäftigt, will der Ära Kohl ein Ende setzen. Bis zum Urnengang ist er im Planungsstab tätig. In dieser Zeit rückt er eng an die Seite Lafontaines – so eng, dass dieser ihn nach dem Wahlsieg im Herbst 1998 mit in das Bundesfinanzministerium nimmt.

Bekanntlich war Lafontaines Hauptstadtaufenthalt nur eine Episode von kurzer Dauer – nicht hingegen für Albig. Nachdem sich Lafontaine mit Kanzler Schröder überworfen hat und im März 1999 von all seinen Ämtern zurücktritt, bewegt sein Nachfolger Hans Eichel den Lafontaine-Mann Albig zum Bleiben. Bis 2001 ist er Sprecher des Bundesfinanzministers. Dann kehrt er vorerst der Politik den Rücken, doch ein Karriereversuch in der freien Wirtschaft schlägt fehl, Konzernsprecher der „Dresdner Bank" ist er bis zu deren Verkauf im Sommer 2001 nur kurz.

Und wieder ist Schleswig-Holstein ein Fluchtpunkt, auf den alles zuzulaufen scheint. Von 2002 bis 2006 kehrt Albig von der großen Bühne in die beschauliche, jedoch nicht minder anstrengende Kommunalpolitik zurück. In der Landeshauptstadt Kiel arbeitet er als Dezernent und sitzt schon bald im Stadtrat. Aber auch hier hält er es nicht allzu lange aus: 2006 kehrt er in die Führungsspitze des Bundesfinanzministeriums zurück, nun als Sprecher des neuen Ministers Peer Steinbrück, wie Albig ein Exil-Hanseat. Doch die Zeit des Duos währt nicht lange, 2009 fliegt die SPD aus der Regierung – und mit ihr die inzwischen zu Freunden gewordenen Albig und Steinbrück. An dieser Station seiner wechselhaften Karriere ist Albig gerade mal Mitte 40.

Durch seine Tätigkeit in den Zentren der Macht hat Albig schon viel erlebt: In Bonn und Berlin ist ihm die tückische Arbeit mit den Hauptstadtjournalisten in Fleisch und Blut übergegangen – als Sprecher dreier Finanzminister hat er gelernt, unpopuläre Entscheidungen darzulegen, ist vom holsteinischen Lokalpolitiker zum Kommunikationsvirtuosen gereift. Damit kennt er zwar die Maschinerie der Spitzenpolitik. Doch selbst hat er dort noch kein Wahlamt innegehabt. Freilich ist er kein politisches Greenhorn, denn genügend Anschauungsunterricht in der Amtsführung hat er an der Seite von Lafontaine, Eichel und Steinbrück allemal gehabt, zumal in der Finanzpolitik, die selten gute Nachrichten und entspannte Zeiten sieht. Aber im Kampf um politische Macht auf Elitenebene ist er vergleichsweise unerfahren, er selbst als Person außerhalb der Stadtgrenzen Berlins und Kiels eher unbekannt.

Aber der schleswig-holsteinischen SPD geht es nicht gut – seit 2005 der „Heide-Mörder" umgegangen ist, sitzt sie im Landtag in der Opposition. Und dank des Ministerpräsidenten Peter Harry Carstensen, der inzwischen als gemütlich-heiterer Landesvater in schier unerreichbare Beliebtheitssphären entrückt ist, haben die Sozialdemokraten wenig Aussicht auf eine Rückkehr in die Staatskanzlei. Auch die Wahl 2009 geht verloren, der Spitzenkandidat Ralf Stegner fährt mit 25,4 Prozent das schlechteste SPD-Ergebnis in der Geschichte des Bundeslandes ein. Als Parteichef und Oppositionsführer ist Stegner von nun an nur noch eine Notbesetzung. Insofern sucht der Landesverband geradezu händeringend nach einem Heiland, der die schicksalsgeplagten Sozialdemokraten von ihrer Misere erlöst. Albigs Zeit ist gekommen.

Auf dem Weg, selbst ein Spitzenpolitiker zu werden, profitiert der bisherige Machtmaschinist davon, bislang im Hintergrund für die großen Politiker tätig gewesen zu sein. In der schleswig-holsteinischen SPD ist er auf Landesebene ein unbeschriebenes Blatt, unverbraucht und für einen Politiker in geradezu jugendlichem Alter. Bereits 2008 küren ihn die Kieler Sozialdemokraten zum Kandidaten für die anstehende Oberbürgermeisterwahl. Wie im Landtag ist auch hier ein kleines Trauma zu bewältigen: Dem Gefühl nach wird Kiel seit grauer Vorzeit von Sozialdemokraten regiert. Doch im März 2003 begeht die CDU-Bundestagsabgeordnete Angelika Volquartz mit ihrem Wahlsieg einen jähen Traditionsbruch. Jahre später soll nun Torsten Albig die Niederlage wettmachen. Und der nach seiner Zeit im Bundesfinanzministerium ausgebuffte Kommunikationsprofi lässt sich nicht lumpen. Albigs Wahlkampf um das Kieler Oberbürgermeisteramt erinnert von allen deutschen Politikern und Parteien wohl am stärksten an den Barack Obamas. Er etabliert sich selbst als eine Marke, indem er stets denselben Schal trägt und im Internet Albig-Cartoons kursieren lässt. Darin stürmt zum Beispiel der Comic-Albig in rotem Trikot über den Fußballplatz, während eine frenetische Menge in Anlehnung an Albigs bevorstehenden Wechsel von Berlin nach Kiel und dem 1996er EM-Hit „He's coming home, Albig's coming home" skandiert. Oder sie zeigen den kahlköpfigen Albig als wackeren Streiter für den Klimaschutz, wohingegen die Amtsinhaberin Angelika Volquartz sich achtlos mit Haarspray eindeckt. Darüber hinaus twittert Albig im Stundentakt, vernetzt sich auf *Facebook* und fährt mit Finanzminister Steinbrück und Vizekanzler Steinmeier hochrangigste Parteiprominenz auf.

Albig gewinnt die Wahl im März 2009, deklassiert die Amtsinhaberin mit einem Vorsprung von über zehn Prozent der Stimmen bereits im ersten Wahlgang. Doch sein neues Büro muss er kurze Zeit später schon wieder räumen. Der Politiknomade Albig zieht weiter, denn zwischenzeitlich überschlagen sich die Ereignisse: Im Sommer 2010 erklärt das Landesverfassungsgericht die Sitzverteilung im Landtag für unzulässig und ordnet Neuwahlen an – nicht einmal ein Jahr nach den letzten, ebenfalls vorgezogenen Wahlen im September 2009. Wie gesagt, befinden sich die Genossen zwischen Flensburg und Norderstedt seit geraumer Zeit in einem alles andere als freudigen Gemütszustand. Jemand wie Albig, ein dynamischer Mann mit hervorragender Presse, kommt ihnen gerade recht.

Nach seinem Wahlerfolg in der schleswig-holsteinischen Landeshauptstadt lässt sich den Zeitungskommentaren nach annehmen, bei Albig handle es sich um einen Feldherrn, der eine womöglich kriegsentscheidende Schlacht gewonnen habe. Albig habe Kiel für die SPD zurückerobert. Das ist eine Geschichte, wie sie die Sozialdemokraten – und auch die übrigen Parteien – zuletzt selten erzählen konnten: Ein Außenseiter besiegt die haushohe Favoritin und Amtsinhaberin mit einer deutlichen Mehrheit. Mit Vergnügen erhört das Kieler Stadtoberhaupt den Ruf seiner Parteifreunde und lässt sich zum Spitzenkandidaten wählen.

Den Wahlkampf bestreitet er gegen eine angeschlagene CDU, deren Spitzenkandidaten niemand kennt, niemand auffällt und deren eigentlich vorgesehener Spitzenmann Christian von Boetticher wegen einer Liebesaffäre mit einer minderjährigen Schülerin zurücktrat. Albig hat es also nicht gerade mit einem unbesiegbaren Gegner zu tun. Am Ende darf er triumphieren, er gewinnt die Landtagswahl im Mai 2012.

Welche Lehren lassen sich nun aber aus den Karrieren von Hannelore Kraft in Düsseldorf, Torsten Albig in Kiel und auch Olaf Scholz in Hamburg ziehen? Alle drei sind binnen weniger Monate zu Vorzeigesozialdemokraten avanciert, zu Hoffnungsträgern, mit denen sich die SPD ausmalt, künftig Wahlen in Serie gewinnen zu können. Doch bei genauerem Hinsehen entpuppen sich die drei vermeintlichen Erfolgsstorys als sehr trügerisch. Hannelore Krafts Wahlsieg im Mai 2012 bringt 22 SPDler mehr als im Mai 2010 in den Landtag – doch müssen im Düsseldorfer Plenarsaal ohnehin 56 zusätzliche Sitze montiert werden, da sich das Parlament insgesamt vergrößert hat. Zudem übertrifft Kraft zwar das SPD-Ergebnis von 2010, reicht aber nicht an den letzten großen Wahlsieg im Jahr 2000 unter Wolfgang Clement heran. Hierzu fehlen ihr knapp 80.000 Voten. Zudem erreicht Kraft im Vergleich zur vorherigen Wahl weniger als fünf Prozent Stimmenzuwachs. Die Bedeutung ihres Triumphs ist also eher symbolisch als substanziell.

Torsten Albigs Erfolge sind ebenfalls weniger das wundersame Resultat eines famosen Senkrechtstarters, sondern verdanken sich zunächst einer rekordverdächtig niedrigen Wahlbeteiligung – lediglich 36,5 Prozent der Kieler Wahlberechtigten nutzten ihr Stimmrecht. Und auch bei der Landtagswahl sank die Wahlbeteiligung von 73,6 Prozent 2009 auf 60,2 Prozent 2012. Jedenfalls erhält die SPD unter ihm rund 3.600 Stimmen weniger als unter dem umstrittenen Stegner drei Jahre zuvor, ihre Landtagsfraktion schrumpft um drei Abgeordnete. Außerdem liegt die CDU mit einem hauchdünnen Vorsprung von 0,4 Prozent auf Platz eins. Albig wird nur durch die Unterstützung zweier Koalitionspartner, mit den Stimmen von den Grünen und dem Südschleswigschen Wählerverband zum Regierungschef gewählt.

Die Wahlerfolge von Kraft, Scholz und Albig, aber auch von Klöckner in Rheinland-Pfalz waren für ihre Parteien wichtig, denn damit konnte man Selbstvertrauen tanken und die Botschaft von der Rückkehr in die Erfolgsspur verkünden. Parteien brauchen solche Siege, um sich nach Niederlagen wiederaufzurichten, für kommende Herausforderungen zu motivieren und auch, um sich ihrer historischen Existenzberechtigung zu vergewissern. Viele der jüngsten Stars und Aufsteiger im deutschen Parteiensystem verdanken allerdings ihren Erfolg weniger ihrer eigenen Stärke als der Schwäche ihres Umfelds.

Es ist zumindest zweifelhaft, ob die einstige Weinkönigin Julia Klöckner in einer selbstsicheren, von drei bis vier vielversprechenden Talenten oder mächtigen Platzhirschen dominierten CDU so weit gekommen wäre, wie es ihr letztlich gelungen ist. Und auch ein solch sprunghafter und in der Landespolitik kaum verhafteter Charakter wie Albig wäre vermutlich als unerbetener Fremdling oder arroganter Parvenü aufgefasst worden, wäre sein Landesverband etwas besser aufgestellt gewesen. Meistens jedoch fehlte es an gleichwertigen Alternativen. Albig, Klöckner und Co. mussten sich nicht gegen sonderlich große Widerstände durchsetzen, benötigten erst gar keine Hartnäckigkeit, mussten zu keiner Zeit irgendeine List anwenden oder einen gewieften Plan aushecken.

Natürlich verwendeten sie viel Zeit und Elan auf ihre politische Arbeit, waren alles andere als faul. Doch sie mussten sich nicht in dem Maß wie Helmut Kohl in den 1960er- und 70er-Jahren gegen die in etwa gleichaltrigen Rivalen Rainer Barzel und Gerhard Stoltenberg durchsetzen oder wie Gerhard Schröder gegen Oskar Lafontaine und Rudolf Scharping zu bestehen hatte. Sie hatten es erheblich einfacher – und dadurch bestand auch gar kein Bedarf, ihre politischen Sinne zu schärfen und Qualifikationen zu verbessern. In der Summe blieben ihre politischen Fähigkeiten unterentwickelt.

Karrierepolitiker par excellence? Die „Boygroup" in der FDP

Phänomen, Herausbildung und Merkmale des Karrierepolitikers lassen sich freilich besonders anschaulich in der FDP anhand einer dreiköpfigen, wahlweise als „Youngsters" oder „Boygroup" bezeichneten Gruppe von unverhältnismäßig jungen Spitzenpolitikern beobachten. Zum einen, weil die Generation der unter 40-Jährigen in der FDP besonders zahlenstark und einflussreich ist – im aktuellen Bundestag gehört fast ein Drittel der 93 liberalen Abgeordneten zu dieser Gruppe. Zum anderen sind sie deswegen in der FDP so sichtbar, weil sich ihre Karriereverläufe markant von den Standardwegen der klassischen Repräsentanten des Liberalismus in die Politik unterscheiden.

Traditionell war die FDP eine Partei angesehener und einflussreicher lokaler Honoratioren, die erfolgreich, wohlhabend und beruflich selbstständig waren. Ihr selbsterworbenes Prestige brachten sie in ihre Partei ein. Dieser Vorleistung blieben sie sich stets bewusst, zumal sie aufgrund ihres persönlichen Einflusses den starken Arm einer kollektiven Interessenvertretung entbehren konnten. Die Karrierepolitiker Philipp Rösler, Christian Lindner und Daniel Bahr dagegen sind Produkte des Politikbetriebes, ganz so wie der Politik-Profi Guido Westerwelle, der auch nie etwas anderes als eben Politik gemacht hatte – darin ein legitimer Enkel des Avantgardisten freidemokratischer Berufspolitik, Erich Mende.

Alle drei FDP-„Youngsters" wissen um die Bedeutung einer Verankerung in der eigenen Partei und von Hausmächten zur Absicherung des politischen Aufstieges. In ihrer Jugend engagierten sie sich bei den Jungen Liberalen und übernahmen dort auch Ämter. So gründete Lindner mit 14 Jahren in seinem Heimatort Wermelskirchen einen Ortsverband der Jungliberalen, Rösler war von 1996 bis 1999 Landesvorsitzender der Jungen Liberalen in Niedersachsen und Bahr einige Zeit später gar Bundesvorsitzender des liberalen Nachwuchses. Rösler und Lindner waren zudem Generalsekretäre, Rösler nur auf Landesebene, Lindner in Nordrhein-Westfalen wie im Bund. Schließlich war (oder ist) ein jeder von ihnen Landesparteivorsitzender. Rösler und Bahr versammelten in ihrer gemeinsamen Zeit als Landesvorsitzende in Niedersachsen und Nordrhein-Westfalen über die Hälfte der Delegiertenstimmen auf Bundesparteitagen hinter sich. Und für Lindner war bei der nordrhein-westfälischen Landtagswahl 2012 nicht zuletzt die gewachsene Stärke der liberalen Parteiorganisation eine Erfolgsstütze, die seit 2010 fünfmal so viele kommunale Mandatsträger stellte wie Mitte der 1990er und in den Kommunen stärker war als in den Jahrzehnten zuvor.

Aber nicht nur das verbindet die drei mit Guido Westerwelle. Die Mitglieder der FDP-„Boygroup" bezeichnen sich selbst ganz gerne als „94er-Generation": Ihre „Erweckungserlebnisse" haben sie, als sie den Zustand der FDP Mitte der 1990er-Jahre erkennen: Die Partei lag am Boden und war zur reinen Mehrheitsbeschafferin der Christdemokraten degeneriert, und im Bundestagswahlkampf 1994 werben die Liberalen für ihre eigene Wahl mit der Begründung: „damit Kohl Kanzler bleibt".

Eine weitere Verbindung zu den Altvorderen um Westerwelle, Jürgen Möllemann und den niedersächsischen Landesparteivorsitzenden, Minister und Vizeministerpräsidenten Walter Hirche besteht in der Förderung, welche die Älteren dem Nachwuchs haben zukommen lassen. So verabredet Hirche irgendwann im ersten Jahrzehnt des 21. Jahrhunderts mit seinem politischen Ziehsohn Philipp Rösler, dass dieser einmal sein Nachfolger werden soll. Im Unterschied zu vielen anderen, die aus vergänglichen Launen heraus besonders engen Vertrauten und Gefolgsleuten ähnliche Versprechen machten, hält sich Hirche im weiteren Verlauf seiner Karriere an sein Wort und – dies vor allem – tritt auch tatsächlich freiwillig von seinen Ämtern zurück. Zuvor schon hat er für Rösler die Satzung des niedersächsischen Landesverbandes der FDP geändert, um ihn als Generalsekretär installieren zu können. Unberührt von internem Postengerangel, frei von den üblichen Klüngeleien, Intrigen und Einflusskämpfen gelangt Rösler auf diese Weise in seine Führungspositionen. Und stärker als für andere ist seine Karriere ob der verlässlichen Förderung berechenbar.

Aufgrund ihrer nordrhein-westfälischen Herkunft sind für Lindner und Bahr Möllemann und Westerwelle wichtiger. Beide schauen sich bei ihnen Machtwillen, List, Taktik und die Wirkung rhetorischer Kniffe ab. Bahr steht in dem Ruf, der politische Ziehsohn Möllemanns zu sein. Lindner wiederum steht Westerwelle näher, den er zu kopieren versucht, wenn er in feinen Anzügen auftritt, Westerwelles Reden abkupfert und dafür im Landtag anfangs belächelt wird. Was ihn andererseits nicht daran hindert, ebenfalls Anleihen bei Möllemann zu nehmen und sich bei seinen ersten Tastversuchen als Abgeordneter im Landtag, dem er seit 2000 angehört, Christian W. Lindner zu nennen, wobei das „W" für Wolfgang in Anlehnung an Jürgen W. Möllemann steht.

Trotz dieser Verbindungen ist eine Zeitlang gerade ihre Ruhe, Lautlosigkeit und Ausgeglichenheit eine Stärke der „Boygroup" und dabei namentlich Röslers. Nicht nur, weil er eben aufgrund dieser Eigenschaften als Gegenmodell zu seinem Vorgänger Westerwelle, dessen die Liberalen überdrüssig sind, in das Vorsitzendenamt gelangt. Vielmehr begründen diese Eigenschaften auch die anfänglichen Erwartungen seiner Parteifreunde, es bei dem politischen Blitzkarrieristen mit einem besonders ausgebufften Profi zu tun zu haben, der souverän diskrete Machtstrategien beherrscht, die, weil sie die wahren Absichten verbergen, besonders effizient sind. Doch Rösler enttäuscht solche Erwartungen jäh, wobei sich die Frage stellen lässt, ob er den Hoffnungen, die sich mit ihm verbinden, überhaupt gerecht werden kann. Schließlich wird von ihm nicht weniger erwartet, als die FDP programmatisch zu erneuern, die Wirtschaftskrise zu meistern und den Koalitionsstreit zu befrieden. Das aber, stellt der *Tagesspiegel* im Rückblick fest, „sind drei Vollzeitjobs". Im Jahr 2011 tritt er als Nachfolger Westerwelles an die Spitze der Partei, wird Bundeswirtschaftsminister und Kanzlerinnenstellvertreter in der Bundesregierung, und dies beinahe zeitgleich, denn zwischen der Ernennung zum Bundeswirtschaftsminister und der Wahl zum FDP-Vorsitzenden liegt zum Beispiel nur ein einziger Tag. Freilich: Vorausschauende Kommentatoren ahnen schon damals die künftigen Konflikte, die auch freundliche, wohlerzogene Menschen nicht umschiffen könnten, denn dafür sind mehr als schöne Bilder von netten Hoffnungsträgern nötig, dazu braucht es Zähigkeit und Durchsetzungskraft. Dass aber dafür die „jungen Braven in der FDP" mit ihrem „geräuscharmen Liberalismus" geeignet sind, daran bestehen schon an dem Tag Zweifel, als sie den Schalterraum der Macht betreten. Die zähe Ablösung Westerwelles ebenso wie Röslers lange erfolgloses Unternehmen, Rainer Brüderle das Wirtschaftsministerium zu entreißen, lassen alsbald den Verdacht aufkommen, es mangele ihnen an Cleverness und Härte.

Zunächst aber feiern die FDP-„Youngsters" ihre Erfolge als Kontrastfolie zu Westerwelle. Nachdem die FDP nach der Wahl 2009 nicht halten kann, was sie zuvor versprochen hat, sind die harten Kampfansagen Westerwelles, seine Großmannssucht in Auftreten und Wortwahl diskreditiert, vertiefen sie die offensichtliche Kluft zwischen liberaler Wirklichkeit und liberalem

Anspruch in der Öffentlichkeit doch nur noch weiter. In dieser Situation ist es ein Vorzug für die Jungen, wenn der Wechsel von Westerwelle zu Rösler als ein Wechsel vom Übermütigen ins Mutlose wahrgenommen wird.

Wenig später zeigt sich jedoch die Kehrseite des Wechsels vom überschäumenden Erregungsrhetoriker Westerwelle zum gedämpften Rösler: das Leidenschaftsdefizit der „Youngsters". Die Folge des Nichtführens der „Youngsters", ihrer Visionslosigkeit und mangelnden Emotionalität ist eine apathische, ausgezehrte, inaktive Basis, die nicht einmal mehr bei dem Mitgliederentscheid zum Eurorettungsfonds ESM, das heißt bei einer für das Selbstverständnis der FDP grundlegenden Frage, hinreichend mobilisiert werden kann, um das statutarisch gesetzte Quorum zu überwinden.

Ein weiteres verbindendes Moment der FDP-„Youngsters", das sie gleichzeitig als Karrierepolitiker ausweist, ist die Rasanz ihres politischen Aufstiegs. Rösler, Lindner und Bahr weisen in sehr jungen Jahren bereits eine erstaunliche politische Erfahrung und beeindruckende Ämterbilanz auf: So ist Rösler mit 37 Jahren bereits Fraktionschef, Landeschef und Wirtschaftsminister in NRW gewesen. Bahr wird mit 25 Jahren Mitglied des Bundestages, Lindner zieht sogar schon mit 21 Jahren in ein Parlament ein, den nordrhein-westfälischen Landtag. Mit gerade einmal 25 Jahren amtiert er als Generalsekretär der FDP in NRW. Dabei fällt auch ein – gewiss zufälliger – Gleichklang auf: Sowohl Lindner als auch Bahr treten mit 14 Jahren den Jungliberalen bei und machen mit 25 Jahren einen großen Karriereschritt – Lindner, indem er Landesgeneralsekretär in NRW wird, Bahr als Mitglied des Bundestages ab 2002.

Ihre Karrieren verlaufen folglich in einem rasend hohen Tempo, durch die Anbindung an die Jungliberalen aber gleichwohl nachhaltig. Sie machen mithin Karriere weniger wie bald verglühende Kometen denn wie verlässlich leuchtende Monde. Bahr hat als Vorsitzender des liberalen Jugendverbandes bereits vor seinem Einzug in den Bundestag reiche politische Erfahrungen gesammelt. Und Lindners Politikkarriere beginnt schon als Schülersprecher im Städtischen Gymnasium Wermelskirchen, setzt sich mit der Gründung des Jungliberalen Ortsverbandes Wermelskirchen fort, führt ihn im folgenden Jahr in den FDP-Bundestagswahlkampf und findet einen ersten Höhepunkt im nordrhein-westfälischen Landtag, wo er mit 21 Jahren der jüngste Abgeordneter aller Zeiten ist.

Weitere Eigenschaften eines Karrierepolitikers zeigen sich bei der FDP-„Boygroup" wie unter einem Brennglas, beispielsweise die Zögerlichkeit: Es ist bezeichnend, dass sich Rösler, Lindner und Bahr, als sie zum Dreikönigstreffen 2011 ein gemeinsames Papier vorlegen, gegen den zunächst erwogenen Titel „Wir werden gebraucht" entscheiden. Sie wollen nicht so erscheinen, als beabsichtigten sie, die Macht an sich zu reißen. Der Eindruck, sie verfolgten mit dem Text ein eigenes Interesse, wäre ihnen peinlich gewesen. Insgesamt klingt das zweiseitige Dokument auch gar nicht nach Aufbruch. Man merkt: Die drei zaudern, sie spielen auf Zeit, einer größeren Aufgabe fühlen sie sich noch nicht gewachsen. Sie haben Angst vor der möglichen Überforderung, haben Skrupel, Westerwelle von seinen Posten zu verdrängen, und zögern, ihm die Führung zu entreißen. Hierin unterscheiden sie sich fundamental von anderen politischen Kohorten, welche beherzt nach der Macht griffen, wenn sich ihnen die Chance dazu bot.

Auch die für Karrierepolitiker konstatierte Konfliktscheu zeigt sich bei Rösler, Lindner und Bahr, nicht zuletzt in ihrer demonstrativen Abgrenzung vom Politikstil Westerwelles, in der anderen Tonalität, die sie für sich reklamieren: weniger aufgeregt, integrativ statt konfrontativ. „Keiner von ihnen hat den Raubtierbiss eines Gerhard Schröder", kritisieren die einen. Mit dem Hinweis auf die permanente Intrige und das absolute Misstrauen als Normalzustand sowie darauf, dass dies ein gescheitertes Politikmodell einer anderen Generation sei, rechtfertigen sich die FDP-

„Youngsters". Stattdessen wollen sie fair miteinander umgehen. Sie wirken bescheiden und sympathisch, höflich und fleißig. Mit diesen Attributen werden sie beschrieben und so sehen sie sich auch selbst. Ihren Karrieren kommt das in Zeiten zugute, da all das nicht gilt.

Ihre Konfliktscheu drückt sich weiter in dem Wunsch aus, Westerwelle möge den Übergang von sich auf sie selbst moderieren, er möge sich ihnen gegenüber auch dann noch als Förderer verhalten, wenn es um seine Ablösung durch die Jüngeren geht. Daran zeigt sich: Weder Rösler noch Lindner oder Bahr sind im Konflikt mit der älteren Generation aufgestiegen. Stattdessen wurden sie auf den ausdrücklichen Wunsch des Vorsitzenden Westerwelle in leitende Positionen gebracht. Nun hoffen sie auf einen glatten Übergang und auf Patronage noch in dem Moment der „Wachablösung", ganz so wie damals, als Walter Hirche in Niedersachsen seinen politischen Ziehsohn Rösler wie ein väterlicher Freund bis in den Vorsitz und in das Wirtschaftsministerium geleitet hat. Brennender Ehrgeiz und Ungeduld zeichnen sie nicht aus, vor dem „Vatermord" scheuen sie zurück.

Doch wie erklärt sich diese Stromlinienförmigkeit? Der *Freitag* hat Philipp Rösler einmal plakativ als „Mann ohne Widerworte" bezeichnet und zur Erklärung der so umschriebenen Folgsamkeit auf die Bedingungen verwiesen, unter denen er aufgewachsen ist. In der Tat: Wenn in Michael Bröckers Rösler-Biografie dem FDP-Vorsitzenden ein quasi bruchloser Lebenslauf bescheinigt wird, der ihn geradlinig vom Bückeburger Elternhaus bis an die Spitze der FDP und in das Bundeskabinett gespült hat, dann sticht die Differenz zu den älteren politischen Generationen ins Auge. Damit liegt auch eine Ableitung der habituellen Besonderheiten speziell von Rösler und ganz generell den jüngeren Politikerkohorten im Vergleich mit den Angehörigen älterer Gruppen aus diesen Erfahrungen nahe. Die sozialdemokratischen „Enkel" etwa sind vielfach vaterlos in kargen Verhältnissen groß geworden, sie mussten dementsprechend früh

Verantwortung für sich und ihre Familien übernehmen. Durch ihre Kindheitserinnerungen haben sie die Lehre verinnerlicht, dass man nicht zimperlich im Gebrauch des Ellenbogens sein darf und sich seinen Weg gegen Widerstände hart erkämpfen muss. Rösler zeichnet sich demgegenüber sein ganzes bisheriges Leben lang durch Superintegration, Heimatliebe, Fleiß und Aufstiegswillen aus. Während die „Enkel" seit ihrem Teenageralter von Protestkulturen erfasst wurden, gilt Rösler auch als Jugendlicher als höflich, diszipliniert, engagiert, kurz: mustergültig. Pubertät, Protest, Pöbeleien, die drei „P" der Alt-68er in der Politik, kennt Rösler nicht.

Und warum sollte er auch? Zu Ausscheidungskämpfen besteht in der FDP, wie er sie kennenlernt, schließlich keine Notwendigkeit. Nach dem Koalitionswechsel 1982 war eine ganze Generation davor zurückgeschreckt, der „Umfallerpartei", wie sie von nun an hieß, beizutreten. Die dadurch entstehende Personallücke lässt in den 1990er- und 2000er-Jahren jede Menge Platz und Posten für begabte Halbwüchsige wie Rösler, Lindner und Bahr. Die „Ochsentour", in den Volksparteien bisweilen immer noch eine quälend lange Strecke, gleicht bei den Liberalen in dieser Zeit eher dem vergnüglichen Parcours auf einem Ponyhof. Karriere machen kann man jedenfalls auch ohne zaunrüttelndes Machtstreben, weshalb die „Youngsters" avancieren, obwohl sie stets den Eindruck erwecken, dass sie die Macht gar nicht wollen, sondern in Berlin „nur auf Montage" sind (Bahr), „im Alter von 45 aufhören" wollen (Rösler) oder „lieber Grundsatzprogramme schreiben" (Lindner).

Ihre Zögerlichkeit und Konfliktscheu, kurzum: ihre Weigerung, das politische Machtspiel anzunehmen, sorgt dafür, dass die liberalen „Youngsters" sich leicht über den Tisch ziehen lassen. Schon Anfang 2012 führt nicht etwa der Parteivorsitzende und Kanzlerinnenvize Philipp Rösler die Regie, als sich die Liberalen im Vorfeld der Bundespräsidentenwahl überraschend auf Joachim Gauck als ihren Kandidaten festlegen. Es stimmt auch nicht, dass er gezielt den Konflikt mit der Bundeskanzlerin gesucht hätte, die Gauck für ihre Partei bis unmittelbar vor dem Zusammentreten der Bundesversammlung ablehnt. Stattdessen ist er ein Getriebener der politischen Kraftnaturen Kubicki und Brüderle, die ihm ihren Willen aufzwingen. Noch zu Beginn des Wochenendes, an dem die Parteispitzen von CDU/CSU, FDP, SPD und den Grünen im Kanzleramt zusammenkommen und Joachim Gauck als gemeinsamen Kandidaten präsentieren, vertritt Rösler die offizielle Parteilinie, eine Kanzlerin Merkel akzeptiere einen Bundespräsidenten Gauck nicht, weshalb es für die Liberalen keinen Sinn mache, sich über den Namen auch nur ernsthaft Gedanken zu machen. Zu diesem Zeitpunkt steht schon die Drohung mehrerer liberaler Landesparteivorsitzender im Raum, unter ihnen Kubicki, ihren Delegierten notfalls auch gegen das Votum der Bundesspitze die Wahl Gaucks zu empfehlen, sollte dieser antreten. Trotzdem geht der Parteivorsitzende Rösler noch in die entscheidende Schaltkonferenz des FDP-Präsidiums ohne klares Votum. Hier ist es schließlich der sanfte Druck und die emphatische Werbung Brüderles für Gauck, die zu einer einhelligen Zustimmung des liberalen Spitzengremiums zum ehemaligen Beauftragten für die Stasi-Unterlagen führt und Rösler auf den Kandidaten festlegt, den zunächst die SPD und die Grünen ins Gespräch gebracht hatten.

Eben das ist der Unterschied Röslers zu Angela Merkel, die ebenfalls zunächst gründlich abwägt, bevor sie sich zu vielfach halbherzig anmutenden Entscheidungen durchringt. Doch Merkel denkt die Dinge, wie es so schön heißt, vom Ende her, was bei Rösler nicht der Fall ist, wovon seine unvermittelten Querschüsse, fahrlässigen Provokationen und unbedachten Scherze zeugen. Ihm fehlt vor allem die Kaltschnäuzigkeit, mit der sich die Kanzlerin bei aller Vorliebe für Beratung und Ausgleich in Konfliktsituationen bar jeder Sentimentalität unliebsamer Konkurrenten entledigt. Rösler dagegen verzichtet darauf, im Zuge einer üblichen Personalrochade eigene Vertraute und Gefolgsleute in strategisch wichtigen Funktionen zu platzieren und unliebsame Widersacher kaltzustellen, sondern rochiert nun zwar das Personal in Kabinett, Fraktion und Präsidium, doch Westerwelle, Brüderle und Homburger verbleiben in wichtigen Ämtern. Kritiker höhnen darum, Röslers Revirement gleiche „dem Kinderspiel der ‚Reise nach Jerusalem' – nur habe dummerweise jemand vergessen, einen Stuhl wegzunehmen".

Aus dem mangelnden Führungswillen Röslers ergeben sich immer wieder Schwierigkeiten. Zum einen, weil er wenig verlässlich ist in Bezug auf Vereinbarungen. Ob nun bei einer gesellschaftspolitischen Frage wie dem Betreuungsgeld oder einem wirtschafts- und finanzpolitischen Thema wie der Euro-Krise: Rösler mangelt es an Steherqualitäten und Konflikthärte. Formiert sich Widerspruch, dann knickt er ein. Die Probleme des FDP-Vorsitzenden verschärfen sich zum anderen durch seine Neigung, liberale Positionen – oder seine Vorstellungen davon – offensiv zu vertreten, auch wenn sie den Forderungen des größeren Koalitionspartners widersprechen, vielfach zudem ohne hinreichende innerparteiliche Rücksprache. Jeder Kompromiss, jeder Teilrückzug, schon gar jedes Kanzlerinnenmachtwort bedeutet dann aber eine umso offenkundigere, öffentlich leicht nachvollziehbare Totalniederlage.

Röslers Probleme finden ihren Höhepunkt schließlich darin, dass er die Realität verleugnet. Er blendet im Moment seiner schwersten Krise die eigene Machtlosigkeit und Durchsetzungsschwäche aus, verleugnet vor sich selbst die Tatsache, dass andere die Geschicke der Liberalen bestimmen, und erweckt nach außen den fälschlichen Eindruck, er sei der Chef. So tut er mit Blick auf die Festlegung der FDP auf Gauck als Bundespräsidentenkandidaten so, als habe die Initiative dazu bei ihm gelegen. Und beim Betreuungsgeld insinuiert er ebenfalls, die Koalitionslinie vorgeben zu können. Dabei bestimmen den Kurs der FDP längst andere. Rösler verbirgt seine Machtlosigkeit hinter Scherzen und saloppen Auftritten, festigt damit aber bloß seinen Ruf als politisches Leichtgewicht. Darüber hinaus bringt er mutwillig die Kanzlerin und gewichtige Teile der CDU/CSU, aber auch Wortführer seiner eigenen Partei gegen sich auf, die ihm das Format für ein Spitzenamt absprechen und ihn der Unzuverlässigkeit zeihen. Rösler erweist sich dadurch gerade auf jenem Gebiet als unfähig, auf dem viele seine vorrangige Aufgabe als Nachfolger Westerwelles sehen: der FDP jene Seriosität zurückzugeben, die sie in den Jahren zuvor verloren hat.

Natürlich sind die FDP-„Youngsters" in ihren Charakteren und politischen Stilen, ihren Stärken und Schwächen nicht gleich. Christian Lindner zum Beispiel ist der Intellektuelle des Trios. Er liebt das Argumentieren und Kräftemessen, das Zitieren von Dahrendorf, Sloterdijk und Flach. Lindner setzt auf den „zwanglosen Zwang des besseren Arguments". Daniel Bahr wiederum besitzt das Image, härter, machtbewusster und taktisch versierter zu sein als die anderen Mitglieder der liberalen „Boygroup".

Freilich zeigen sich hier sogleich die Grenzen der gruppeninternen Unterschiede. Auch der vergleichsweise kühle Stratege Bahr etwa gilt seit dem Frühjahr 2012 als ein „Mann, der sich nicht traut": Wir schreiben Donnerstag, den 15. März. Die nordrhein-westfälischen Liberalen bestimmen an diesem Tag Christian Lindner zu ihrem Spitzenkandidaten für die Landtagswahl. Daniel Bahr, der als Vorsitzender der Landespartei das erste Zugriffsrecht auf die Spitzenkandidatur hat, verzichtet mit Rücksicht auf sein Amt als Bundesgesundheitsminister. Er begründet es damit, dass beide Aufgaben Ganztagsjobs seien und daher zeitgleich nicht adäquat erledigt werden könnten. Als Negativbeispiel ließe sich Norbert Röttgen anführen, für den die Funktionskumulation in demselben Wahlkampf zu einer Zerreißprobe wird und ihn letztlich beides kostet, die erhoffte Ministerpräsidentschaft ebenso wie das bekleidete Bundesministeramt. Es gibt also gute Gründe dafür, die Doppelbelastung durch ein Ministeramt und die Spitzenkandidatur bei einer Landtagswahl zu meiden. Doch trotz alledem hat Bahr in einer schwierigen Situation die

Verantwortung abgegeben, das Risiko einer Spitzenkandidatur gescheut und stattdessen die sichere Variante gewählt: den Rückzug auf sein Ministeramt in der Bundesregierung.

Teflon-Typen statt Unikate

Letztlich wirken alle ein wenig wie „Teflon-Typen“: glatte Oberfläche, auf Hochglanz poliert, Prototypen eines „Geleckten“. Keine Auflehnung: nicht gegen die Eltern, auch nicht gegen die Altvorderen in der FDP. Sie sind zwar offen für Neues, für neue Koalitionsbündnisse und einen neuen programmatischen Anlauf, die FDP zur Partei der Wirtschaftsfreiheit *und* des gesellschaftlichen Liberalismus zu machen. Doch bleibt selbst bei den Programmvorstellungen der „Boygroup“ letztlich unklar, wofür sie steht. Gewagt lesen sich die Vorstöße bis dato zumindest nicht.

Dies stellt ein Problem dar, das den Typus des Karrierepolitikers generell betrifft und sich nicht nur auf die FDP-„Youngsters“ beschränkt. Wenn, wie der Politikwissenschaftler Franz Walter in seinem Buch „Vom Milieu zum Parteienstaat“ argumentiert, politische Talente das „Säurebad“ harter Konflikte brauchen, und wenn dieses „Säurebad“ heute ausgeschüttet ist, dann sind die Nachwuchspolitiker trotz aller noch so imposanten Karriereverläufe und selbst in den Fällen, in denen sie längst die höchsten Spitzenpositionen bekleiden, dennoch weiterhin nur „Gesellen, aber keine Meister der Politik“.

Darum haben diese Figuren neben dem „Schicksalsverlust“ allem Anschein nach auch so wenig Ecken und Kanten. Ihre Konturlosigkeit erklärt sich aus ihrem geräuschlosen, widerstandsfreien, nicht zuletzt plötzlichen Aufstieg. Nicht wenige von ihnen kamen, von einer breiten Öffentlichkeit unbemerkt, völlig überraschend in die oberste Politiketage. Fast niemand hatte sie auf dem Bildschirm, kaum jemand kannte sie. Sie sind nicht mehr unverwechselbar, schillernd, sondern wirken austauschbar und beliebig. Frühere Charaktere stachen dagegen durch eine Kombination von unverwechselbaren Merkmalen hervor. So zum Beispiel der Sozialdemokrat Carlo Schmid, der durch seine barocke Leibesfülle auffiel, aber eben auch wegen seiner intellektuellen Aura, seiner Redefertigkeit und seines bürgerlichen Habitus. Oder Franz Josef Strauß, der ebenfalls physisch monumental wirkte, daneben aber furiose Reden hielt, die sowohl durch ihren Inhalt wie ihre Vortragsweise bestachen. Häufig waren also mehrere Eigenschaften in einer Person vereint, die diese in ihrer Gesamtheit besonders machten. Anhand hervorstechender Merkmale waren sie eindeutig identifizierbare Persönlichkeiten mit hohem Wiedererkennungswert. Man denke nochmals an Strauß, der mit bajuwarischem Akzent und rotgefärbtem Gesicht zeterte, an Herbert Wehner mit seiner Hornbrille und den beißenden Beleidigungen, die er seinen Gegnern durch den Plenarsaal entgegenschleuderte, an den Menschenfischer und Geschichtenerzähler Johannes Rau, der immer einen Witz parat hatte oder eine Anekdote zum Besten gab, und noch einmal Kohl, der stets dieselben Worte verwendete, um in oberflächlicher Weise irgendwelche Geschehnisse oder Vorfälle zu kommentieren: „natürlich", „selbstverständlich", „wie erwartet" und dessen Redewendung vielen von den „Menschen draußen im Lande" noch bekannt vorkommen dürfte. Und über Helmut Schmidts unverwüstliches Faible für Mentholzigaretten muss an dieser Stelle nicht mal ein Wort verloren werden. Politiker wie Strauß, Wehner und Adenauer boten Skandale, Erfolge, Niederlagen, eine verwegene Mischung aus Mängeln und Vorzügen – insgesamt eine solche Fülle an bemerkenswerten Eigenschaften und abwechslungsreichen Aktionen, die sie ganz automatisch zu auffälligen, geschichtlich unvergesslichen Charakteren machten.

Dieser Mangel an Format macht sich auch in der Berichterstattung bemerkbar. Schwer vorstellbar, dass sich die öffentlichen Meinungsmacher ähnlich gleichermaßen beharrlich wie fasziniert den Verfehlungen und Entgleisungen eines Politikers widmen wie denen Helmut Kohls, der regelmäßig über ihm angeblich feindselig gesonnene Journalisten ebenso zürnte wie über die meisten seiner Weggefährten und von den „beschämenden" Attacken bösartiger „Geschichtsfälscher", insbesondere aus der Hamburger Journalisten-„Mafia" sprach. In diesem Vorgang mochten sich zwar zuallererst die verletzte Eitelkeit und das besorgte Bemühen eines Politikers um die Wahrung des historischen Stellenwerts, des nach eigenem Empfinden angemessenen Platzes in der Geschichte ausdrücken. Doch zugleich kam darin auch die Klasse der politischen Figur zum Vorschein, die Helmut Kohl im Verlauf seiner Karriere geworden war und die durchaus die Strahl- und Faszinationskraft eines Konrad Adenauer oder Willy Brandt erreicht hatte. Noch einmal: Von welchem Kopf aus der gegenwärtigen Politikerriege ließe sich Vergleichbares behaupten?

Stattdessen findet sich heute kaum jemand, den man allein aufgrund seines Werdegangs oder seiner Persönlichkeit als außergewöhnlich, unvergesslich, unnachahmlich bezeichnen würde und über den man über dessen Amtszeit hinaus sprechen würde.

Eine Ausnahme bildet vielleicht Angela Merkel. Sie hat sich in jener Union, in der die Andenpaktler dominierten, stets ausgeschlossen gefühlt. Koch, Wulff und Co. gaben ihr das Gefühl eines Fremdlings. Doch diesen Zustand, aufgrund ihrer Herkunft aus dem Osten – ein unumkehrbares Merkmal – nicht zugehörig sein zu können, hat sie nicht hinnehmen wollen. Sie war nun einmal nicht in der Schüler-Union, war auch nie in der Jungen Union, sondern in der DDR als Wissenschaftlerin tätig, als im Westen die Jungpolitiker ihre Netze spannten und die Parteikultur aufsogen. Aber eben das hat Merkel angespornt, sie wachsam gemacht, ihr ungeheure Durchsetzungskraft und Beharrlichkeit abgetrotzt und sie zu großen Leistungen im Machtspiel beflügelt. Was ihr oft als Mangel ausgelegt wird – ihre parteiferne Ost-Sozialisation und ihr Seiteneinstieg in die CDU –, ist ganz im Gegenteil eine ihrer Stärken. Deshalb ist sie auch darauf angewiesen, einen kleinen, jedoch ungemein kampfstarken und loyalen Kreis um sich zu schließen.

Dennoch handelt es sich bei den Angehörigen der aktuellen Politikelite vor allem um Menschen mit anfälligen, verletzlichen Karrieren. Karrierepolitiker stellen einen neuen Typus von Politiker dar, dessen Hartnäckigkeit, Ehrgeiz, Macht- und Behauptungswille, Risikolust, ja insgesamt Verwegenheit mehrheitlich nicht an frühere Politiker heranreichen. Rösler, Lindner, Heil, Steinbrück, Klöckner, Schröder und Al-Wazir: Sie alle haben aufgrund der geringen Vorbereitungszeit durch schnelle Sprünge und kurze Amtszeiten keine nachhaltigen Karrieren vorzuweisen, sondern Aufstiege mit möglicherweise schnellem Verfallsdatum.

Vielfalt der Karrierewege

Für die Herausbildung eines neuen politischen Karrieremusters – eben dem des Karrierepolitikers – lassen sich zahlreiche Indizien anführen. Doch bleiben die Übergänge zu den anderen zeitgenössischen Karrieremustern ebenso wie auch zu historischen Karriereverläufen fließend, wie überhaupt durch die Auflistung charakteristischer Merkmale und die Modellierung eines spezifischen Gesamtprofils keineswegs historische Einzigartigkeit behauptet werden soll. So ging die sozialstrukturelle Verengung der politischen Klasse im 19. Jahrhundert sogar eher weiter als heute. In der Hamburger Stadtverfassung von 1879 etwa wurde dekretiert, dass die Hälfte der Senatoren „Rechts- oder Kameralwissenschaften" studiert haben *müsse*. Die weitgehende Verengung der politischen Kompetenzen auf die juristische Ausbildung war in der Hansestadt also gesetzlich sanktioniert.

Auch die lebensweltliche Entkoppelung der gegenwärtigen politischen Klasse lässt sich durch den Blick in die Geschichte relativieren. Die älteren bundesrepublikanischen Politikerkohorten zu Zeiten von Adenauer, Brandt und Kohl dürften sich, verglichen mit den aktuellen Amtsträgern, eher durch mehr als durch weniger Lebensfremdheit ausgezeichnet haben. In den ersten Nachkriegsjahrzehnten war die Politikelite ein Klub weißhaariger Männer gehobenen Alters. Heute dagegen nimmt der Grünen-Vorsitzende Cem Özdemir Vätermonate, die Familienministerin Kristina Schröder bringt während ihrer Amtszeit ein Kind zur Welt, führende Politiker fordern einen politikfreien Sonntag, um mehr Zeit für ihre Familien haben zu können, und mit Wolfgang Schäuble, Philipp Rösler und Guido Westerwelle sitzen ein Rollstuhlfahrer, ein Migrant und ein bekennender Homosexueller auf der Regierungsbank. „Noch nie", so spitzt Patrick Schwarz diesen Befund in der *Zeit* zu, „waren Politiker ihren Wählern so ähnlich wie heute."

Oder nehmen wir David McAllister. Bis vor kurzem Ministerpräsident in Niedersachsen, bedarf es keiner außergewöhnlichen prognostischen Begabung, vorherzusehen, dass seine politische Karriere trotz der Abwahl noch nicht zu Ende ist. McAllister weist viele typische Merkmale von Karrierepolitikern auf: Die Blitzkarriere, die ihn nach seinem Eintritt in die Junge Union 1986 und in die CDU 1988 sowie seinem Einzug in den niedersächsischen Landtag 1998 in schneller Folge die Ämter des Generalsekretärs der Landes-CDU 2002, des Fraktionsvorsitzes 2003, des Landesparteivorsitzenden 2008 und des Ministerpräsidenten 2010 übernehmen ließ; die brave Loyalität, die in einem so markanten Widerspruch zu den Aufstiegspraxen und Erfolgsbedingungen in vergangenen Jahrzehnten steht; die Basisnähe und seine kommunalpolitische Verwurzelung in Niedersachsen, die ihn – laut *Welt am Sonntag* – graue Alltagsthemen wie den Schienenpersonennahverkehr in der Nordheide und die Hafenhinterlandanbindung zwischen Oldenburg und Wilhelmshaven so wichtig nehmen und ihn jeden CDU-Ortsvorsitzenden mit Vornamen kennen lassen – und den der Gattin gleich noch dazu; der Mangel an Härte, der sich auch daraus ergibt, selbst keine harten Selektionsschlachten im Verlauf seiner Karriere geschlagen, keine herben Niederlagen eingesteckt und letztlich nie mit vollem Risiko alles auf eine Karte gesetzt haben zu müssen. Doch die These einer durchgehenden sozialstrukturellen Verengung durchbricht auch er, der Deutsch-Schotte, der Regierungschef mit Migrationshintergrund, der erste Ministerpräsident in Deutschland mit doppelter Staatsbürgerschaft.

Ein Kandidat, bei dem sich noch deutlicher individuelle Abweichungen vom allgemeinen Trend zeigen, ist Sigmar Gabriel. Natürlich finden wir auch in seiner Karriere Bekanntes: den Konkurrenzmangel unter Gleichaltrigen, den raschen Aufstieg in sehr jungen Jahren, die jahrelange kommunalpolitische Tätigkeit und das Engagement in Jugendorganisationen als Karrieresprungbrett. Andererseits aber ist ein zentrales Element in Gabriels Karriere der Konflikt, dessen Mangel wir oben als kennzeichnendes Merkmal von Karrierepolitikern diagnostiziert haben. Schon sein Eintritt in eine linke Partei erfolgt gegen den Willen des Vaters. Als halbwüchsiger „Falken"-Funktionär legt er sich dann in Reden auf SPD-Parteitagen mit der Regierung von Helmut Schmidt an. Und zu den Eigenschaften, die ihm am nachhaltigsten zugesprochen werden, gehören Auflehnung und Renitenz, Selbstbehauptungsmut und Eigensinn.

Gabriel ist – modelluntypisch – ein „politischer Raufbold" (Michael Schlieben). Von seinen eher zögerlichen und zaudernden Gleichaltrigen unterscheidet er sich auch durch sein schwer erschütterbares Sendungsbewusstsein, das ihn überzeugt sein lässt, die Weisheit gepachtet zu haben. Zwar stellt er nicht insofern eine Ausnahme seiner Generation dar, dass er den Politikstil der älteren „Enkel" in der SPD kopiert. Dies tun andere Karrierepolitiker auch, wie wir an den liberalen „Youngsters" gesehen haben. Zur Rarität wird Gabriel aber durch die Lehren, die er aus der Orientierung an den Altgenossen zieht, denn er verinnerlicht deren Aufstieg im Konflikt, ihren Erfolg durch Ellenbogeneinsatz und Provokationen gegen die eigene Parteilinie. Der Goslarer liebt Wahlkampf, er ist ein guter Redner, Politik ist für ihn ein

Lebenselixier. Graugesichtige Funktionärstypen lehnt er ebenso ab wie langatmige Gremiensitzungen. Lust bereiten ihm dagegen öffentliche Debatten und die Produktion pointierter Thesen.

Im Übrigen sind Gabriel auch Niederlagen nicht unbekannt. Er reift an ihnen, etwa an der verheerenden Niederlage der SPD bei der Wahl in Niedersachsen 2003. Sie verändern Gabriel, er wird selbstkritischer, nachsichtiger, auch nachdenklicher. Und so wird aus dem Verlierer der Landtagswahl 2003 einer der Sieger in der Bundestagswahl 2009, der in seinem Wahlkreis bei Goslar mit 44,9 Prozent der Erststimmen das Direktmandat gewinnt, das fünftbeste SPD-Ergebnis bundesweit holt und 15 Prozentpunkte über dem Durchschnitt der Niedersachsen-SPD liegt.

4 Fordern und gefördert werden: Die Karrierepolitiker und ihre Parteien

Zwar hat sich bei den Karrierewegen auf einer ganz grundsätzlichen Ebene nicht viel verändert. Die Anteile der verschiedenen Karrieremuster – „Ochsentour“, Quereinstieg und reine politische Karriere – an den beruflichen Laufbahnen der Spitzenpolitiker sind bis in die Gegenwart weitgehend stabil geblieben.

Doch unter dieser Oberfläche ist einiges in Bewegung geraten. Der Wandel zeigt sich an der Ausbildung des Typus eines Karrierepolitikers als die beschleunigte, risikominimierende Variante der „Ochsentour“. Er offenbart sich auch in der abnehmenden Bedeutung von Hausmächten als Fundamente und Stabilisatoren der erreichten politischen Posten.

„Gegner“, schrieb Wulf Schönbohm noch in seinem Roman „Parteifreunde“ aus dem Jahr 1990, „musste man bekämpfen, und besiegte Gegner durfte man nicht zu großmütig behandeln. Posten wurden nur an verdiente Kampfgefährten vergeben. Wer im Dschungel lebte, brauchte Freunde und mußte seine Feinde kennen.“ Und weiter: „Nur als Mitglied einer verschworenen Kampfgemeinschaft kam man in der Politik ganz nach oben. Und wer gegen den Korpsgeist verstieß oder gar den Königsmord plante, der wurde mit Schimpf und Schande verjagt, ausgestoßen, an die Wand gestellt.“

Entbehrliche Hausmächte

Das scheint heute anders geworden zu sein, wenn wir es auch nicht mit einem Bruch, sondern fließenden Übergängen zu tun haben. Der aktuelle Vorsitzende der SPD, Sigmar Gabriel, scheint jedenfalls eine „verschworene Kampfgemeinschaft“ für seinen politischen Aufstieg nicht benötigt zu haben. Vor seiner Wahl zum Parteichef machte er um Parteiämter lange Zeit einen großen Bogen – zum einen, weil er sich in seiner Selbstständigkeit nicht einschränken lassen wollte, zum anderen, weil solche Ämter für sein weiteres Fortkommen offenkundig entbehrlich waren. Über gewachsene Seilschaften verfügte er bei seiner Wahl zum Nachfolger Franz Münteferings auf dem Dresdener Bundesparteitag 2009 daher nur sehr eingeschränkt.

Dass in Zeiten schrumpfender Mitgliedschaften, ausbleibenden Nachwuchses und wachsender Parteienkritik die Seilschaft, dieser klassische Bestandteil einer typischen „Ochsentour", an Bedeutung verliert, zeigte eine Weile auch der mittlerweile gefallene Wirtschafts- und Verteidigungsminister Karl-Theodor zu Guttenberg. Zwischenzeitlich war er rasant aufgestiegen, ebenfalls ohne über eine feste Machtbasis in der CSU zu verfügen, erst recht ohne in die Kategorie „kampferprobter Führungsnachwuchs" zu gehören. Ebenso zeigen die Werdegänge von Angela Merkel, Annette Schavan und Ursula von der Leyen, mithin der starken Frauen im Bundeskabinett, die Entbehrlichkeit von Hausmächten, zumindest phasenweise und insbesondere zu Beginn ihres politischen Aufstieges. „Man guckt sich diese Frauen an", wunderte sich vor einiger Zeit die Hauptstadtjournalistin Mariam Lau, „die nicht mit anderen Bier trinken oder Hinterzimmerpakte schließen, und siehe da, es geht auch so."

Natürlich muss dabei immer berücksichtigt werden, dass der Gestus des einsamen Wolfes, der auf Unterstützernetzwerke nicht angewiesen ist und sich alleine seinen Weg nach oben bahnt, immer auch mit dem Kalkül eingenommen werden kann, Popularität in einem gesellschaftlichen Umfeld zu erheischen, das der organisierten Parteipolitik mehrheitlich massiv ablehnend gegenübersteht. So begann etwa Guttenberg seine Karriere ganz klassisch in der Jungen Union, und so zeigt sie insofern doch zumindest Ansätze einer Parteikarriere. Dass seine explizite Distanzierung vom Parteien- und Politikbetrieb und insbesondere von den vermeintlich konturenlosen Berufspolitikern jedoch kaum mehr als Koketterie war, zeigte sich zudem, als im Zuge der Plagiatsaffäre plötzlich seine politischen Ämter und die damit verbundene öffentliche Aufmerksamkeit zur Disposition standen und er sich nicht oder doch nur sehr zögerlich und gezwungenermaßen dazu durchringen konnte, mit seinem Rücktritt auf beides zu verzichten.

Dennoch ließ sich in den letzten Jahren das erstaunliche Phänomen beobachten, dass das Modell „Ochsentour“ gar nicht so sehr in den für dieses Karrieremuster prädestinierten Volksparteien in voller Blüte steht, sondern bei den kleinen, bürgerlichen, eigentlich wenig organisationsintensiven Honoratiorenparteien wie den Grünen und den Freidemokraten. Die Karrierewege von Jürgen Trittin (Grüne) und Guido Westerwelle (FDP) veranschaulichen dies exemplarisch.

Schubweiser Generationswechsel

Bereits aus der zurückgenommenen Rolle innerparteilicher Hilfstruppen ergibt sich eine auch insgesamt veränderte, zum Teil eingeschränkte Bedeutung der Parteiorganisation. In dieselbe Richtung weisen die biografischen Prägungen der Spitzenpolitiker im Generationenverlauf. Die sogenannten 45er, das heißt die politischen Repräsentanten der Geburtsjahrgänge 1920 bis 1930, suchten noch Orientierung, indem sie sich an Autoritäten anlehnten, die sie in den älteren Politikern aus dem zweiten und dritten Glied der 1933 untergegangenen Weimarer Parteien, also in den eigenen Reihen fanden. Neben Leitfiguren wie dem SPD-Vorsitzenden Kurt Schumacher oder dem Kanzler Konrad Adenauer vermittelten Hunderte Alt-Weimaraner an der Basis und in der mittleren Parteiebene Traditionen ihres eigenen politischen Lagers. Dadurch verstanden sich die 45er-Parteien nach wie vor als „Kampfgemeinschaften“, die überkommenen Gegnerschaften wurden tradiert – bis hin zu den konkreten Unterstellungen, die Linken seien unsichere Kantonisten im „Kalten Krieg" und die Konservativen seien in ihrer demokratischen Gesinnung zweifelhaft.

Vor allem konnten die 45er die Demokratie nicht anders denken denn als Parteiendemokratie. Hans-Peter Schwarz zufolge besaß die politische Organisation für sie parteiübergreifend einen hohen Stellenwert – mit allen Folgen, die daraus erwuchsen: vom kundigen Hantieren mit Geschäftsordnungen über die Pflege althergebrachter Parteirituale und das Training einer schlagkräftigen Rhetorik bis hin zur unablässigen Einsatzbereitschaft für die Partei. Kennzeichnend für diese politische Generation waren daher „Bilderbuch"-Parteikarrieren und Vorzeige-„Ochsentouren", war die Aufstiegserfahrung: „vom Plakatkleber zum Parteichef".

Ganz anders verhielt es sich mit der Nachfolgegeneration. Während der typische 45er Christdemokrat war, so war der charakteristische 68er Sozialdemokrat. Die 68er, die in den 1990er- und 2000er-Jahren an den Schalthebeln der politischen Macht saßen, suchten ihre Autoritäten auch nicht innerhalb der Parteien, sondern fochten gegen die Eliten der etablierten Parteien, in denen sie Kräfte der Beharrung sahen. Eine wirklich lebendige Demokratie konnte nach den Vorstellungen der 68er nur entstehen, wenn die Menschen sich das Politische wieder aneignen und die Gestaltung der öffentlichen Angelegenheiten in die eigenen Hände nehmen würden, anstatt sie den etablierten Parteien und professionellen Politikern zu überlassen.

Die heutigen Politikerkohorten unterscheiden sich sowohl von den 45ern als auch von den 68ern. Die Geburtsjahrgänge ab den 1960er-Jahren sind biografisch geprägt vom Wertewandel und der Kultur der „Neuen Sozialen Bewegungen". Die Betonung von diskursiver Offenheit, von flachen Hierarchien und egalitären Strukturen ist Ausdruck des normativen Umschwungs von Werthaltungen, die Pflichten und gesellschaftliche Akzeptanz betonen, hin zu solchen, bei denen die Selbstverwirklichung im Vordergrund steht. Groß geworden mit der sich sukzessive verschärfenden Krise der Parteien im Allgemeinen und jener der Volksparteien im Speziellen, ist für sie die organisatorische Binnenperspektive nicht die einzige Sicht auf die Welt, und der Blickwinkel der Mitglieder ist nicht die ganze Wahrheit. Folglich verbinden sich bei den hier zusammengefassten Kohorten das Streben nach größtmöglicher Individualität und der Unwille, sich in einer hierarchischen Parteiorganisation unhinterfragt der Mehrheitsmeinung unterzuordnen, mit der regelmäßigen Anrufung externen Expertenrates bei der Suche nach einer Trendumkehr des Niedergangs.

Im Unterschied zu den 45ern grenzen sie sich zwar von der Vorgängergeneration – eben den 68ern – ab, wählten dazu aber in der Vergangenheit im Gegensatz zu diesen nicht die Form lautstarken Widerspruchs. Die Absetzbewegung fand vorzugsweise im Modus einer abwägenden Rhetorik statt, sie bezog sich zudem auf die rebellische Vergangenheit der vormals Regierenden. In der politischen Alltagsarbeit bestand schon damals etwa bei den sozialdemokratischen „Netzwerkern" eine weitgehende Übereinstimmung mit den Alt-68ern, die sich von ihren Ursprungsidealen längst verabschiedet und weit entfernt hatten. Auch daraus speist sich der regelmäßig gegen die seit den 1960er-Jahren Geborenen erhobene Vorwurf des Karrierismus.

Die Ambivalenz von Ähnlichkeit und Differenz zwischen den 68ern und den politischen Kohorten der Gegenwart und zugleich der Bedeutungsverlust der Parteigebilde zeigen sich exemplarisch am Ruf nach „mehr Demokratie". 1969 wie heute waren beziehungsweise sind es vor allem die Jungen, die sich nicht mehr mit der passiven Rolle des bloßen Wahlbürgers begnügen und stattdessen die Demokratie mit Leben füllen wollen. „Partizipation" ist eines der Zauberwörter beider Zeiten, der Bürger soll und sollte zum „Aktivbürger" gemacht, seine Mitsprachemöglichkeit in allen Lebensbereichen erweitert und die „Demokratie als Lebensform" in allen gesellschaftlichen Sektoren durchgesetzt werden. Während aber damals diese Forderung die 68er in Scharen in die Parteien trieb – zunächst zur SPD, später zu den Grünen –, führt sie die Altersgenossen der Nachwuchspolitiker heute „weg von den Parteien, weg von der etablierten Politik überhaupt und hin zu alternativen, nicht-parteilichen Engagementformen“ (Johano Strasser).

Die Sirenenklänge des Rufes nach Direktdemokratie

Der Ruf nach verstärkter Basispartizipation ist grundsätzlich erheblich problematischer, als von den Enthusiasten der Direktdemokratie vielfach angenommen wird. Zunächst kollidieren direktdemokratische Verfahren bei der innerparteilichen Personalauswahl mit dem gestaffelten System aus Geschlechterquoten, regionalen Proporzen und der gleichberechtigten Berücksichtigung der politischen Flügel, die gerade für die Integrationskraft heterogener Volksparteien schwer verzichtbar sind.

Sodann legen sie eine konsequente Beteiligung der Parteibasis an der Entscheidungsfindung fest, reiben sich insofern mit Erwartungen an die Parteiführung nach raschen Antworten sowie flexiblen Reaktionen auf unkalkulierbare Entwicklungen oder unvorhersehbare Ereignisse. Darüber hinaus ist evident, dass die direkte Demokratie den Mittelbau der Parteien zugunsten der Führungsspitze entmachtet, die nun über die Medien direkt den Kontakt mit den Mitgliedern aufnimmt. Die hauptamtlichen Funktionäre, die Arbeitsgemeinschaften und Parteiflügel aber sind jene letzten verbliebenen Bastionen des Eigensinns, welche – wenn auch ihrerseits zunehmend zaghaft, ängstlich und angepasst – dem Wunsch der Parteispitzen, durchzuregieren und eine „Politik aus einem Guss“ zu betreiben, Widerstand entgegensetzen können.

Nichtsdestotrotz sind in basisdemokratischen Parteien keineswegs alle einfachen Mitglieder gleich, das heißt, sie sind weder gleich wichtig noch gleichermaßen durchsetzungsstark. Vielmehr begünstigen direktdemokratische Prozeduren die innerparteilich gut organisierten Interessen, die ihre Anhänger effektiv mobilisieren und bei wichtigen Entscheidungen zu einer einheitlichen Stimmabgabe bewegen können. Folglich kann Thymian Bussemer in seinem Buch „Die erregte Republik“ mit einigem Recht diagnostizieren, dass die Forderung nach einer direkteren und basisnäheren Demokratie aus der Perspektive von Interessengruppen weniger dabei hilft, die demokratische Diskursqualität zu verbessern und die Distanz zwischen Politik und Volk zu verringern, als vielmehr der Annahme entspringt, die eigenen Interessen im politischen Entscheidungsprozess besser durchsetzen zu können.

Zudem ist unklar, ob die direkte Demokratie wirklich zu einem Mehr an Partizipation führt. Bei bloßen Vorwahlen zeigen sich oft enorm hohe Mobilisierungsquoten, mit Blick auf die SPD etwa in Schleswig-Holstein bei der Abstimmung über den Spitzenkandidaten für die Landtagswahl 2012 nicht anders als im Jahr 1993 bei der Urwahl des Bundesparteivorsitzenden. Beteiligungsraten von über 50 Prozent zeugen vom Erfolg dieser Mitmachangebote, da durch konventionelle Versammlungsformen wie Ortsvereinssitzungen in der Regel allenfalls zehn Prozent der Mitglieder erreicht werden.

Freilich: Sobald die Beteiligung aufwendiger und zeitintensiver wird, nimmt sie an Umfang drastisch ab.

Aufschlussreich ist diesbezüglich eine Diagnose von Mitarbeitern der Landesgeschäftsstelle der oberösterreichischen Sozialdemokratie: Die Möglichkeiten der Basismitbestimmung würden eben deshalb nicht ausreichen, argumentieren Reinhard Buchinger und Fritz Stadler, „weil sie von der ‚Basis‘ viel zu wenig in Anspruch genommen werden. Tatsächlich wäre viel erreicht, wenn die bestehenden Mitbestimmungsmöglichkeiten von den Mitgliedern und Funktionären ausgeschöpft würden.“ Das gilt nicht minder auch für die SPD – und darüber hinaus ebenso für die zweite deutsche Volkspartei. Viele Mitglieder sind weitgehend deaktiviert. Laut aktueller Mitgliederbefragungen fordern breite Mehrheiten zwar allgemein mehr Mitbestimmung, empfinden laut derselben Umfragen aber ihr eigenes geringes Engagement mehrheitlich als ausreichend – mit der Folge, dass sie gar nicht ohne Weiteres stärker zu aktivieren wären.

Das zeitgenössische Politikergerede von der Mitbestimmung ist schon deshalb ziemlich hohl. Die rhetorischen Bekenntnisse zu Mitgliedervollversammlungen, Basisbefragungen und Urwahlen bleiben von daher oftmals Blendwerk. Der Trend wies in den vergangenen Jahren sogar eher in die Richtung eines Machtzuwachses der Parteispitzen: sei es, dass Entscheidungen ohne Diskussion in kleinen Zirkeln gefallen sind, dass Politik nach dem „Basta-Prinzip“ betrieben oder jegliche Alternativüberlegung durch die Parole „There is no alternative“ (das sogenannte TINA-Prinzip) vom Tisch gewischt wurde.

Mentorenprogramme und Akademiekurse: Seismografen für die Krise der Parteien

Der Bedeutungsverlust der Parteiendemokratie zeigt sich auch in dem Trend, politische Karrieren durch Schulungen und Lehrgänge in eigens dafür eingerichteten Akademien oder durch Mentorenprogramme zu fundieren. Das wesentliche Handwerkszeug des Politischen – Instinkt, Chuzpe, situative Intelligenz und Ähnliches – wurde früher in den Ausscheidungskämpfen im Rahmen der „Ochsentour“ erworben. Heute sind Wochenendseminare und Führungslehrgänge an die Stelle des vormaligen „learning by doing“ der Standardkarrieren getreten.

Der Einfluss von Mentoring zeigt sich mittlerweile bei zahlreichen Spitzenpolitikern, insbesondere den jüngeren. Das offenkundigste Gegenbeispiel ist vielleicht Andrea Nahles. Die Tochter eines Maurers aus Mending bei Koblenz findet schon früh zur SPD, gründet in ihrer Heimatgemeinde einen Ortsverein und beginnt ihre Karriere ganz klassisch in der Kommunalpolitik. Ihre Hausmacht sind zunächst die Jungsozialisten, auf deren Ticket sie 1998 in den Bundestag einzieht. Ab 1999 stützt sie sich auf die Parteilinke und die Aktivisten an der Basis, von denen weite Teile in den Jahren der rot-grünen Koalition die wirtschafts- und sozialpolitischen Überzeugungen der regierungskritischen SPD-Linken teilen. Vor allem seit dem Rücktritt Oskar Lafontaines von allen politischen Ämtern gilt sie als Kopf und Aushängeschild dieses – also des linken – Parteiflügels. In den folgenden Jahren akkordiert und artikuliert sie den parteiinternen Widerspruch gegen den rechten oder Regierungsflügel in der SPD.

Nahles ist fest in der Sozialdemokratie verankert, hier kennt sie Hinz und Kunz. Eine Zeitlang scheint es sogar, als habe sie ein tieferes Wurzelgeflecht in den sozialdemokratischen Boden getrieben als jeder andere. So ist es vielfach in den Zeitungen zu lesen, als sie sich mit ihrer Kandidatur um den Posten des Generalsekretärs der SPD in den Parteigremien gegen Franz Münteferings ausdrücklichen Willen und den von ihm vorgeschlagenen Kandidaten durchsetzt – obwohl Müntefering als Parteivorsitzender die Autorität des Amtes ins Feld führen kann und auch seinerseits als erfahrener Parteistratege, sozialdemokratisches Urgestein und intimer Kenner der Parteiseele gilt. „Die kann Partei", heißt es seither insbesondere von Parteifreunden anerkennend, wobei zumindest unterschwellig regelmäßig der Vorwurf mitschwingt, dass sie von einem bedingungslosen Machtwillen getrieben werde.

Das Beispiel Nahles zeigt erstens, dass innerparteiliche Hausmächte unabhängig von der Diagnose eines Bedeutungsverlustes immer noch wie Katalysatoren das Karrieretempo beschleunigen können und dass dazu neben der Bindung an einen Parteiflügel auch die Übereinstimmung mit der als Machtfaktor vielfach unterschätzten Parteibasis hilfreich ist. Es zeigt zweitens, wie sehr eine dichte Parteivernetzung – wiederum der sukzessiven Schwächung der Parteiendemokratie zum Trotz – eine Karriere stabilisieren und absichern kann. Als Nahles beispielsweise 2002 den Wiedereinzug in den Bundestag verpasst, bietet ihr die IG Metall einen Posten an, sodass sie in jener Zeit ihre Dissertation schreiben kann. Die SPD entschädigt sie zudem mit dem Vorsitz der Kommission zur Bürgerversicherung.

Drittens folgt dann aber daraus, dass eine Schwächephase der persönlichen Hausmacht oder des Parteiflügels, dem man zugerechnet wird, auch der eigenen Karriere empfindliche Dellen verpassen kann. Das zeigt sich zum Beispiel darin, dass Andrea Nahles nach ihrer Wahl zur Generalsekretärin 2009 nie auf Augenhöhe mit dem aktuellen Parteivorsitzenden Sigmar Gabriel agieren konnte. Grund dafür war auch der Einflussverlust des linken Parteiflügels, der den Abgang seiner langjährigen Frontfrau Nahles nie so recht kompensieren konnte und in den Gruppensprechern Ernst Dieter Rossmann und Björn Böhning keinen gleichwertigen Ersatz fand. Jeder der drei Punkte relativiert den eben diagnostizierten Bedeutungsverlust der Parteiendemokratie.

Viertens allerdings zeigt das gewählte Beispiel selbst im Fall von Nahles, die über eigene Hausmächte, Gefolgsleute und Loyalitätsnetze verfügt, die Bedeutung des Mentoring für den politischen Aufstieg: In ihrer steilen Karriere gab es – woran Volker Zastrow in der *Frankfurter Allgemeinen Sonntagszeitung* unter dem minimalistischen Titel „Die da“ erinnerte – „immer starke Männer, die sie förderten und schützten, ihre Begabungen rühmten und der lebensfrohen, forschen Frau den einen oder anderen angeblichen Ausrutscher verziehen“.

Nun gibt es durchaus schlüssige Argumente für den Einsatz von berufsmäßigen Trainern oder Coaches in der Politik, zum Beispiel die zunehmende Professionalisierung innerhalb politischer Organisationen. Insbesondere für den Bereich der Kommunalpolitik leuchtet auch der Nutzen von Informationsangeboten ein, die das kommunale Handwerkszeug lehren. Im Übrigen gibt es in Deutschland durchaus eine gewisse Tradition der Politikerschulung in fachspezifischen Ausbildungsstätten. Man denke nur an die „Hertie School of Governance" in Berlin, die „NRW School of Governance" in Duisburg oder an Eugen Kogons bereits in den 1960er-Jahren gehaltenes Plädoyer für eine Akademie, in welcher der Nachwuchs der Berufsparlamentarier geschult werden sollte.

Indes lassen sich auch Argumente gegen das Coaching finden. So gibt es bis heute aus gutem Grund keine einheitliche Ausbildung für Politik. Womöglich ist die Rolle eines Coaches am ehesten mit der eines Therapeuten zu vergleichen, der in seinen Sitzungen dem Klienten die Gelegenheit bietet, Dampf abzulassen, und der Mut zuspricht, ins Auge gefasste Projekte auch tatsächlich anzugehen. Coaching verspricht insofern zwar, Möglichkeiten zur Erschließung persönlicher Potenziale aufzuzeigen und einen Beitrag zum Gelingen politischer Führung zu leisten – dass es aber tatsächlich Erfolg garantiere, vor dieser Annahme warnen selbst Coaching-Experten.

Auch von führenden Politikern werden Trainee-Programme kritisch gesehen. Der Christdemokrat Thomas de Maizière warnte beispielsweise vor einiger Zeit in einem Vortrag mit dem Titel „Zustand und Zukunft von Politikberatung in Deutschland" davor, dass Politikberater im Grunde gar nicht verstünden, wie Politik funktioniert, und dass sie das Primat des Politischen nicht akzeptieren würden. In der Politik, so de Maizière, brauche man Durchhaltevermögen, Ausdauer und Geduld, Mut und ein sicheres Gespür für den richtigen Zeitpunkt. Es sei daher zu bedenken, dass der Mensch kompliziert ist und dass Psyche und Emotion stärker sind als Logik und empirische Studien.

Letztlich bleibt dann nicht viel mehr als die Feststellung, dass Führungsakademien und Mentoringprogramme Seismografen sind für die Krise der Parteien und ihr zunehmendes Unvermögen, auf dem herkömmlichen Weg hinreichend qualifiziertes

Personal für Ämter, Funktionen und Mandate zu rekrutieren. So boomen zwar überall in Europa Funktionärsschulungen, Jugendakademien und Mentoring-Programme, gerade auch zur Förderung weiblicher Karrieren – über die Wirkungen all dieser Maßnahmen lässt sich aber gleichwohl streiten. Bezeichnend ist zumindest, dass der so geprägte Nachwuchs von den Parteiführungen weniger veränderte Inhalte oder eine neue politische Kultur einfordert als vielmehr eine noch frühzeitigere Förderung, bessere Karriereperspektiven, kürzere Aufstiegswege und höhere Jugendquoten. Der Nachwuchs stellt aufgrund der Protektion das Parteiestablishment nicht mehr infrage. Anregungen werden brav über die Gremien in die Partei eingespeist, öffentliche Kontroversen allenfalls halbherzig geführt. Schon die Jugendlichen sind daher Pragmatiker, nicht Revoluzzer, eher an der Erhaltung der bestehenden Strukturen orientiert als an deren Veränderung oder gar Überwindung.

Der Funktionär als Inbegriff des Grauen(s)

Schon der Nachwuchs erscheint insofern als erwachsen, vernünftig und angepasst, also ein bisschen so, wie man es klischeehaft den Funktionären nachsagt. In der Blütezeit der Organisation – und hier insbesondere der sozialdemokratischen – war der Parteifunktionär die Verkörperung der Organisationsidee, wurde er noch als Leitfigur und einflussreicher, mit Privilegien ausgestatteter Funktionsträger geschätzt. Damit ist es seit einem guten halben Jahrhundert vorbei, seitdem die Parteiorganisationen den Zenit ihrer Regelungsmacht überschritten haben. Ein Grund für den Bedeutungsverlust der Funktionäre ist im Durchbruch des Medienzeitalters zu suchen. Neue Kommunikationstechnologien vertieften das Wissensgefälle zwischen der Parteispitze und den mittleren und niederen Funktionären, reduzierten die Abhängigkeit der politischen Eliten von den Parteistrukturen bei der Informationsbeschaffung und führten infolgedessen zu einer schleichenden Entmachtung der mittleren und unteren Funktionäre.

Zum schlechteren Image der berufsmäßigen Parteiarbeiter trug in den vergangenen Jahrzehnten des Weiteren die Welle des Populismus bei. Der wachsende gesellschaftliche Unmut über die Abgehobenheit der politischen Klasse führte dazu, dass die Menschen geneigt waren, sich von der angeblich der Realität entfremdeten politischen Klasse abzuwenden, klare Worte einzufordern sowie sich auf den wahren Willen des Volkes zu berufen. In letzter Konsequenz machten deshalb auch gestandene Politiker den Versuch, sich zu Nichtpolitikern zu erklären und als mit dem Volk verbandelte Außenseiter der politischen Klasse zu gerieren.

Eben auf dieser Inszenierung als Antipolitiker gründet zu einem Gutteil der zwischenzeitliche Erfolg von Karl-Theodor zu Guttenberg. Schon seine Herkunft ist unkonventionell: Der politische Aufstieg wirkt bei einem Adligen wie zu Guttenberg wie ein Talmarsch, der Abstieg des Privilegierten in die Niederungen der Tagespolitik. Aufgrund seiner Herkunft glaubt man ihm, eine politische Karriere nicht nötig und sich aus selbstlosem Gemeinschaftsdienst der Politik verschrieben zu haben. Zudem verleiht ihm die Herkunft eine Aura der Unabhängigkeit, die der inkompetenten, selbstsüchtig die eigenen Karriereschritte und Verdienstinteressen vorantreibenden Masse der Parteisoldaten abgeht. Diese Aura pflegte Guttenberg auch seinerseits, indem er sich als Nonkonformist in Szene setzte, obwohl er – was durchaus bemerkt wurde – „innerhalb des Regelkorsetts der Politik eine vollkommen regelkonforme Blitzkarriere" gemacht hat. Dennoch: Die eigene Unkonventionalität ist Guttenbergs Hauptbotschaft, aus seiner Geringschätzung des politischen Normalbetriebs macht er nie ein Geheimnis. Oder, in den Worten Thymian Bussemers: Sein Erfolgsprinzip ist die „Profilierung als der Andere auf Kosten der Anderen".

Die Bedeutung der Parteien, ihrer Organisationen und Funktionäre scheint im Schwinden begriffen zu sein. Doch auch die Zentralstellung der Politik insgesamt wird von der politischen Klasse des frühen 21. Jahrhunderts neu gewichtet und mit den Erfordernissen und Ansprüchen des privaten Familienglücks abgewogen.

Für Konrad Adenauer kam seinerzeit weder nach einem schweren Autounfall zu Beginn seiner politischen Karriere im Jahr 1917 noch nach einem Herzinfarkt gegen Ende seiner Kanzlerzeit ein Rücktritt von seinen Ämtern infrage. Sein Abgang aus dem Palais Schaumburg geht mit seinem körperlich-mentalen Niedergang einher, weil Politik sein ganzer Lebensinhalt geworden war. Dagegen kokettieren auffallend viele junge Spitzenpolitiker heute mit ihren Rücktritten und einem Leben jenseits des Politischen.

David McAllister betont – freilich vor seiner Niederlage bei der Niedersachsenwahl im Januar 2013 –, in absehbarer Zeit noch einmal etwas ganz anderes als Politik machen zu wollen. Christian Lindner tritt im Januar 2012 völlig überraschend als FDP-Generalsekretär zurück und startet nur drei Monate später ebenso plötzlich sein politisches Comeback – als Spitzenkandidat für die Landtagswahl in Nordrhein-Westfalen. Er tut dies zudem anstelle von Daniel Bahr, der in Sorge über eine mögliche Überbelastung durch die Doppelrolle als Spitzenkandidat und Bundesminister kapituliert hatte. Mehrere Politikerinnen, darunter Andrea Nahles und Manuela Schwesig, plädieren in den Medien für eine bessere „work-life-balance" und einen „politikfreien Sonntag". Doch niemand hat freilich so öffentlichkeitswirksam, telegen und nachdrücklich das Recht auf ein Privatleben neben dem politischen Spitzenjob für sich in Anspruch genommen wie Ursula von der Leyen. Vor allem in der ersten Phase ihrer Karriere, in den Jahren 2003 bis 2007, macht sie mit einer Vielzahl großformatiger „Homestories" von sich Reden, in denen sie sich stets als Vorzeigemutter präsentiert und ihre Familie als perfektes Idyll schildert. Aber ist sie in ihren Familiengeschichten authentisch oder hat sie vorzugsweise ihr öffentliches Bild im Blick? Jedenfalls: Sie weiß um die Bedeutung einer gewinnenden Wirkung in den Medien. Von ihrer Umgebung erwartet sie zudem ungeheuren Fleiß, der sie im Übrigen auch selbst auszeichnet. Die von ihr so hoch gehaltene Vereinbarkeit von Beruf und Familie gilt für die engeren Mitarbeiter nicht unbedingt, vielmehr müssen sie auch spätabends oder am Wochenende zur Verfügung stehen. Gerade in den beiden vergangenen Jahren, seitdem sie das Amt der Arbeitsministerin ausübt, häufen sich die Berichte klagender Mitarbeiter, die das Bild einer von Ehrgeiz getriebenen Ministerin zeichnen, die Fehler niemals vergibt und allein auf ihr perfektes Image bedacht ist. Von der Leyen, so wird einer von ihnen zitiert, sei „eine Kunstperson, die sich chamäleonartig verstellt, um an die Macht zu kommen". Damit aber stünde zumindest bei ihr auch infrage, ob sie ihrer Familie wirklich die Bedeutung beimisst, die sie ihr in der Öffentlichkeit vehement zuschreibt – und ob die Politik in ihrem Fall nicht doch eher Berufung als Beruf ist.

Beginnen wir mit Thorsten Schäfer-Gümbel. Der Hesse gilt für gewöhnlich als Ausbund eines braven Moderators und tüchtigen Verwalters des Politischen. An ihm zeigen sich die Merkmale des pragmatischen Gegenentwurfes zu einem gesinnungsfesten Ideologen in exemplarischer Deutlichkeit. Das liegt vielleicht auch daran, weil er 2008/2009 mit Andrea Ypsilanti eine Frau beerbt – zunächst als Spitzenkandidat bei der Landtagswahl und später als Vorsitzender der hessischen SPD –, die sich insbesondere durch das Jahr 2008 hindurch mehr als Dogmatikerin denn als Pragmatikerin gerierte. Schäfer-Gümbel dagegen lässt sich von der Erkenntnis leiten, dass die zweitbeste Lösung immer noch besser als gar keine ist, sein politisches Motto lautet: „Politik ist die Fähigkeit zum handlungsorientierten Kompromiss."

Das bedeutet nun nicht, dass er bei jeder Andeutung eines lauen Lüftchens von vorne sogleich umknicken würde. Im Gegenteil: Schäfer-Gümbel ist Gegenwind gewohnt. In Kindheit und früher Jugend wird er wegen seiner dickglasigen Hornbrille gehänselt, bei Klassenkameraden ist er als Sonderling verrufen. Disziplin und Zielstrebigkeit werden dem Sohn eines Lastwagenfahrers und einer Putzfrau schon in jungen Jahren eingebläut. Besonders deutlich wird das, als der Vater seinen Wechsel von der Realschule auf das Gymnasium, für den ein Lehrer zuvor eindringlich geworben hatte, mit den Worten unterstützt: „Du musst das durchziehen, deine Geschwister werden diese Chance nicht haben, weil wir uns das nicht leisten können." Diese Erfahrungen in der vorpolitischen Sozialisation lassen ihn die nötige Gelassenheit und Ausgeglichenheit entwickeln, die ihn die innersozialdemokratischen Stürme in der Zeit des Überganges von Ypsilanti auf ihn überstehen lassen. Sie formen jenen fleißigen, soliden Arbeiter, als der er sich seit seinem ersten Auftritt im politischen Rampenlicht zeigt.

In der Situation, in der sich die hessische SPD nach der gescheiterten Wahl von Ypsilanti zur Ministerpräsidentin und ihrem Rückzug von der Parteispitze befindet, ist der pflichtbewusste Aufsteiger aus kleinen Verhältnissen ein Glücksgriff. In stundenlangen Diskussionsrunden befriedet er die zerrissene Partei, nimmermüde moderiert er in den Führungsgremien und beschwichtigt an der Parteibasis.

Schäfer-Gümbel ist auch nicht in jeder Hinsicht ein Sonderling unter den in etwa gleichaltrigen Nachwuchspolitikern. In mancher Hinsicht ist er sogar eher ein Paradebeispiel oder Exponent der künftigen politischen Elite in Deutschland. Das gilt für sein rundes Gesicht mit den weichen Gesichtszügen, das ihn als Prototyp der „Generation Pausbacke" erscheinen lässt. Mit diesem Etikett hat vor einigen Jahren der Politikwissenschaftler Franz Walter die Nachwuchspolitiker – vornehmlich der SPD – belegt. Er meinte damit, dass sie nette, gesellige, auch feiertaugliche Personen seien, Leute, denen man am liebsten sanft in die Wange kneifen würde – aber mehrheitlich eben keine Typen, die durch die politische Auseinandersetzung gestählt wurden und zur konfrontativen, polemischen Auseinandersetzung fähig wären.

Mit Blick auf Schäfer-Gümbels eher biedere Ausstrahlung lassen sich auch Gemeinsamkeiten mit vielen anderen Karrierepolitikern ausmachen, oder eben auch in Hinsicht auf den Mangel an Härte, die ein kühler Instinkt erfordert, der günstige Gelegenheiten mit klarem Verstand erahnt und sie unsentimental und ohne Skrupel ergreift. Ähnlichkeiten lassen sich aber auch in der Unlust am dezidierten Urteil, an der eindeutigen Festlegung feststellen. Kurzum: Ein Charismatiker ist Schäfer-Gümbel nicht. Dazu fehlt ihm nahezu alles – abermals vielleicht in besonders offenkundiger und sinnträchtiger Weise.

So gut, so austauschbar. Mit diesem Eigenschaftsprofil ist der hessische Sozialdemokrat ein typischer Vertreter jener neuen Führungskohorten, deren Politikverständnis sich von dem der älteren dadurch unterscheidet, dass ihnen eine pragmatische Politik wichtiger ist als ideologische Grabenkämpfe. Sie erwarten in der Begegnung mit Vertretern konkurrierender Parteien bürgerliche Umgangsformen, sachliche Diskussionen, keine persönlichen Beleidigungen. Peter Praschl hat ihnen im Magazin der *Süddeutschen Zeitung* unter dem Titel „Ciao, Jungs" ein Porträt gewidmet, in dem er sie als blasse Schmusemänner zeichnet, denen man Selbstdarstellung nicht vorwerfen könne. Solide, nicht sehr sexy, würden sie keinen Stoff für die „vermischten Seiten" mehr liefern.

Zu einem wirklich interessanten Fall wird Thorsten Schäfer-Gümbel aber erst durch eine kurios anmutende Wendung. Denn ausgerechnet ihm, dem im südhessischen Gießener Umland wohnhaften gebürtigen Bayern, werden im hessischen Landtagswahlkampf 2009 mit einem Mal Reverenzen erwiesen und Attribute zugeschrieben, die normalerweise für Exoten, Originale oder eben Charismatiker reserviert sind. Seine klobige Sehhilfe, kurz zuvor noch abwertend als „Glasbaustein-Hornbrille" beschrieben, wird plötzlich zum Markenzeichen erhoben. Und das Namenskürzel „TSG" mausert sich zur peppigen Chiffre für den dröge wirkenden Jungpolitiker mit dem rasanten Aufstieg und dem für den sogenannten politischen „Büroleitertypus" charakteristischen Berufseinstieg als Kommunalreferent und Mitarbeiter eines Politikers, wahlweise ersetzt durch die Anrufung als „Hessen-Obama". Kopfschüttelnd notiert ein ratloser Peter Dausend in der *Zeit*, dass früher Kult gewesen sei, wer wie James Dean ein „rebel without a cause" war und heute Kult, wer wie Thorsten Schäfer-Gümbel „famous without a cause" ist.

Die Kultwerdung Schäfer-Gümbels zeigt, dass es offenkundig ein Bedürfnis nach Charismatikern gibt und dieses sich bisweilen so stark aufladen kann, dass Heldengeschichten sogar über ganz bodenständige Figuren verbreitet werden. Je komplexer die Probleme werden und je unübersichtlicher die Verhältnisse, desto größer ist der Wunsch nach demokratischen Erlösergestalten, die den gordischen Problemknoten durchzuschlagen versprechen. Je ernüchternder der alltägliche politische Kuhhandel, je unterschiedsloser die Parteiprogramme und je verbreiteter die Ansicht von der Alternativlosigkeit politischen Handelns, desto drängender ist die Sehnsucht nach einem unerschrockenen Abenteurer, einem Weltumstürzler, einem Rebellen gegen Sachzwang und Apparat, gegen die rationalisierte Welt und die herrschende Institutionenordnung.

Für den verbreiteten Ruf nach einem Charismatiker gibt es durchaus plausible Gründe. Zum einen entlastet der Glaube an den begnadeten Problemlöser die Bürger von der eigenen, häufig anstrengenden Auseinandersetzung mit den politischen Problemen, da die Verantwortung einer als außergewöhnlich fähig wahrgenommenen Person übertragen wird. Zum anderen fehlen in einer Zeit, in der Parteien versuchen, durch eine austauschbare Allerweltspolitik nur ja keine Wählergruppe zu verprellen, und in der in Ämtern und Mandaten die disziplinierten Arbeiter und realistischen Verwalter dominieren, die glaubensstarken Kraftnaturen, die klugen Konzeptionalisten, die instinktsicheren Visionäre. Im Übrigen ruht im sendungsbewussten Narzissmus von Charismatikern tatsächlich das Potenzial für eine besondere politische Begabung, gerade im Angesicht vertrackter Problemlagen. Narzissten, um hier noch einmal auf den bereits zitierten Peter Praschl zu rekurrieren, trauen sich selbst mehr zu, weil sie von ihren Fähigkeiten selbst so überzeugt sind, dass man sie schon von daher leicht für Visionäre halten kann. Von Selbstzweifeln befreite Menschen versprühen einen Tatendrang, der mitzureißen vermag, wohingegen Politiker, die nichts riskieren, die immer sachlich bleiben und einfach nur ihr Zahlenwerk im Griff haben, Partizipationsimpulse ersticken können.

Die Gegenwart kennzeichnet nun ein doppelter Trend. Einerseits erschwert die gesteigerte Professionalisierung und Laufbahnplanung der Karrierepolitiker die Produktion von Charisma. Der Karrierepolitiker repräsentiert einen „global geschulten, allseits kompatiblen Politikertypus" (Wolfgang Schmidbauer), der die eigene Wirkung stets bedenkt und überangepasst alle habituellen Ecken und Kanten abgeschliffen hat, wodurch seine Protagonisten kaum noch zu unterscheiden sind. Andererseits begründet die zunehmende Monotonie der politischen Klasse die Suche nach dem Anderen, Außergewöhnlichen.

Freilich ist es keineswegs bloß zu bedauern, dass es mit dem Charisma von Thorsten Schäfer-Gümbel nicht weither ist, dass auch in den nachrückenden Politkohorten ein charismatisch begabter Leitwolf allenfalls mit viel Fantasie auszumachen ist, denn die Schäfer-Gümbels dieser Republik sind in all ihrer unspektakulären Normalität für die gesellschaftliche Integration und den innenpolitischen Frieden. Daher vermag der frisch gekürte Parteivorsitzende der Hessen-SPD, wiewohl er als Vertreter der Parteilinken und Ypsilanti-Gefolgsmann gilt, neben Parteilinken auch Vertreter des rechten Parteiflügels, wie etwa Gisela Stang als stellvertretende SPD-Landesvorsitzende, in die neue Führungsriege einzubinden. Schäfer-Gümbel ebnet die innerparteilichen Gräben ein statt sie zu vertiefen, auch weil seine eigene Zugehörigkeit zur Parteilinken Interpretationsspielräume lässt. So vertritt er einen positiven Wachstumsbegriff, pflegt bessere Kontakte zur FDP als zur Linkspartei und ordnet die Sozialpolitik den Begriffen „Arbeit" und „Bildung" unter. „So reden sonst Unionisten, und in der SPD Seeheimer und Netzwerker, aber nicht Linke", unkte der *Spiegel* in Person von Christoph Schwennicke, und mutmaßte, dass es bei seiner Selbstverortung als Parteilinker mehr um Anerkennung und Zugehörigkeit als um Übereinstimmung gegangen sei.

Schäfer-Gümbel gelingt es jedenfalls, die Gemüter der sozialdemokratischen Streithähne zu beruhigen und die Flügelkämpfe zu beenden. Ein Charismatiker dagegen löscht, wie bereits geschildert, die Flammen des Konfliktes nicht, sondern schürt sie, statt die Kontrahenten zu beruhigen, wiegelt er sie auf. Er ist der Feuerkopf, der die Reihen der eigenen Truppen schließt und in die Feldschlacht führt und der in aufgewühlten Zeiten den besten Nährboden vorfindet, um seine Begabungen blühen zu lassen.

Insofern ist der Charismatiker erstens ein Produkt der Krise, die er verstetigen muss, will er seine Wirkung nicht verlieren. Zweitens ist Charisma an den Entscheidungsmodus „Gut gegen Böse", „Schwarz gegen Weiß" gebunden. Für eben jene unübersichtlichen Konstellationen, in denen der Ruf nach ihm umso lauter erschallt, ist er gänzlich ungeeignet. Und drittens weckt der Charismatiker zu Anfang besonders hohe und das heißt unrealistische Erwartungen, die er dann im weiteren Verlauf ebenso verlässlich enttäuscht.

Ausbleibende Sinnstiftung und ängstliches Zaudern

Gleichwohl zeigt die weithin positive Rezeption des Wortes „Charisma", dass zumindest in Teilen der Gesellschaft solche Politiker vermisst werden, die unterscheidbar sind, klare Positionen vertreten, einer politischen Richtung eindeutig zugeordnet werden können und letztlich so etwas wie die Verkörperung einer politischen Idee oder Weltanschauung darstellen.

Eine Rehabilitierung politischer Ideale und Ideensysteme ist auch insofern angebracht, als die Fähigkeit, eine politische Forderung nicht durch persönliche Interessen, sondern ideelle Motive zu begründen, in der öffentlichen Meinung ihre Legitimität erhöht. Ideelle Ziele verstärken obendrein die Gruppenidentifikation, indem sich der Einzelne als Vertreter und Teil einer Konfliktpartei empfindet. Insbesondere, wenn für die Gruppe Opfer gebracht und infolgedessen Abstriche bei den persönlichen Interessen gemacht werden müssen, erhöht sich die Loyalität diesem Verbund gegenüber. Schließlich, so weist der Konflikttheoretiker Lewis A. Coser nach, erhöhen gemeinsame Werte, Ideale und Ziele die Geschlossenheit einer Organisation.

Nicht zuletzt hat die Forschung zu Parteimitgliedern und ihren Beitrittsmotiven viele Illusionen über angeblich neue, stärker serviceorientierte und auf Selbstverwirklichung ausgerichtete Bindungsmotive zurückgewiesen oder zumindest relativiert. Auch heute noch treten Leute einer Wertegemeinschaft bei, von der sie meinen, dass sie die gleichen Ziele vertritt, die auch ihnen selbst wichtig sind. Ohne Ziele, klare Grundsätze und Visionen, ohne eine Klärung des Zielhorizontes der Parteien und ohne langfristige Fluchtpunkte des politischen Handelns wird sich der Niedergang insbesondere der klassischen Großparteien daher nicht aufhalten lassen. Eher wird er sich dann sogar noch weiter beschleunigen. Doch eben daran mangelt es aktuell offenkundig: an Politikern, die vorangehen, die die einzuschlagende Richtung weisen und Orientierung stiften.

Für die Gegenwart ist statt Visionen oder zukunftsweisender Ideen eher der sogenannte Sachzwang kennzeichnend. Die Alternativlosigkeitsrhetorik aber ist dem Publizisten Thomas Rietzschel zufolge das Eingeständnis des Bankrotts der Politik, sie enthält das Bekenntnis, dass nur noch notgedrungen und also fremdbestimmt politisch agiert werden kann. In ihr drückt sich eine elementare Verunsicherung darüber aus, was unter den gegebenen Bedingungen eigentlich getan werden und wo überhaupt noch steuernd eingegriffen werden könne.

Die daraus resultierende Haltungslosigkeit in politischen und gesellschaftlichen Fragen ist ein wesentliches Merkmal der jüngeren Generationen – und je jünger, desto zentraler ist sie auszumachen. Die in den 1980er-Jahren Geborenen bezeichnet die Journalistin Meredith Haaf gar als „TINA-Kinder", wobei TINA für „There Is No Alternative" steht. Sie tragen die Alternativlosigkeit somit in ihrer Generationschiffre. Dies unterscheidet sie von anderen, älteren Generationen. Die Tatsache, dass der Soziologe Heinz Bude den Geburtsjahrgängen 1965 bis 1975 der „Generation Golf" pauschal eine „Handlungshemmung" unterstellt, zeigt aber, dass sich die Älteren zumindest in diesem Punkt nur graduell von den Jüngeren unterscheiden.

Freilich: „Wer nicht weiß, wo er in der Welt steht, kann sie auch nicht verändern" (Heinz Bude). Die Jüngeren stehen den großen Themen des Lebens mithin zunehmend hilflos gegenüber, sie fühlen sich überfordert, sind in einem immer unhaltbarer werdenden Anspruchsdenken gefangen, weshalb sie in einem Maß Resignationserscheinungen zeigen, die sich für den Außenstehenden durch keine konkrete Erfahrung rechtfertigen lassen. Die „latente Unsicherheit", die Haaf als das Generationscharakteristikum der „TINA-Kinder" bezeichnet, speist sich aus der Überforderung in einer Welt, „in der man alles ‚richtig' machen kann und es eben doch schiefläuft", ebenso wie dem Gefühl, nie mit etwas fertig zu werden, nie „irgendwie anzukommen".

Die Haltungslosigkeit und Orientierungsprobleme resultieren im Bereich der Politik aus einer „Angst vor dem Statement", die die Journalistin Nina Pauer in ihrem Generationenporträt „Wir haben keine Angst" plastisch beschreibt: Zwar ist ein politisches Grundinteresse durchaus vorhanden, die „Tagesschau" wird regelmäßig gesehen und eine Zeitung gelesen, vor allem deren Online-Ausgabe. Doch sie beziehen eben nicht ernsthaft Position, geben keine Bekenntnisse ab. Stattdessen wird jede unrelativierte Überzeugung als peinlich empfunden. Pauer spricht vom „Peinlichkeitsvermeidungsideal", von einer „ausgeprägten Pathos-Allergie", die durch den ritualisierten Einsatz von Ironie kaschiert werden soll.

Dabei gilt für die Angst vor dem Statement in mancher Hinsicht dasselbe wie für den Streit: Indem Entscheidungen aufgeschoben werden, erledigen sie sich nicht. Vielmehr resultiert aus den konsequent vermiedenen Festlegungen eine Spannung aus

Verdrängung und Gewissensbissen, die sich zyklisch in heftigen Selbstanklagen entlädt. Auch dies erklärt das Ausmaß an Resignation, Unzufriedenheit und Selbstzweifeln in den Geburtskohorten der 1970er- und 80er-Jahre. Aus der Verweigerung der Übernahme von Verantwortung folgt, dass auch andere ihnen diese Verantwortung nicht zutrauen. Indem sie sich ängstlich an andere anlehnen, wird ihnen keine eigene Persönlichkeit zugeschrieben.

„Ängstlich", dies scheint zumindest die treffende Vokabel für eine ganze Reihe von Nachwuchspolitikern der Grünen zu sein. Und es ist dieser Unentschlossenheit zuzuschreiben, dass sich ausgerechnet jene Partei, die vor gut 30 Jahren mit dem Grundprinzip der Ämterrotation angetreten ist, in den letzten Jahren durch eine verblüffende personelle Stabilität auszeichnet. Doch Claudia Roth steht nun seit zehn Jahren mit nur einer kurzen Unterbrechung an der Grünen-Spitze, und das Sagen haben bei den einstigen Alternativen immer noch die Mitglieder der ersten Stunde.

Die nachwachsenden, aber eben nicht nachdrängenden 40-Jährigen wie Tarek Al-Wazir und Boris Palmer, letztlich auch der Co-Parteivorsitzende Cem Özdemir, der keine ambitionierten, über das bei den Grünen einflussarme Parteiamt hinausgehenden Forderungen stellt, meiden die Richtungs- und Machtfrage. Dieses Zaudern hat seinen Grund nicht in mangelnder politischer Erfahrung. Vielmehr sind ihre Konfliktbereitschaft und ihr Machtbewusstsein nur unzureichend ausgebildet. Wo die Älteren aus der Gründergeneration der Grünen zielstrebig ihre Macht festigen, zögern die Jungen, zeigen sie sich verzagt – und drohen so zu ewigen Talenten zu verkommen. Statt den Griff nach der Führung zu wagen, suchen (und finden) sie beständig Ausreden dafür, warum es, wie die *Spiegel*-Korrespondenten Ralf Beste und Johanna Rüschoff süffisant kommentieren, „einmal nicht passte und ein anderes Mal irgendwie nicht recht war". Und so bleibt es dabei, dass das Sagen bei den Grünen die Geburtsjahrgänge 1950 bis 1955 haben, denen Renate Künast und Jürgen

Trittin angehören, Claudia Roth und der Stuttgarter Oberbürgermeister Fritz Kuhn, ebenso ein Gutteil des Fraktionsvorstandes im Bundestag. Das ist – müßig zu erwähnen – keineswegs nur vorteilhaft, weil sich die Genannten lange kennen und seit Jahren in lähmenden Machkämpfen mit- und gegeneinander verstrickt sind. Überhaupt lässt dieses Personaltableau für eine Partei im Wachstum, die selbst den Anspruch erhebt, so etwas wie eine moderne oder kommende Volkspartei zu sein, eine arge altersstrukturelle Verengung erkennen.

Dennoch: Auch als die Grünen im Jahr 2012 eine Urwahl abhalten, um ihre Spitzenkandidaten für die Bundestagswahl 2013 zu bestimmen, findet sich unter den jüngeren Grünen in den Ländern oder in der Bundestagsfraktion niemand, der die Verjüngung anstößt und gegen die Altvorderen antritt, auch nicht der Co-Parteivorsitzende Cem Özdemir. Es ist aus der Gruppe der in den 1960er-Jahren Geborenen schließlich Katrin Göring-Eckhardt, die ihren Hut in den Ring wirft, auch wenn sie in den Jahren zuvor als Bundestagsvizepräsidentin und Präsidentin der Evangelischen Kirche in Deutschland freilich eher als Debattenmoderatorin und Festtagsrednerin denn als Grünen-Politikerin im engeren Sinne in Erscheinung getreten ist.

Bisher zumindest war es verlässlich so: Die Grünen-Nachwuchspolitiker fühlten sich in der Provinz wohl, sie zogen ihre beschaulichen Landeshauptstädte dem aufgeregten Berliner Politikbetrieb vor. Selbst wenn sie über ihr Land hinaus strahlten, wollten sie doch nicht darüber hinaus gehen. Das gilt für Al-Wazir in Hessen und Palmer in Tübingen, es trifft auch auf Eveline Lemke in Rheinland-Pfalz und Robert Habeck in Schleswig-Holstein zu. Daher dominieren bei den Grünen in Berlin immer noch jene Gesichter, die bereits die rot-grüne Regierung geprägt haben, und wirkt die Spitze der Grünen wie eine geschlossene Gesellschaft.

Indes: Die Angst vor dem Statement und das Zurückweichen vor Entscheidungssituationen begründen eher den nüchternen Nachvollzug des Gegebenen. Daraus erklärt sich die geradezu gläubige Lektüre von Umfragen. Die Demoskopie munitioniert nun aber mit ihren Daten eine Politik des Faktischen. Sie legt den bloßen Nachvollzug dessen nahe, was bereits gegeben ist. Sie suggeriert, dass Mehrheitsverhältnisse für oder gegen eine bestimmte Politik etwas Unabänderliches wären, weshalb es demokratisch geraten sei, sich am Mehrheitswillen, wie die Umfragen ihn eben ermitteln, zu orientieren.

Die Behauptungen der Umfrageforschung verdecken allerdings, dass die Entscheidungen der bundesdeutschen Demokratie, die im Rückblick betrachtet identitätsstiftend waren – angefangen bei der Westbindung über die Soziale Marktwirtschaft bis hin zur Ostpolitik – als sie getroffen und begonnen wurden, nur bei einer Minderheit Zustimmung fanden. Die Erfolgsbilanz der Bundesrepublik basiert daher, wie Johano Strasser folgerichtig resümiert, ganz wesentlich nicht auf einer Politik des Faktischen, sondern ganz im Gegensatz dazu auf einer Politik des „contra factum“.

Politische „Contra-factum“-Projekte aber sind seit mindestens zwei Jahrzehnten merklich aus der Mode geraten. Der Verzicht auf ein Denken gegen den Strich unterfüttert – wie gleichfalls die Demoskopiegläubigkeit – seither den Vorwurf, bei den Spitzenpolitikern handele es sich um prinzipienlose Karrieristen, die ihre Positionen im Wesentlichen danach ausrichten, was jeweils als opportun gilt. Im Ergebnis haben dann nach Ansicht der öffentlichen Meinung die zeitgenössischen Politiker deshalb keine Gesinnung zu verbergen, weil sie gar keine haben – was wiederum nicht heißt, dass sich nicht auch für die gegenwärtigen Politikergenerationen einige spezifische Themen und verbindende Abgrenzungen benennen ließen.

Die Kritik an einem vermeintlich überdehnten Staat und überbordenden Staatsausgaben verbindet jüngere Christdemokraten, Liberale, Grüne und sozialdemokratische „Netzwerker". Die Politikwissenschaftlerin Daniela Forkmann hat die letztgenannte Gruppe in ihrer Dissertation untersucht und ist zu Schlüssen gekommen, die für ihre Gleichaltrigen im bürgerlichen Parteienspektrum gleichfalls gelten: Der Staat, so interpretiert Forkmann die „Netzwerker", könne nicht allen Lebensrisiken vorbeugen. Und weiter: Eine aktive Zivilgesellschaft, dezentrale Nachbarschaftshilfen und die individuelle Sorge um das Gemeinwohl seien sinnvoller als eine zentralisierte Wohlfahrtsbürokratie, die dazu tendiere, den Einzelnen paternalistisch zu entmündigen. Solche Vorstellungen zielen auf den aktivierenden statt den nachsorgenden Staat, dessen Leitmotiv nicht die Alimentation der vermeintlich Hilfebedürftigen ist, sondern der seine eigentliche Aufgabe darin sieht, „Hilfe zur Selbsthilfe" zu geben. Subsidiarität und zivilgesellschaftliches Engagement sind insofern parteiübergreifende, auch im linken Spektrum viel gebrauchte Schlüsselbegriffe für die jüngeren Politikerkohorten.

Weitere Themen betreffen die Verbindung von Ökologie und Ökonomie – jedoch aus einer anderen Perspektive, als sie die 68er einnahmen. Im Vordergrund steht für die seit den 1960er-Jahren Geborenen nicht die Betonung der Umweltproblematik, sondern deren Relativierung. Ein anderer Punkt sind neue Bündniskonstellationen, welche historisch sehr viel weniger aufgeladen sind als einst, weshalb insgesamt an die Stelle von Regierungsprojekten Partnerschaften auf Zeit getreten sind.

Das Feld der Projekte ist insofern rar gesät. Das lässt sich auf die neue Politikelite im Allgemeinen oder auch auf einzelne ihrer Vertreter im Speziellen beziehen – zum Beispiel auf Peter Altmaier. Bei der Betrachtung des Werdeganges und des Politikverständnisses des Bundesumweltministers fällt schnell auf – und das ist, wie gesagt, typisch für die pragmatischen Karrierepolitiker –, dass sich seine Leidenschaft auf die Politik als Tätigkeitsfeld bezieht, auf die Handlungsabläufe, die Gremiensitzung, das Verhandeln, Beschließen, Durchsetzen, und nicht etwa auf ein konkretes Projekt. Nicht einmal an der Energiewende hängt das Herz des Umweltministers. Die von ihm in dieser Frage vertretene Meinung wandelt sich analog zur offiziellen Linie der CDU. Damals noch Parlamentarischer Geschäftsführer der Unionsfraktion im Bundestag, votiert er zunächst für die Laufzeitverlängerung der Atomkraftwerke. Nach der Atomkatastrophe in Fukushima organisiert er dann unter den Abgeordneten von CDU und CSU eine Mehrheit für den Ausstieg. Von einer festen sachlichen Überzeugung wird er dabei nicht geleitet, denn noch heute erklärt er, gegen beide Varianten keine fundamentalen Einwände zu haben. In erster Linie geht es ihm um die Durchsetzung der Beschlüsse und die Organisation der nötigen Mehrheiten. Ob dann die Entscheidung letztlich richtig oder falsch war, diese Feststellung will Altmaier, so erklärt er, den Geschichtsbüchern überlassen.

Dabei ist er unzweifelhaft ein ausgesprochen fleißiger, engagierter und gewissenhafter Mensch, der enorm viel Zeit für die politische Arbeit aufwendet, auch hierin ein typischer Karrierepolitiker. Seit seiner Jugend besteht Altmaiers Leben beinahe ausschließlich aus Politik: Mit 14 Jahren gründet er in seinem Geburtsort eine Gruppe der Schüler-Union, mit 16 Jahren wird er Mitglied der christdemokratischen Jugendorganisation „Junge Union" und tritt zwei Jahre später der CDU bei. Peter Altmaier selbst sagt über die Zeit als Heranwachsender: „Wenn die anderen geflirtet haben, habe ich diskutiert, wer in den Gemeinderat kommen soll."

Für ihn gilt: keine Visionen, kein Pathos, kein erkennbarer Überzeugungskern, stattdessen Pflichtbewusstsein, Kompromissbereitschaft, Anpassungsfähigkeit. Altmaier fügt sich fröhlich in das Unvermeidliche, ihn beherrscht ein nüchterner Gestaltungswille. Begeisterung lässt sich auf diese Weise nicht wecken, Charisma erwächst aus einem solchen Politikansatz nicht, und auch die Überzeugungskraft ist begrenzt. „Vielleicht", so resümiert der *Spiegel*-Redakteur Markus Feldenkirchen in seinem klugen Altmaier-Porträt, „reicht es nicht zu sagen, dass man die Dinge so oder so regeln könne, Hauptsache, sie würden geregelt. Vielleicht müsste Altmaier mal den Mut aufbringen, alles auf eine Karte zu setzen." Größer, gewichtiger erscheint das Geschäft des Politischen durch Akteure wie den derzeitigen Umweltminister und ihr nüchtern-pragmatisches Politikverständnis jedenfalls nicht.

Lauter Dilettanten?

Peter Altmaier ist noch für eine andere Entwicklung ein gutes Anschauungsbeispiel: Je stärker Inhalte und Projekte in den Hintergrund rücken, umso wichtiger wird in der Berichterstattung die Optik. Deshalb schreibt man heute in Porträts über den Chef des Umweltressorts, er habe nicht damit gerechnet, Minister werden zu können, da scheinbar zu viel dagegen sprach, „vor allem sein Äußeres". Aus diesem Grund wird auch in den Schilderungen über Thorsten Schäfer-Gümbel so viel Raum für die Darstellung seiner jeweiligen Brille verwendet. Durch diese Art der Berichterstattung wird die Politik profaniert – und die politischen Eliten wirken noch ein Stück weit gewöhnlicher, auch fehlerhafter, nicht zuletzt lächerlicher. Von daher vermag auch die Vehemenz nicht zu verwundern, mit welcher der Vorwurf des Dilettantismus seit einiger Zeit gegen die politischen Entscheidungsträger erhoben wird, titelgebend zuletzt von Thomas Rietzschel in seinem Buch „Die Stunde der Dilettanten". In diesen Zusammenhang gehört die Forderung nach einem „starken Mann". Sie wurde im Verlauf des ersten Jahrzehntes des 21. Jahrhunderts zunehmend stärker erhoben und im Jahr 2010 im Osten von 24 Prozent und im Westen von 16 Prozent vertreten. Bei einer allgemeineren Frage nach der grundsätzlichen Akzeptanz starker

Führung ergab sich gar ein Zustimmungswert von 78 Prozent der Befragten, die forderten, dass es bei Projekten und Unternehmungen eine Person geben müsse, die schlussendlich die Entscheidungen trifft. Nur 14 Prozent widersprachen dieser Einschätzung.

Doch kaum einer der Befragten glaubt, es bei dem politischen Spitzenpersonal mit intellektuellen, strategischen oder moralischen Autoritäten zu tun zu haben. Dieser Mangel an Vertrauen hängt damit zusammen, dass Autorität stets eine seltene Eigenschaft ist. Dies gilt erst recht in der Politik und insbesondere in der Gegenwart, weil zur „auctoritas“ eben immer auch die „potestas“ gehört. Das heißt: Das Ansehen einer Regierung basiert nicht nur auf dem ihr entgegengebrachten Vertrauen und ihrer Wahrnehmung als Vorbild, sondern letztlich auch auf der Erwartung, dass sie im Zweifelsfall auf handfeste Machtmittel zurückgreifen kann.

Probleme durch Pragmatismus

Der Mangel an Vertrauen in die Politiker und Parteien hat aber noch einen weiteren Grund: den selbstgenügsamen Pragmatismus der heutigen Politikeliten. Glaubwürdigkeit und Vertrauen bedürfen nämlich der „emotionalen Authentizität“ (Wolfgang Schmidbauer). Die Grundlage dieser Form von Authentizität wird aber unterminiert durch Sinndefizite, Überzeugungsverluste und einen Mangel an Ideologien und Emotionen. Dies zumal, weil der Pragmatismus, wie wir ihn in den vergangenen Jahren erlebt haben, im Grunde das Gegenteil von pragmatischer Politik in ihrer eigentlichen Wortbedeutung war: Als gestrig galt den Protagonisten des Pragmatismus‘ alles, was nach langfristigen Perspektiven, gar nach Utopien roch, letztlich jeglicher Sinn. Wer Visionen hatte, so wurde den Kritikern dieser bloßen Gegenwartsorientierung gern entgegnet, der solle zum Arzt gehen.

Die Bindungswirkung und Mobilisierungskraft von Fluchtpunkten politischen Handelns und umfassenden Konzepten wurde nonchalant und rundweg bestritten. Dabei bedeutet das griechische Wort „Pragma" so viel wie „Handlung". Pragmatismus meint also ein problemgerechtes Handeln und setzt insofern auch ein Ziel voraus, auf das sich das Handeln richtet, weshalb eben die gewählte Handlungsalternative und nicht eine andere ergriffen wird. Der Vulgärpragmatismus der letzten Jahre ließ aber jedes Ziel vermissen und bestritt letztlich mit Verweis auf ominöse „Sachzwänge", dass überhaupt die Möglichkeit existiere, planvoll einzugreifen.

Großer Sympathien erfreuen sich die modernen Karriereverläufe samt des dahinterliegenden Politikverständnisses in der öffentlichen Meinung denn auch nicht. Wenn Angela Merkels Politikstil analysiert wird, dann fallen die Kommentare zumeist kritisch aus. Man vermisst die Dramatik, es fehlen die großen Worte, kann man keine perspektivischen Fluchtpunkte erkennen. Sie müsse, so die Forderung, klarer Position beziehen, damit die Leute sich nicht gelangweilt abwenden – von ihr, von der Politik, schlechten Endes gar von der Demokratie.

Verantwortungsgefühl und Augenmaß statt Leidenschaft

Nun ließe sich natürlich fragen, ob Langeweile tatsächlich per se schlecht ist. Wie würden wir denn reagieren, wenn den wohlfeilen Forderungen entsprochen und plötzlich wieder mehr und deftiger gestritten würde? Wenn Ronald Pofalla (wie einst Heiner Geißler) die Sozialdemokraten attackieren und Franz Müntefering (wie Willy Brandt) den CDU-Generalsekretär mit Goebbels vergleichen würde? Wenn Angela Merkel (wie Ludwig Erhard) die Intellektuellen des Landes als „Pinscher" bezeichnen und Frank-Walter Steinmeier (wie Franz Josef Strauß) Kritiker „Ratten und Schmeißfliegen" schimpfen würde? Dann würden ohne viel Fantasie eben jene, die jetzt über einen langweiligen Wahlkampf lamentieren, die Stirn besorgt in Falten legen und einen Niveauverlust der politischen Debatte beklagen, würden über die Vermehrung der Parteienverdrossenheit klagen und vor einem Niedergang der politischen Kultur warnen.

Zumal die politischen Kraftnaturen von früher auch die damaligen Polit-Junkies waren. Jürgen Leinemann hat dem damit korrespondierenden Politikverständnis vor knapp zehn Jahren mit seinem Buch „Höhenrausch“ über die Droge „Politik“ ein literarisches Denkmal gesetzt. Und auch hier stellt sich wieder die Frage: Wollen wir das? Ist die Macht- und Amtsversessenheit der älteren Politikergenerationen sympathisch? Die charakterlichen Deformationen, die darin zum Ausdruck kommen? Der völlig irrationale Raubbau, den diese Politiker an ihren Körpern betrieben, Infarkte, Zusammenbrüche, verschleppte Krankheiten inklusive? Beispiele sind, in beliebig erweiterbarer chronologischer Anordnung: Friedrich Eberts Verschleppung einer Blinddarmentzündung 1924/25, Willy Brandts geleugneter Herzinfarkt 1978, Helmut Kohls verheimlichte Prostataoperation 1989, Hans-Dietrich Genschers unbehandelte Infektion mit der Folge eines Herzinfarktes 1989, der Umgang von Heide Simonis mit ihrer Brustkrebserkrankung 2002 und Peter Strucks als Kreislaufprobleme verharmloster Schlaganfall 2004. Krankheiten, bilanziert Thymian Bussemer, werden verschwiegen, heruntergespielt, ignoriert. Weder im Selbstbild noch in den übervollen Terminkalendern von Spitzenpolitikern ist Platz für Krankheiten, Schwächephasen, Rückzüge. Weder dem politischen Gegner noch Partei-„Freunden“ oder den Medien soll die Angriffsfläche einer Erkrankung im Amt eröffnet werden.

Es lässt sich mithin schlussfolgern, dass die Forderung nach Kontroverse, Konflikt und Stimmung in der Politik zumindest ambivalent ist, zumal die Glaubwürdigkeit einer Strategie der Polarisierung auch von den Spitzenkandidaten und der herrschenden Koalitionskonstellation abhängt. Politiker, die zu leidenschaftsloser Vermittlung und vernunftbasierter Nüchternheit neigen, kann man nicht authentisch als brandredende Feuerköpfe inszenieren. Und wenn die beiden Volksparteien in einer Großen Koalition miteinander regieren, können sich die Spitzenkandidaten nachmittags nicht überzeugend attackieren, wenn sie noch vormittags einvernehmlich Entscheidungen getroffen haben.

Im Übrigen kann man vor dem Hintergrund, dass Angela Merkel trotz unterstellter Prinzipienlosigkeit ihre Partei und die Bundesrepublik in den letzten Jahren sehr wohl verändert hat, mit dem Journalisten Marcus Jauer bilanzieren: „Angela Merkel regiert das Land seit mehr als sechs Jahren. Sie hat die Vorstellung davon, was ein Politiker ist, wie er zu sein, zu reden, zu handeln und mit anderen umzugehen hat, verändert, ohne dass uns das bislang wirklich aufgefallen wäre." Vielleicht, so wäre daraus zu schlussfolgern, ist die verdeckte, die unerklärte Veränderung in einem reformskeptischen Land die erfolgversprechendste Erneuerungsstrategie.

Weitere Vorzüge eines sachbezogenen Pragmatismus sind zum einen eine größere Offenheit für neue Konstellationen und gesellschaftliche wie politische Verschiebungen, mit der Folge, dass Zukunftstrends früher registriert werden können. Zum anderen liegt ein Vorteil dieses Pragmatismus in der begrenzten Eitelkeit der handelnden Personen, die sie sich aus den tagespolitischen Aufgeregtheiten heraushalten.

Darüber hinaus ist gerade in postindustriellen Gesellschaften mit ihren sich sukzessive ausdifferenzierenden Vielparteiensystemen politische Flexibilität vonnöten. In der neuen Konstellation komplexer Allianzen und wechselnder Bündnisse nach der Ära der Volks- und Massenmitgliederparteien kommt es, so Franz Walter, mehr denn je „auf intelligente und bewegliche Parteizugehörige" an, „auf politische Kunst, taktische Beweglichkeit und strategische Raffinesse". Auch dadurch – und nicht nur durch Formen der Reideologisierung – kann Politik „wieder interessant werden, reizvoll für Begabungen der Macht".

In einer alternden Gesellschaften wie der der Bundesrepublik Deutschland sind zudem Nüchternheit, Unaufgeregtheit und Sachlichkeit nicht nur von großem Vorteil, diese Begriffe spiegeln auch ziemlich genau den Zeitgeist unseres Jahrzehnts. Betrachtet man die Mitgliedschaften der Parteien im Speziellen, so waren im Jahr 1978 noch über 50 Prozent jünger als 45 und nur 25 Prozent älter als 58. Heute beträgt das Durchschnittsalter beinahe 60 Jahre. Zudem altert die Gesellschaft im Allgemeinen. Noch einmal: In solchen Gemeinwesen richtet sich das Augenmerk der Mehrheit weniger auf die ferne Zukunft, deren Bilder von Visionen und Utopien gezeichnet werden, sondern auf die Gegenwart und einen funktionell organisierten Alltag. Der politische Stil der alternden Gesellschaft ist eher das gedämpft vorgetragene Veto denn der herrische Appell. Der alternden Gesellschaft entspricht der sachliche Verwalter des Politischen mehr als der schillernde Charismatiker oder der Emotionen schürende Polarisierer.

6 Politik in der Mediengesellschaft

Die Bedingungen, unter denen politische Führung heute stattfindet, haben sich grundlegend geändert: Als Konrad Adenauer 1949 als Bundeskanzler vereidigt wurde, spielte das Fernsehen noch keine Rolle. Selbst Helmut Schmidt musste sich noch nicht mit der Programmexpansion durch das Privatfernsehen beschäftigen, erst seine Nachfolger hatten es mit dem erweiterten Medienspektrum von *RTL*, *Pro Sieben* und *Sat1* zu tun. Aber natürlich brauchte auch der alte Adenauer schon nicht mehr auf jedem Marktplatz der Republik zu sprechen, um die einzelnen Wahlberechtigten zu überzeugen. Obwohl die Medienwelt seinerzeit im Vergleich zu heute noch in den Kinderschuhen steckte, erreichte auch der erste Bundeskanzler die Menschen bereits über Massenmedien. Doch ging die Kontrolle der Parteien über die vermittelten Botschaften in den 1950er- und 60er-Jahren noch deutlich weiter als in den darauffolgenden Jahrzehnten, denn eine ganze Zeitlang liefen die Druckpressen der Parteizeitungen weiter auf Hochtouren – insbesondere aufseiten der Sozialdemokratie. Viele parteinahe Redaktionen bestimmten damals, welche Ereignisse die Menschen erfuhren und was sie davon zu halten hatten. Für die Unionsparteien warben hingegen die katholischen Geistlichen, die mehr oder minder unverblümt am Wahlsonntag zur Stimmabgabe für CDU und CSU aufriefen. Die katholische Kirche war lange Zeit eine Bastion für Adenauers Regierung, die dem katholischen Kanzler die Stimmen vieler Gläubiger sicherte. Anderslautende Kommentare in den Medien konnten dagegen nicht viel ausrichten. Zu Adenauers Zeiten war die Bereitschaft in der Bevölkerung noch groß, sich einer überkommenen Autorität wie der Kirche unterzuordnen und ihren Anweisungen Folge zu leisten.

Doch dieser Zustand hielt nicht ewig an. In den 1960er-Jahren begannen sich viele junge Menschen von dem Korsett ihres Herkunftsmilieus zu befreien, rebellierten und klagten ihre Eigenständigkeit ein. Sie hatten schlichtweg keine Lust mehr, den Predigten des Pfarrers oder den Anordnungen der Eltern zu gehorchen. Zu dieser Emanzipation gehörte es auch, sich dem elterlichen Gebot zu widersetzen, CDU oder SPD zu wählen. Mit einem Mal waren traditionelle, gewissermaßen vererbte Parteiloyalitäten gekappt, lockerten sich die einstmals festgefügten Parteibindungen mehr und mehr. Durch das Ende der parteinahen Milieus verschwand auch die Parteipresse. Sie beschränkte sich fortan auf die jeweilige Mitgliedszeitschrift und einige andere Publikationen mit geringen Auflagen. Eine Meinungsführerschaft ließ sich damit jedenfalls nicht mehr herstellen. Für Politiker brach nun ein neues Zeitalter herein, in dem sie immer mehr Kontrolle über die politische Berichterstattung an Journalisten und Redakteure verloren.

Weil sich Parteien und Bürger zunehmend entkoppelten und vor den Urnengängen die Zahl der Unentschlossenen und potenziellen Wechsel- und Nichtwähler beständig wuchs, waren Politiker nunmehr gezwungen, sich über die Tageszeitungen sowie die Radio- und Fernsehkanäle Zustimmung zu organisieren. Langsam, aber sicher verinnerlichten sie die Maximen und Gesetze der aufziehenden Mediengesellschaft, lernten, mit „*BamS*, *Bild* und Glotze“ zu regieren, wie es Gerhard Schröder einmal nicht ganz unzutreffend formuliert hat. In dieser saloppen Bemerkung drückt sich die Vorstellung aus, über Zeitungen und Fernsehauftritte die Einstellungen der Bürger beeinflussen zu können. Insbesondere mit der Macht der Bilder sollen Wähler auf die eigene Seite gezogen werden.

Der erste Medienvirtuose der Republik

Diese Erkenntnis kam allerdings nicht erst Schröder, sondern war schon Adenauer geläufig. Der „Alte von Rhöndorf“ macht in den Medien der Nachkriegsrepublik eine unerwartet gute Figur:

Ob in Eisenhowers Rinderställen oder im orientalischen Flair persischer Paläste – der deutsche Bundeskanzler präsentiert sich als politischer Grandseigneur, der freundschaftlich mit den Mächtigen des Globus verkehrt. Die Presse überbringt dann auch die von Adenauer und seinen Beratern gewünschte Botschaft: Die Bundesrepublik wird offenkundig von einem weltgewandten Mann regiert, dem sich die Schauplätze der Weltpolitik auftun und der bei all seinen Auslandsvisiten im Namen seiner Nation stets einen guten Eindruck hinterlässt.

Bei seinen Wahlkampftourneen achtet er penibel darauf, dass der ihn begleitende Journalistentross auch vollzählig ist. Fehlt der Vertreter einer wichtigen Zeitung, wird umgehend dessen Nachreise organisiert. So lässt der Adenauer-Stab zum Beispiel bei einem USA-Aufenthalt 1953 eigens einen Schreiber der *Frankfurter Allgemeinen Zeitung* per Schiff nachkommen. Kein Aufwand ist zu groß, keine Maßnahme zu kostspielig, um den Kanzler und die partnerschaftliche Interaktion mit den Amerikanern einem möglichst breiten Medienpublikum zugänglich zu machen. Adenauer überlässt nichts dem Zufall. Er schickt seinen Pressechef voraus, um vor Ort die nötigen PR-Vorbereitungen für den Kanzlerbesuch zu treffen. Auch die Rückreise ist minutiös auf die Sensationslust der Medien abgestimmt: Während der CDU-Bundesparteitag in Hamburg bereits läuft, überquert Adenauer den Atlantik und lässt sich für damalige Verhältnisse spektakulär mit perfektem Timing in die Hansestadt einfliegen.

Die Berichterstatter fühlen sich gut behandelt und lassen sich bereitwillig von Adenauers Inszenierung berieseln. Wenn der Regierungschef in seinem Sonderzug durch die Republik rollt, ist sogleich vom „Triumphzug des Kanzlers" die Rede. Dass Adenauers Wahlkampfreden hingegen meist wenig originell und oftmals mit Zetteln wild improvisiert sind, fällt dabei nicht weiter auf.

Adenauer ist einer der ersten Politiker, die das Potenzial der kommerziellen Medien erkannt haben. So lässt er sich in Illustrierten ablichten, die ihn beim Bocciaspiel oder der Rosenzucht zeigen. Adenauer weiß: Je weiter Zeitschriften und Zeitungen, auch Rundfunk und Fernsehen in die Lebenswelt der Menschen vordringen, desto wichtiger ist für Politiker ihr mediales Erscheinungsbild, die Auswahl und Bewertung von Ereignissen durch die Medien. Diese entscheiden zwar nicht, was die Menschen denken, doch zumindest in großen Teilen, worüber sie sich überhaupt Gedanken machen.

Für diesen Vorgang hat die Wissenschaft den Fachbegriff „Medialisierung" gefunden. In einer Extremform ist damit die Unterwerfung der Politiker unter die Gesetze der Medien gemeint. In diesem Zustand ordnen Politiker ihre Arbeit dem Gewinn medialer Aufmerksamkeit unter – um jeden Preis wollen sie in die Nachrichten der Nation. Nicht der Gehalt politischer Konzepte, sondern die Darstellungskunst vor den Kameras entscheidet über ihre Wirkung. Diese Logik, so lautet ein genereller und häufiger Vorwurf an die Politikerkaste, sei inzwischen viel zu dominant geworden und unterhöhle die Substanz des Politischen. „Parteitage", so diagnostiziert der Medienwissenschaftler Andreas Dörner, seien „Bestandteil eines strategischen ‚Event-Marketing' geworden, da sie über die mediale Berichterstattung eine Selbstinszenierung der Partei vor einem Millionenpublikum ermöglichen, ohne zusätzliche Kosten hervorzurufen." Doch wie gesagt: Mit Blick auf die Adenauer-CDU handelt es sich dabei keineswegs um ein ganz neues Phänomen. Doch lässt sich kaum bestreiten, dass sich diese Entwicklung zuletzt verstärkt hat.

Die Tücken der Mediengesellschaft

Man spricht dabei häufig von der „Mediendemokratie", in der sich Politik verändert habe. Politiker konzentrierten sich unzulässig stark auf Kommunikation, PR, ihr Image in der Öffentlichkeit, und würden darüber ihren eigentlichen Auftrag vergessen. Das Publikum sei zur einzig gültigen Richtschnur geworden, an der die Politiker ihr Verhalten ausrichten. Nicht mehr Medien beobachteten die Politiker, sondern umgekehrt die Politiker die Medien, um sich deren Erwartungen anzupassen. Der Politikwissenschaftler Thomas Meyer sieht darin in einem Aufsatz aus dem Jahr 2002 eine „professionelle Selbstmediatisierung der Politik nach den Regeln theatraler Inszenierungslogik", die „qualitativ und quantitativ zu einer der Hauptaktivitäten des politischen Systems geworden" sei.

Aus der Forschung ergeht zumindest das einhellige Urteil, dass heutzutage von Politikern Medienkompetenz verlangt wird und dadurch medienspezialisierte Politikberater an Bedeutung gewinnen, die zunehmend stärker für den Konkurrenzkampf auf dem medialen Aufmerksamkeitsmarkt als professionelle Experten konsultiert werden. Damit hat sich ein Berufsfeld gebildet, dessen Akteure ein kommerzielles Interesse daran haben, Politiker im Umgang mit Journalisten, Mikrofonen und TV-Kameras zu schulen. Die vielfach beklagte Medienfixierung der Politiker dürfte sich dadurch nochmals gesteigert haben.

In der Tat befinden sich moderne Politiker in einer Zwickmühle: Die Funktionsweise der Medien zugunsten sachlicher Arbeit ignorieren? Unmöglich! Hierzu ist der Stellenwert von Presse und Fernsehen im Leben der Menschen einfach zu groß. Sich vollends den medialen Gesetzmäßigkeiten unterwerfen? Auch das ist keine Lösung, denn irgendwann verlieren die Berichterstatter die Lust am immer gleichen Gesicht – und dann kommt es doch wieder auf andere Qualitäten an. Die Informationsgewohnheiten vieler Bürger lassen es vermutlich kaum zu, dass sich ein Politiker, der ernsthaftes Interesse am Fortgang seiner Karriere hat, dem Kontakt mit Medien verweigert. Ob letztlich Politiker aus dem Blickfeld potenzieller Wähler geraten, wenn sie sich nicht aufs Twittern verstehen, sei dahingestellt. Und wenn der Vorsitzende einer deutschen Bundestagspartei in einem quietschgelben Campingwagen mit der blauen Aufschrift „Guidomobil" durch die Republik braust oder Jürgen W. Möllemann im Wahlkampf mit dem Fallschirm herabgleitet, mag das albern wirken, aber ohne eine taktische Zusammenarbeit mit Presse und Fernsehen, ohne ein sorgsam erstelltes Öffentlichkeitsprofil sind Karrieren in der Spitzenpolitik undenkbar geworden und lassen sich auch kaum erfolgreiche Wahlkämpfe bestreiten.

Was man über politische Geschehnisse weiß, erfährt man heutzutage aus den Massenmedien. Worüber politisch gesprochen wird, bestimmt sich nahezu ausschließlich durch die Mediennutzung – Fernsehen, Radio, Internet und die Presse sind die Hauptinformationsquellen. Die Zeit des weitreichenden Einflusses von Parteifunktionären und Honoratioren ist vorbei. Insofern waren Politiker mit der Zeit mehr und mehr zur Anpassung gezwungen. Der Publizistikforscher Hans Mathias Kepplinger bilanzierte schon in den 1990er-Jahren in seinem Buch „Die Demontage der Politik in der Informationsgesellschaft“: „Die Politiker mussten sich in dem Maße an die Bedingungen der Medien anpassen, in dem der Erfolg in den Medien zu einer Voraussetzung für den Erfolg in der Politik wurde.“

In der Tat hat sich dadurch der Einfluss der schreibenden Zunft vergrößert: Aufgrund ihres Öffentlichkeitsprivilegs, das sie als Medienmacher genießen, legen Journalisten und Redakteure maßgeblich fest, welche Themen diskutiert, welche Ereignisse wahrgenommen werden. Und vor allem: Was erst einmal geschrieben und ausgestrahlt worden ist, verschwindet nicht mehr so einfach. Massenmedien können der Öffentlichkeit Themen vorenthalten – doch Politiker können die Publikationsabsichten der Medien in der Regel nicht unterbinden. Dazu noch einmal Kepplinger: „Die Medienberichterstattung prägt das Bild der Bevölkerung vom Charakter der Politiker und von ihrer Sachkompetenz.“ Aus diesem Grund sind Medien im politischen Geschäft ein ungemein wichtiger Faktor, den zu ignorieren sich kein Politiker erlauben kann. Politiker versuchen bei ihren Entscheidungen, die Reaktion der Medien vorauszuahnen, und richten daran – freilich in unterschiedlichem Ausmaß – ihr Verhalten aus, denn nicht zu Unrecht vermuten sie, dass sich viele Bürger den Meinungen der Kommentarseiten anschließen werden. Allerdings können sie dabei auch leicht einem Trugschluss aufliegen: Oft überschätzen sie die Meinungsübernahme durch die Bürger, weil sie diesen irrtümlicherweise unterstellen, Nachrichten und Kommentare mit derselben Aufmerksamkeit aufzunehmen wie sie selbst.

Auch wenn es manche Politiker ab und an mit ihrem Öffentlichkeitsdrang übertreiben, sollte ihnen daraus kein allzu großer Vorwurf erwachsen, denn zugleich steht die mit zunehmender Vehemenz vertretene Forderung nach Transparenz im Raum. Die Bürger wollen informiert werden, wollen zumindest die Möglichkeit haben, politische Entscheidungswege nachvollziehen zu können. Die manchmal aufdringlich erscheinende Medienpräsenz von Politikern lässt sich vor diesem Hintergrund also auch durchaus positiv als Maßnahme deuten, ihrer demokratischen Informationsverpflichtung nachzukommen. Der Öffentlichkeitsgang der Politiker dient nicht zuletzt der Begründung von Politik – und ist deshalb sogar eine vorrangige Aufgabe von Politikern.

Mit der Verbreitung des Internets und der damit verbundenen Erwartung von durchsichtiger und effizienter Politik hat sich der Druck auf das Informationsgebaren der Politiker nochmals erhöht. Spätestens seit Ende der 1990er-Jahre ist das World Wide Web zu einer politischen Größe geworden. Inzwischen dürfte es sogar zwingende Voraussetzung sein, um Zugang zu bestimmten Lebenswelten zu erhalten. Ferner hat sich durch *Spiegel* und *Zeit Online*, aber auch *Twitter* und *Facebook* der Nachrichtenfluss extrem beschleunigt. Eine Eilmeldung jagt die andere, die zeitliche Verzögerung von Ereignis und Bericht wird immer geringer. Die veränderten Informationsgewohnheiten der Bürger haben Politik zuletzt deutlich erschwert, das bereits zuvor ohnehin fieberhafte Tempo im Regierungsgeschehen hat noch einmal zugenommen.

Ein entscheidendes Novum von computergestützter Kommunikation liegt in dem technischen Clou, dass die Empfangsgeräte zugleich Sender sein können, wodurch sich die Partizipationsmöglichkeiten der Bürger beträchtlich erhöhen. Dieser Umstand hat die Politik in den letzten Jahren stark verändert. Nahezu panisch begannen viele Bundestagsabgeordnete und Regierungsmitglieder, sich einen *Twitter*-Account und eine *Facebook*-Seite zuzulegen. Sämtliche Parteien trumpften mit professionellen Internetpräsenzen auf. Doch all das bot zumeist nur Altbekanntes im digitalen Gewand, das kaum von den konventionellen Darstellungsmodi in Form von Plakaten oder Flugblättern abwich. Die futuristischen Prognosen von virtuellen Parteitagen und Ortsvereinen haben sich jedenfalls nicht bewahrheitet – und selbst die internetverliebten Piraten treffen sich noch „offline" in Kneipen.

Unbeschadet von der Onlineexpansion ist das Fernsehen nach wie vor das Massenkommunikationsmedium mit der größten Reichweite. Der Fernsehkonsum ist gestiegen, gerade weil es zu einem beiläufigen Informations- und Unterhaltungslieferanten geworden ist und weil die vermeintliche Beweiskraft von bewegten Bildern eine besonders große Glaubwürdigkeit der übermittelten Informationen nahelegt. Doch insbesondere Fernsehbilder verzerren die Sichtweise auf politische Abläufe. Da bei Fernsehbildern konkrete Dinge bevorzugt werden, wird Politik zumeist auf Personen verkürzt und werden unsichtbare Prozesse ausgeblendet, als ob sie gar nicht existierten. Das führt zu einem fatalen Mechanismus: Je komplexer Politik ist, desto weniger eignet sie sich für die Berichterstattung im Fernsehen, desto größer ist also die Verzerrung bzw. Vereinfachung. Fernsehen verleitet daher dazu, einfache Lösungen für in Wirklichkeit komplexe Probleme bieten zu können. All das ist eine Folge des Gebots der Nachrichtenfähigkeit, denn die Medienmacher orientieren sich an einem mutmaßlichen Unterhaltungs- und Sensationsinteresse des Publikums. Duelle zwischen prominenten

Persönlichkeiten, Skandale und peinliche Begebenheiten – das sind in den Augen von Journalisten häufig die Aufmacher für Artikel und Kommentare, die im besten Fall die Auflage oder die Zuschauerzahl in die Höhe schnellen lassen. Die Zeitungs- und Fernsehredaktionen sind sogenannte „Gatekeeper": Sie gewähren oder verweigern Aufmerksamkeit. Moderne Politiker kennen diesen bedeutsamen Zusammenhang in der Mediengesellschaft – und dieses Wissen hat sie verändert. Wer sich bekannt machen will, greift zur skandalösen Äußerung oder bricht einen Konflikt mit einem politischen Hauptdarsteller vom Zaun – so wie Philipp Mißfelder.

Mißfelder ist Jahrgang 1979 und ein waschechter Karrierepolitiker: Als Abiturient wird er 1998 Bundesvorsitzender der „Schülerunion", im Jahr darauf ist er bereits Mitglied im CDU-Bundesvorstand. Nach Abitur und Wehrdienst beginnt er ein Geschichtsstudium, doch sein karrieristisches Hauptaugenmerk gilt der Politik. 2002 avanciert er zum Bundesvorsitzenden der Jungen Union, eine Position, die ihn automatisch in die Rolle eines zukünftigen Spitzenpolitikers versetzt. Und Mißfelder lässt auch keinen Zweifel an diesem Status aufkommen: Durch Schröders Neuwahl-Coup gelangt er 2005 über die nordrhein-westfälische Landesliste vorzeitig in den Bundestag. An vielen Orten im Unionskosmos wirft er nun Anker: 2006 wird er Mitglied der parteinahen „Konrad-Adenauer-Stiftung", 2008 erhält er einen Platz im CDU-Parteipräsidium und wird stellvertretendes Vorstandsmitglied der „Europäischen Volkspartei" (EVP). Und Vorsitzender der Jungen Union ist er noch immer, mittlerweile länger als ein Jahrzehnt.

Im Sommer 2003 macht sich Mißfelder bundesweit mit der provokanten Aussage bekannt, er sei dagegen, dass man den „ganz Alten" auf Kosten der solidarischen Krankenversicherung noch künstliche Hüftgelenke implantiere – schließlich sei das staatliche Gesundheitssystem nicht dafür zuständig, dass die Senioren „fit für einen Rentner-Adventure-Urlaub" sind. Das ist ein Statement wie gemacht für die Zeitungsredaktionen, in denen seinerzeit ein spontanes Freudenfest stattgefunden haben dürfte: Der Chef der Nachwuchsorganisation beider Unionsparteien will alte Menschen nur noch auf Krücken gehen lassen! Damit ist sein Name schlagartig ein Begriff. Sicher, er muss nun einer Empörungswelle standhalten. Doch am Ende kommt er glimpflich davon und gewinnt sogar doppelt: Er ist nicht nur seinem öffentlichen Schattendasein entkommen, sondern versöhnt sich auch mit der Senioren-Union. Ausgerechnet die Parteirentner sind es nämlich, die ihn für einen Sitz im CDU-Bundespräsidium nominieren. Gemeinsam mit deren Chef, Otto Wulff, absolviert Mißfelder fortan unzählige Auftritte an der Parteibasis, um seinen Bekanntheitsgrad zu festigen.

Auch dieses Beispiel zeigt, dass Politiker im Gerangel um das kostbare Gut der Aufmerksamkeit von potenziellen Wählern stärker als früher zur Beherrschung und Anwendung medialer Inszenierungstechniken gezwungen sind. Hierfür haben sich durch Talkshows, TV-Serien oder die visuelle Berichterstattung im Rahmen von Nachrichtensendungen seit den 1990er-Jahren die Räume erheblich erweitert. In diesem Umfeld entstand die Figur des „Medienpolitikers“, der sich virtuos darauf versteht, politische Macht und Ämter über seine Performance in den Medien zu gewinnen. Eine Unterform dieser Spezies ist der „Talkshow-Politiker“, der allabendlich durch die Fernsehstudios vagabundiert und dort mit staatsmännischen Posen und Floskeln vorgibt, für hohe Ämter in Partei und Regierung geeignet zu sein, in Wirklichkeit aber kaum Substanz aufweist. TV-Formate wie die „Harald-Schmidt-Show“ würden, so die Kritik, diese politische Lebensform verbreiten, indem sie das Verhaltens- und Situationsgeschick von Politikern nach oberflächlichen Kriterien beurteilten. Dadurch komme es nicht auf die Qualität von politischen Inhalten an, sondern allein auf die Kunstfertigkeit der dargebotenen Inszenierung. Deshalb sei der einmalige Auftritt wichtiger als die Arbeit im politischen Alltag.

Tatsächlich lässt sich der mediale Inszenierungszwang schwerlich leugnen. Doch wie gesagt: Politiker sind auch nachdrücklich zur öffentlichen Darstellung ihrer Politik angehalten. Dazu müssen sie sich unter den gegebenen Umständen nun einmal der Logik der Medienwelt anpassen. Wie stark sie dies tun müssen, ist freilich eine schwierige Frage und für den Einzelnen ein Balanceakt. Vor allem kann handwerklich schlechte Inszenierung den sowieso schon bestehenden Verdruss der Bürger über ihre Repräsentanten noch erhöhen. Dass es deshalb auch einen Konjunkturumschlag geben kann, weg von der Inszenierung hin zur Nüchternheit, beweisen jüngere Beispiele aus der Spitzenpolitik.

Annegret Kramp-Karrenbauer ist eines davon. Die Frau mit dem sperrigen Namen war bis vor Kurzem nur Insidern ein Begriff und dürfte auch gegenwärtig nicht zwangsläufig jedem Bundesbürger geläufig sein. Dass sie im Jahr 2000 die erste Innenministerin in der Geschichte der Bundesrepublik war, sorgte in der Politikrubrik der überregionalen Tageszeitungen – und natürlich in den saarländischen Zeitungsblättern – zwar für Aufsehen, brannte sie jedoch nicht gerade ins Gedächtnis der Menschen ein. Auch ihr Rekord, dienstälteste Ministerin in der Geschichte des Saarlandes (2000–2011) zu sein, hat ihr keine mehrtägige Präsenz in den Medien beschert. Doch 2011 ist sie als Peter Müllers Nachfolgerin Ministerpräsidentin des kleinsten deutschen Flächenstaats geworden.

Kurz vor ihrer Wahl zur saarländischen Regierungschefin führt sie als „Superministerin“ für Arbeit, Familie, Prävention, Soziales und Sport die Beliebtheitsskala des saarländischen Politikpersonals an. In Anbetracht der häufigen Kennzeichnung unserer Gegenwart durch das Attribut „Mediengesellschaft“ ist das erstaunlich, denn Kramp-Karrenbauer ist alles andere als eine Event- und Talkshow-Politikerin. So weigert sie sich, sich eine neue Brille zuzulegen, nur weil die alte unter ihren Beratern als fernsehuntauglich gilt. Und nirgends verheimlicht sie, dass sie ihre Karriere als Quotenfrau und dank des Verzichts ihres Mannes auf dessen Bergbaulaufbahn gestartet hat. Auch fühlt sie sich nicht genötigt, à la „Toskana-Sozialdemokraten" kennerisch den Wein des Edelrestaurants zu kommentieren, um gegenüber den Journalisten die Überwindung der familiären Herkunft und die nunmehrige Zugehörigkeit zum Establishment zu demonstrieren.

Durch derlei Verhalten, das über Zeitungsreportagen an die Öffentlichkeit dringt, gewinnen die Bürger den Eindruck von einer Politikerin, die sich den Zwängen und Riten der Medienpolitik entzieht, die sich nicht verbiegen lässt und sich stattdessen auf ihre Arbeit konzentriert. Manchem Kommentator nötigt sie Respekt ab, weil sie im Bundesrat gegen die Parteilinie für einen SPD-Entwurf stimmt – prompt gefällt sie als bewundernswerte, da mutige Politikerin, die konsequent ihre Überzeugung gegen sämtliche Widerstände aus den eigenen Reihen vertritt. Vielleicht liegt ja gerade darin ihr Erfolgsgeheimnis: in der offensichtlichen Inszenierungsverweigerung und ihrer unaufgeregten Art, ihrer fleißigen Sachlichkeit, ihren offenherzigen Bekenntnissen, die sie eine grundsätzliche Gelassenheit ausstrahlen lassen.

Im Januar 2012 lässt sie die filigran zusammengetüftelte Jamaika-Koalition aus CDU, FDP und Grünen platzen. Es kommt zur vorgezogenen Neuwahl des Landtags – und am Ende steht Kramp-Karrenbauer entgegen der Erwartungen wieder an der Spitze, diesmal an der Spitze einer Großen Koalition. Fast fünf Prozent mehr als ihr sozialdemokratischer Herausforderer Heiko Maas holt sie bei ihrem ersten Urnengang als Ministerpräsidentin. Sie überzeugt dabei nicht durch Mediencoups oder eine außergewöhnliche Persönlichkeit und hat auch kaum Geschichten zu bieten, die man sich über sie erzählen könnte. Offenbar schätzen die Wähler ihre Ruhe, ihren Fleiß, ihre Verlässlichkeit, ihren Sachverstand.

Ein anderes Beispiel ist Olaf Scholz. Einst wegen seiner technokratischen Sprache als „Scholzomat" verspottet, gerät der frühere SPD-Generalsekretär (2002–2004) und Bundesarbeitsminister (2007–2009) neuerlich in den Blickpunkt der Öffentlichkeit, als er bei der Wahl 2011 Erster Bürgermeister Hamburgs werden will. Bis dahin dümpelte er als stellvertretender Fraktionschef im Bundestag eher unscheinbar dahin, ohne dass die Öffentlichkeit von der früheren Nachwuchshoffnung sonderlich Notiz nimmt. Doch Scholz gelingt ein noch kurz zuvor kaum für möglich gehaltener Erfolg: Mit ihm holt die SPD in der Hansestadt die absolute Mehrheit. Zu einem Zeitpunkt, an dem es in 16 Bundesländern nur noch sechs sozialdemokratische Regierungschefs gibt, lässt sich kaum ein größerer Triumph vorstellen. Auch nach der Wahl kommt Scholz an: Der Eindruck von seiner harten Gangart und seiner hingebungsvollen Arbeitswut verschafft ihm eine rekordverdächtige Popularität – selbst in der langen Linie der Hamburger Stadtväter. Umfragen zufolge sind drei Viertel der Wahlberechtigten mit seiner Amtsführung zufrieden. Wie im Saarland dürfte auch hier das Versprechen von Ehrlichkeit und Fleiß ausschlaggebend für die überraschend hohe Zustimmung sein.

Offenbar quittieren viele Bürger ermüdende Inszenierungsversuche der politischen Elite mit Stimmentzug oder gar dem völligen Fernbleiben von der Wahlkabine. Kein Wunder, ist es für sie „ja unmittelbar kaum noch nachzuvollziehen, welche der Darstellungen von Politik leere Inszenierung und welche geschickte Präsentation tatsächlichen Vollzugs ist", wie Thomas Meyer anmerkt. Ihr zunehmendes Misstrauen gegenüber gekünstelten Öffentlichkeitsauftritten verleitetet sie dazu, in all dem Medientamtam Politiker ausfindig zu machen, die augenscheinlich Akten- und Gremienarbeit mehr Wert beimessen als der Öffentlichkeitsarbeit. Aber darin liegt, wie gesagt, eben das Dilemma zwischen Informationsbedürfnis und dem Wunsch nach Sachbearbeitung.

Die Gesetzmäßigkeiten der Medienwelt haben letztlich einen großen Anteil an der landläufigen Unzufriedenheit mit der Politik, denn zumeist konzentriert sich die Berichterstattung zum politischen Geschehen auf wenige von mehreren Phasen einer Prozedur, wodurch der gesamte Verlauf eines politischen Vorhabens lediglich unvollständig in Zeitungen und dem Fernsehen wiedergegebenen wird. Daraus ergibt sich allerdings oftmals ein falsches Bild von Politik. Außerdem ist Politik – im Widerspruch zur Praxis – in der öffentlichen Darstellung hoch personalisiert. Häufig entsteht auf diese Weise der fälschliche Eindruck von machtvollen Menschen, deren Wort gilt, sobald es einmal ausgesprochen wurde. Dieses Erscheinungsbild berücksichtigt allerdings nicht die Hürde demokratischer Mehrheitsfindung und das politische Machtpoker, durch die politische Programme eben nicht einfach durchgeboxt und somit alles andere als „durchregiert" werden können. Daraus ergeben sich übersteigerte Erwartungen an die Handlungsfähigkeit von Politikern, die zwangsläufig enttäuscht werden.

Wie die Medien die Politik veränderten

Die mediale Dauerbeobachtung hat Politiker überdies vorsichtiger, ja zögerlicher gemacht. Wo früher politische Absprachen und Bündnisse nur deshalb hielten, weil die Öffentlichkeit davon nichts erfuhr und niemand einen Gesichtsverlust als Schwächling oder Umfaller zu befürchten hatte, wagen Politiker inzwischen nur noch selten ungewöhnliche Entscheidungen zu fällen, denn noch nie konnten sie sich so unsicher wie heute sein, ob nicht doch etwas aus vertraulichen Runden durchsickert und binnen kurzer Zeit auf Smartphones und Tablets abgerufen wird. Transparenz und Wissbegierde können also auch leicht Überhand nehmen und Politiker entweder zu vermehrter Geheimhaltung nötigen – oder ihnen die Lust am Wagnis und am Konflikt nehmen. Die Kehrseite der zunehmenden Durchleuchtung der politischen Entscheidungsräume kann die politische Elite zur „Flucht ins

Hinterzimmer der geheimen Absprachen" veranlassen, so Thomas Macho, Professor für Kulturgeschichte.

In der Politik verbreitete sich daher mit der Zeit die Auffassung, es sei besser, Auseinandersetzungen zu vermeiden und stattdessen einträchtiges Miteinander zu demonstrieren. Das aber nimmt der Politik eine ihrer wichtigsten Essenzen, blockiert Wandel durch Konflikt, denn Streit trainiert die politischen Sinne, zwingt zur Perfektionierung der Rhetorik und zur Schärfung von Argumenten. Die Konfliktscheue und das Geschlossenheitsgebot schwächen daher die Unterschiede zwischen den Flügeln ab, bringen keine Machtvirtuosen mehr hervor, vermitteln außerdem ein unrealistisches Bild einer vermeintlich einmütigen Politikelite und machen nicht zuletzt das einst spannende Geschehen der Staatsgeschäfte schlichtweg langweilig.

Doch dort, wo etwas den Anschein von Geschlossenheit erweckt, verbirgt sich nicht selten in Wirklichkeit eine geballte Ladung Zündstoff. Dass diese wahren Verhältnisse in der Öffentlichkeit verschleiert werden, ist freilich eine uralte Angewohnheit professioneller Politik. So gab beispielsweise Kohl im Wahlkampf 1976 vor, über ein geschlossenes Team zu verfügen, obwohl CSU-Chef Strauß ihn seinerzeit am liebsten sabotiert hätte. Er hielt nichts von ihm und auch mit Kohls Personalauswahl für das Schattenkabinett war er alles andere als einverstanden, geschweige denn zufrieden.

Das Ausmaß an Konfliktlosigkeit und die Streitvermeidung hat jedoch erheblich zugenommen. Politiker haben es in dieser Angelegenheit wahrlich nicht leicht: Tragen sie ihre Kämpfe allzu freimütig vor den Augen ihrer potenziellen Wähler aus, gelten sie als heillos zerstritten und wird ihnen vorgeworfen, sich mit privaten Eitelkeiten, Machtspielen und Nebensächlichkeiten aufzuhalten, statt gesellschaftliche Probleme zu lösen. Verheimlichen sie indes Uneinigkeiten, so gelten sie als Schauspieler und Schwindler, sobald die Wahrheit irgendwann ans Licht kommt. Dabei sind ausgerechnet solche Fähigkeiten wichtig für durchsetzungsstarke Politik, deren Aneignung und Anwendung im Rampenlicht der Medien schwieriger geworden sind. Politik setzt die Lust am Spiel und Wagnis voraus, aber auch die Bereitschaft zu geheimen Absprachen und zur Täuschung. Solche Aktivitäten geraten heute jedoch viel schneller an die Öffentlichkeit als beispielsweise zu Adenauers Zeiten. Dadurch verlieren Politiker den Mut zum Risiko, gehen keine Wagnisse mehr ein, wollen sich nicht mehr auf die kühne Wette mit Möglichkeiten einlassen. Letztendlich heißt das aber, dass die Mediengesellschaft damit das Fundament des Politischen untergräbt.

Dass jüngere Politikergenerationen zudem weithin als ideologielos und medienverliebt gelten, ist ebenfalls eine Folge der bedeutungsvollen Rolle von Medien im politischen Alltag. Die in den 1940er- und 50er-Jahren geborenen Politiker – zum Beispiel Gerhard Schröder, Oskar Lafontaine oder Joschka Fischer – lernten, dass moderne Politik der Inszenierung bedarf. Diese Erkenntnis folgerten sie aus ihrer politischen Sozialisationsphase in den 1960er- und 70er-Jahren. Mit den alten Techniken – das war ihre persönliche Erfahrung – ließ sich keine Macht mehr erringen. Deshalb räumten sie dem öffentlichen Aufmerksamkeitsgewinn einen hohen Stellenwert ein und schätzten politische Programmatik und gehaltvolle Reden gering. Das hatte gewiss etwas Zynisches und Berechnendes, doch es war erfolgreich. Und so spezialisierten sie sich auf Personalisierung und Gefühls- beziehungsweise Symbolpolitik, also darauf, Schlagzeilen zu machen, auf die Titelseiten der Tagespresse und in die „Tagesschau" zu gelangen. Diese Generation verinnerlichte wie keine zuvor die Gesetze der Medienwelt und prägte damit einen neuen politischen Stil.

Auffällig stärker als früher stiegen in letzter Zeit Politiker dank äußerer, oft auch vergänglicher Eigenschaften in die oberste Etage der Macht auf. In der medienvermittelten Demokratie haben sich biologisch vorgegebene Merkmale wie Geschlecht und Alter zu starken Triebkräften politischer Karrieren entwickelt.

Junge Frauen können allem Anschein nach leichter in der Politik nach oben kommen als jemals zuvor. Längst ist das weibliche Geschlecht im politischen Milieu kein Nachteil mehr, sondern es eröffnet den Weg über die Frauenquote oder das strategische Ansinnen der Parteizentralen, verlorene Wählerinnen zurückzugewinnen, indem man ihnen – basierend auf einer zweifellos oberflächlichen, auch chauvinistischen Wirkungsannahme – ein feminines Politikangebot unterbreitet.

So dürfte es beim Aufstieg der mecklenburg-vorpommerischen Arbeitsministerin Manuela Schwesig, Jahrgang 1974, im Wahljahr 2009 in das „Kompetenzteam" des sozialdemokratischen Kanzlerkandidaten Frank-Walter Steinmeier aufgenommen, nicht unerheblich gewesen sein, dass ihre Attribute „jung" und „Frau" genau den Merkmalen solcher wahlstatistischen Gruppen entsprachen, die die Parteistrategen stärker mobilisieren wollten: eben junge Frauen. Auch unter Berücksichtigung ihrer politischen Begabung wurde Schwesig doch verblüffend schnell zur stellvertretenden Parteivorsitzenden gekürt und ist seither ein visuelles Aushängeschild der in der Mitgliedschaft überalterten Partei. In Rheinland-Pfalz steht inzwischen mit der 1972 geborenen Julia Klöckner erstmals seit 1946 eine Frau an der Spitze des dortigen CDU-Landesverbandes, der sich seit 1991 nach Landtagswahlen durchgängig auf der Verliererseite fand. Klöckner sollte das ändern, sie ist der Gegenentwurf zu dem vollbärtigen, über 60-jährigen Regierungschef Kurt Beck. Inwieweit Klöckners Erfolgsgeschichte im Angesicht der ebenfalls jungen Beck-Nachfolgerin Malu Dreyer fortgeschrieben wird, ist deshalb offen.

Vor 1990 haben Weiblichkeit und Jugend bei der Eliterekrutierung in der Politik zumindest keine so große Rolle gespielt wie gegenwärtig. Allenfalls ist hier Willy Brandt als Ausnahme zu nennen: Bei der Bundestagswahl 1961 trat der vergleichsweise jugendliche Brandt (Jahrgang 1913) gegen den greisen Adenauer an, der damals gerade seinen 85. Geburtstag gefeiert hatte. Wäre

Brandt einige Jahre älter gewesen, hätte ihn der Parteistratege Herbert Wehner wohl nicht auserkoren, die seinerzeit kläglich dahindümpelnde SPD auf die Erfolgsschiene zurückzuführen. Doch in der Zeit von John F. Kennedys Präsidentschaft versprühte der Berliner Bürgermeister Brandt ein wenig amerikanischen Charme und sollte deshalb im aufkommenden TV-Zeitalter der rundumerneuerten SPD ein fernsehtaugliches Gesicht geben. Doch bis weit in die Ära Kohl hinein hatten physiognomische Attribute keine oder kaum eine Bedeutung.

Umgekehrt wären in der heutigen Mediendemokratie frühere Helden und Haudegen kaum mehr tragbar, Hitzköpfe wie Franz Josef Strauß geradezu unvorstellbar. Strauß ist zeitlebens ein temperamentvoller Charakter, der sich selten zusammennimmt, stattdessen seine Wut vulkanartig entlädt. Und oft ist er viel zu ehrlich. Obwohl er sicherlich zu den Politik-Assen der deutschen Geschichte zu rechnen ist, beherrscht Strauß eine zentrale politische Fähigkeit nicht: das Schweigen – die Disziplin, seine wahre Meinung hinter Floskeln oder wenigstens vieldeutigen Bemerkungen zu verstecken. Er achtet wenig auf handzahme Aussagen. Das macht ihn interessant und verschafft ihm das Image eines klar Entschiedenen, eines Wahrhaftigen, der sagt, was er denkt.

In den 1950er-Jahren ist das noch kein großes Problem. Die meisten Tageszeitungen kaprizieren sich nicht darauf, schonungslos Schwachstellen der Regierungsparteien aufzudecken und jeden noch so kleinen rhetorischen Fauxpas zu melden. Doch im Verlauf seiner Karriere ändert sich das. Nach dem knapp verlorenen Bundestagswahlkampf 1976 dringt aus Strauß' Mund eine auf Kohl abzielende Äußerung an die Öffentlichkeit, die er bei einem Saufgelage im Münchner „Wienerwald" gemacht haben soll: „Jetzt gibt es keine Pietät mehr, jetzt wird gestorben." Sein Karriere-Aus bedeutet solcher Verbalradau freilich nicht. Heute sähe das vermutlich anders aus. Oder wie würden die Medien auf Helmut Schmidts Äußerung reagieren, demnach Journalisten „Lumpensammler von Informationen" seien?

Heute dürfte es dagegen kaum einem Spitzenpolitiker mehr möglich sein, mit solchen Aussprüchen unter dem medialen Trommelfeuer von *Spiegel Online*, *Bild* oder Ähnlichem ungeschoren davonzukommen. Schon vor einiger Zeit hat der Politologe Ulrich Sarcinelli die Diagnose gestellt, dass das politische System unter „medialem Stress" stehe. Vor allem das Internet hat die Überwachung des Politikerverhaltens drastisch verstärkt. Verbale Fehltritte würden in unseren Tagen sofort und rasant über *Twitter* und *Facebook* verbreitet werden und höchstwahrscheinlich eine Empörungslawine lostreten, die es zwischen 1950 und 2000 noch nicht in diesem Ausmaß gegeben hätte.

7 Die Politikverflechtungsfalle

„Politikverdrossenheit" – seit Langem geistert dieses Wort nun schon durch die Kommentarspalten und Feuilletonseiten der deutschen Zeitungen. Dahinter verbirgt sich eine zumeist vage Kritik am Parlamentsbetrieb und seinen Akteuren. Er ist Ausdruck eines „unterschwelligen Missbehagens" wie auch eine „Begleiterscheinung des äußerlich reibungslos funktionierenden Parlamentarismus der Bonner Republik", wie Ernst Fraenkel, einer der Väter der deutschen Politikwissenschaft, zu Beginn der 1970er-Jahre anmerkte. Insofern ist die Skepsis an der Leistungsbereitschaft und -fähigkeit des politischen Personals ein steinaltes Phänomen.

Neu ist hingegen der Anstieg von Politikverdrossenheit beziehungsweise der Ansehensverlust von Parteien und Politikern. Politiker rangieren in der Achtung der Bürger knapp hinter Offizieren und Studienräten, deutlich hinter Feuerwehrleuten und Polizisten, Ingenieuren und Apothekern, weit hinter Pfarrern und Ärzten. Lediglich Gewerkschaftsführer und Buchhändler schneiden schlechter ab. Das Vertrauen in die Politik ist noch nicht am Nullpunkt angelangt, aber auch nicht mehr weit davon entfernt.

Allerdings dürfte ein Grund für die Unbeliebtheit der Politiker darin liegen, dass Politik komplexer, undurchsichtiger, hektischer geworden und damit auch schlichtweg schwerer nachzuvollziehen ist. Die Anforderungen an die Auffassungsgabe und Informiertheit des politischen Publikums haben sich in den letzten 30 Jahren enorm erhöht.

Ein anderer Grund dürfte wiederum in der Politik selbst liegen: Politiker sind ganz einfach auch mit ihrer Aufgabenstellung überfordert – und geben das nur selten zu. Im Fernsehen präsentieren sie sich durchsetzungsstark, kraftvoll und in machtanzeigender Pose. Doch damit verbergen sie ihren tatsächlichen Einflussverlust, den sie erlitten haben. Bereits in den 1970er-Jahren registrierten aufmerksame Politikanalysten die wachsende Unfähigkeit deutscher Politiker, den Veränderungen in Wirtschaft und Gesellschaft Herr zu werden. Das Wort von der „Unregierbarkeit" machte damals die Runde. Weniger als zuvor gelang es den politischen Entscheidungsträgern, die Arbeitsplätze zu sichern, die Währung stabil zu halten oder den Staatshaushalt nicht mit neuen Schulden zu belasten, kurz: für Wohlstand, Sicherheit und Zufriedenheit zu sorgen.

Während also die politische Steuerungsfähigkeit abnahm, blieben die Erwartungen der Bürger an die Problemlösungsfähigkeit der Politik unverändert groß. Politik wurde durch Illusionen von Machbarkeit systematisch überfordert. Hinzu kam, dass alternative Verantwortungsträger wie etwa die Kirchen zeitgleich in der Bevölkerung an Autorität verloren. Erlösung wurde nun weniger von Gott als vom Staat erwartet. Dies verstärkte die Enttäuschung der Bürger von der Politik, die all das freilich nicht leistete, wohl gar nicht leisten konnte.

Als der Kapitalismus nicht mehr rheinisch war

In den 1970er-Jahren änderte sich einiges für die politische Elite. Einerseits verengten sich Entscheidungsspielräume, andererseits kamen sehr viele verschiedene Probleme zusammen, die nach einer Lösung verlangten. Es war vor allem der Wirtschaftswandel, durch den überall neue Brennpunkte entstanden, die schon bald nicht mehr in den Griff zu bekommen waren. Es ist die Zeit, in der politische Krisenmanager wie Helmut Schmidt gefragte Leute sind. Bis dahin haben die Bundesrepublikaner nur kontinuierlichen Aufstieg gekannt, mehrheitlich schier endloses Wirtschaftswachstum, anhaltende Vollbeschäftigung und unentwegte Verbesserung des Lebensstandards genossen. Sie kauften Autos und Eigenheime, nahmen am Massenkonsum teil. Unternehmen holten Arbeitskräfte aus fernen Ländern, weil so viel zu produzieren war, dass sie nicht nachkamen.

In den 1970er-Jahren erweist sich diese scheinbar gewöhnliche Entwicklung jedoch als eine außergewöhnliche Phase: 1973 kommt es zur Ölkrise, es folgt eine Wirtschaftsflaute, wie man sie seit den 1920er-Jahren nicht mehr erlebt hat. Die „Wirtschaftswunder-Zeit" ist nun unwiederbringlich vorüber, der permanente Anstieg des Wohlstands nicht mehr selbstverständlich.

In den Fabrikhallen und Büros ersetzen Maschinen, Roboter und Computer menschliche Arbeitskraft. Dieser Modernisierungsschub macht viele Berufe und Tätigkeiten überflüssig. Von der Uhren- und Textilindustrie über Werften und Bergbau verschwinden allerorten Arbeitsplätze, manchmal sogar komplette Firmen oder Branchen. Dass noch Kumpel in die Kohlegruben einfahren, verdanken sie immer stärker staatlichen Subventionen. Beschäftigung entsteht nun weniger in großen Industriehallen als in kleinen Hightechunternehmen und im Dienstleistungsbereich.

Doch häufig haben die neuen Jobs nicht den Komfort der alten: Man verdient dort weniger, arbeitet auf Basis befristeter Verträge und erwirbt lediglich bescheidene Ansprüche gegenüber dem Sozialversicherungssystem. Außerdem verfestigt sich eine Art „Sockelarbeitslosigkeit". Die Politik zeigt sich dabei in vielen Fällen außerstande, Betriebsschließungen, ja manchmal sogar den Untergang ganzer Geschäftszweige und Branchen zu verhindern. In dieser Zeit kommen Zweifel an der Regierbarkeit des Landes auf – nicht zufällig und auch nicht zu Unrecht, denn zunehmend verlagern sich politische Kompetenzen von der Bundesrepublik ins Ausland. Die Bundesregierung verliert an Einfluss. Dass zum Beispiel kommerzielle Unternehmen kostengünstigere Produktionsstandorte in Übersee ausfindig machen, kann sie nicht verhindern. Auch der Aufkauf deutscher Firmen durch ausländische Konzerne beschneidet die Handlungsfähigkeit der Politik, wird doch nun über Wohl und Wehe deutscher

Beschäftigter nicht mehr in der vertrauten Wirtschaftskultur des rheinischen Kapitalismus nach den Grundsätzen der Sozialen Marktwirtschaft, sondern nach neoliberalen Maßgaben international operierender Großunternehmen entschieden.

Zudem verlagern sich immer mehr Regulierungsbefugnisse in die Institutionen der Europäischen Union in Brüssel und Straßburg. Die Entscheidungs- und Kontrollmacht deutscher Parlamente schwindet – wenn auch nicht rapide, so doch stufenweise. Da hatten es Konrad Adenauer, Ludwig Erhard und ihre Zeitgenossen leichter: Nach dem Zweiten Weltkrieg machten sie Politik in einem Vakuum, in dem sie – zwar streng bewacht von den Besatzungsmächten, jedoch durch die Not vieler Menschen zu schnellen Handlungen ermächtigt – die Grundlagen des Wirtschaftssystems bereiteten und bedeutsame Weichenstellungen vornahmen.

Beschleunigte Politik und leere Kassen

Auch die Politik beschleunigt sich. Das Tempo der Gesellschaft ist zu hoch geworden, als dass Politik nach strikten demokratischen Maßstäben noch eine ausgiebige Entscheidungsfindung vollziehen oder wirkmächtig in Vorgänge eingreifen könnte. Politik braucht angesichts vielfacher Interessen und der Trageweite für die Zukunft viel Zeit, weshalb die Steuerung zunehmend auf andere, schnellere Bereiche wie etwa die Wirtschaft übergeht.

Hinzu kommt, dass die Berichterstattung der Medien die Welt insgesamt hektischer erscheinen lässt, als sie in Wirklichkeit ist. Alles wirkt immerzu in Aufruhr, überall lauern Gefahren, nichts ist sicher. Stabilität und Sicherheit werden in den Medienbeiträgen selten angemessen gewürdigt, denn natürlich wäre das langweilig, weil sich daraus keine Neuigkeit lesen lässt, mit der man tolle Bilder und Texte produzieren kann. Nahezu ausschließlich durch Fernsehen, Radio, Zeitungen – und später auch dem Internet – über die Geschehnisse in der Welt informiert, verliert der zeitgenössische Mensch, so schrieb schon der Kommunikationsforscher Otto B. Roegele in den 1970er-Jahren, das Gefühl für das richtige Verhältnis von „dem Dauernden und dem Veränderlichen". Demzufolge wirken Politiker zunehmend acht- und machtlos gegenüber dem rasanten Trubel in der Welt, dem sie offenbar nicht viel entgegenzusetzen haben. Dass sie aber auch vieles bewahren und festigen, nach wie vor zahllose Probleme erfolgreich bewältigen und wirksame Konzepte beschließen, wird dabei oft übersehen.

Vor allem aber können deutsche Regierungen nicht mehr aus dem Vollen schöpfen. Die Staatsschatulle ist nicht mehr wie zu Adenauers und Erhards Zeiten prall gefüllt, sondern leer. Beginnend mit den 1970er-Jahren liefern sich die Bundesregierungen ein Wettrennen um die höchste Staatsverschuldung: sind es 1950 noch zehn Milliarden Euro, steigt die Summe auf 64 Milliarden in 1970, 388 Milliarden in 1990, 1,2 Billionen im Jahr 2000 auf über zwei Billionen im Jahr 2011.

Konrad Adenauer, der grandiose Wahlsieger der 1950er-Jahre, der 1953 die absolute Parlamentsmehrheit und 1957 sogar die absolute Stimmenmehrheit eroberte, wäre in der heutigen Zeit mit seinem Regierungsrezept aufgeschmissen, denn er achtete sorgsam darauf, einfach alle relevanten Interessen zu befriedigen, um ja keine Unzufriedenheit in der Bevölkerung aufkommen zu lassen. Mit Vorliebe verteilte er Wahlgeschenke wie etwa die Reform der Rentenversicherung im Vorfeld der Bundestagswahl 1957, durch die unzählige der ergrauten Mitbürger des Kanzlers einen unerwarteten Geldsegen empfingen. Unter Adenauer fanden die Menschen Arbeit und ein Dach über den Kopf, konnten nach den schrecklichen Kriegsjahren endlich damit beginnen, sich in der aufziehenden Wohlstandsgesellschaft einzurichten. Doch das alles war nur möglich, weil genügend Geld zur Verfügung stand. Auch Adenauer war kein Zauberer, seine Regierung profitierte von einem allgemeinen Wirtschaftsboom infolge des Wiederaufbaus.

Weitere Faktoren erleichterten den Bundeskanzlern Adenauer, Erhard, Kiesinger und Brandt das Regierungshandwerk: Es existierten disziplinierende Klammern, die die Menschen in einem gemeinsamen Ansinnen vereinten, und es gab eine kollektive Furcht vor dem Sowjetimperialismus. Zunächst bündelte in der Nachkriegszeit der Wille am schnellstmöglichen Auszug aus der deprimierenden Trümmergesellschaft die Kräfte der Westdeutschen. Sie übten sich in Bescheidenheit, arbeiteten fleißig und erfreuten sich behutsam an allmählichen Verbesserungen. Daher waren sie eher als heutige Bürger bereit, diverse Unzulänglichkeiten hinzunehmen und geduldig bessere Zeiten abzuwarten.

Außerdem eröffneten Not und Mangel – wie die meisten Krisen – ausgedehnte politische Gestaltungsspielräume. Mit Tatkraft ließ sich hier einiges bewirken, zumal das demokratische Selbstbewusstsein so kurze Zeit nach der nationalsozialistischen Diktatur noch nicht sonderlich groß war. „Wutbürger" waren zu Adenauers Zeiten jedenfalls seltener anzutreffen als in den 1970er- und den folgenden Jahren. Außerdem vertraute die Mehrheit der Westdeutschen auf die Sicherheitspolitik der Union, die sogenannte Westbindung: Die Angst vor der Roten Armee war so groß, dass viele Bundesdeutsche an der Wahlurne getreu der Devise abstimmten: „Lieber tot als rot", auch wenn sie beispielsweise der Wiederbewaffnung oder der Ausrüstung der Bundeswehr mit atomwaffenfähigem Gerät skeptisch gegenüberstanden.

Wandlungen und Kontinuitäten

Ferner ist die Gesellschaft vielschichtiger geworden, sie lässt sich weniger als je zuvor mit einer Handvoll soziologischer Kategorien wie Arbeiter/Angestellte, Frauen/Männer oder Jung/Alt darstellen. Die deutsche Bevölkerung besteht inzwischen aus einer schwer zu fassenden Vielzahl von Lebenswelten und Arbeitsmarktlagen mit unterschiedlichsten Vorstellungen von guter Politik. Das Nebeneinander unzähliger Lebensstile, Erwartungen und Bedürfnisse macht es heutigen Politikern äußerst schwer, Entscheidungen zu treffen. Die Spannweite sozialer Unterschiede ist schlichtweg zu groß, um von einer einzelnen Partei erfasst zu werden – größer zumindest als 1950 oder 1960. „Volksparteien“ sind CDU und SPD momentan vor allem ihrem geschichtlichem Selbstverständnis und Wunsch nach. Und jedes Mal schwingt bei den Amts- und Mandatsträgern die Angst mit, beim nächsten Wahlgang durchzufallen. Die in zahllose Bereiche zerklüftete Gesellschaft bringt eine ungeheure Konfliktzahl hervor, der sich die Politiker kaum annehmen können. Ihre Fähigkeit, auf die Bedürfnisse der Bürger zu reagieren, hat stark abgenommen.

Häufig lassen sich überdies besorgte Stimmen vernehmen, demnach die Politik von Lobbyisten gleichsam kolonisiert werde. Gesetzestexte, so die Annahme, kämen direkt aus den Zentralen marktbeherrschender Konzerne. Der vermeintliche Übergriff ist jedoch harmloser, als es die Kassandrarufe vermuten lassen: Lobbying versucht, ein Gesetz bereits in einer sehr frühen Phase zu beeinflussen, und wendet sich daher an die Referenten und Sachbearbeiter in den zuständigen Ministerien. Das gab es allerdings auch schon unter Adenauer. Unter dem ersten Kanzler saßen Lobbyisten sogar im Parlament und am Kabinettstisch. Lobbyismus wird in Deutschland zudem schon lange mit negativeren Bildern als beispielsweise in den Vereinigten Staaten verbunden. Das Unbehagen dem Lobbyismus gegenüber hat hierzulande also Tradition.

Doch der Wandel von Lobbying besteht weniger in einer demokratiebedrohlichen Zunahme als in einer neuen Qualität – und Quantität: Die Zahl von Lobbyisten hat in den letzten Jahren stark zugenommen. Statt wie früher einen großen Verband die Lobbyarbeit verrichten zu lassen, unterhalten zahlungskräftige Unternehmen mittlerweile ihre eigenen Lobbyabteilungen oder heuern dafür Agenturen an. Hier ist ein eigener Markt entstanden: 1974 hatte die Lobbyliste des Deutschen Bundestages noch 635 Einträge, 1999 bereits 1675 und 2005 schließlich 1900. In Berlin existieren ungefähr 120 Hauptstadtbüros großer Firmen, die eigene Lobbyisten beschäftigen.

Der vielleicht schwerwiegendste Aspekt im Wandel politischer Rahmenbedingungen ist jedoch die Auflösung der sozialmoralischen Milieus. Darunter verstand man festgefügte Gemeinschaften, in denen die Menschen demselben Glauben oder derselben Vision anhingen, gemeinsame Rituale praktizierten und Traditionen pflegten – dieselben Lieder sangen, dieselben Fahnen schwenkten, dieselben Feste feierten –, vor allem aber dieselbe Partei wählten. Für gewöhnlich wurde man in diese Milieus hineingeboren und übernahm dann die politischen Einstellungen der Eltern. Zusammengehalten wurden diese Gemeinschaften durch ein kompliziertes Organisationsgeflecht, vom Chor bis zum Fußballverein war für jedermann etwas dabei. Die zwei großen deutschen Milieus gründeten sich auf der einen Seite auf der sozialistischen Weltanschauung und der Arbeiterbewegung, auf der anderen Seite entlang der katholischen Konfession.

Die einen wurden von SPD-Funktionären integriert, die anderen folgten den Weisungen der geistlichen Würdenträger: der Pfarrer, Bischöfe, in letzter Instanz der Papst und Gott. Den Parteien, die sie als ihre politischen Vertretungen verstanden, boten sie Rückhalt und zuverlässigen Nachschub an Mitgliedern und Personal.

Solange die Milieus fortbestanden, konnten sich die SPD und das katholische Zentrum im Kaiserreich und der Weimarer Republik, anschließend die Unionsparteien in der Bundesrepublik auf eine Stammwählerschaft stützen, die sich über mehrere Generationen immer wieder erneuerte, den politischen Spitzen verschafften diese Milieus politische Spielräume. Die Parteiführungen brauchten keine allzu große Rücksicht zu nehmen, da die Loyalität ihrer Anhängerschaft viel aushielt. Dadurch waren politische Kurswechsel und Koalitionsbrüche oder Regierungsbeteiligungen möglich, die ansonsten für viel Unmut gesorgt hätten. In den durchorganisierten Milieus gab es eine Armee von Partei- und Kirchenfunktionären, die aufkommenden Frust umgehend im zwischenmenschlichen Gespräch besänftigten. Das Versprechen auf die baldige Verwirklichung der sozialistischen Utopie wie auch die Angst vor der Hölle disziplinierten die jeweiligen Anhänger.

Doch mit dem Ausbau des Sozialversicherungssystems und der Bildungsrevolution konnten sich die Bürger allmählich aus diesen kollektiven Zwängen lösen. Zusammen mit dem Wertewandel der 1960er- und 70er-Jahre führten diese Faktoren dazu, dass sich die Menschen von ihrer Herkunftswelt emanzipierten und ihre eigenen Wege gingen. Konkret bedeutete das: Sie ließen sich von der Kirche nicht mehr ihr Sexualleben vorschreiben, gingen, wenn überhaupt, nur noch selten und weitaus weniger ehrfürchtig zu den Gottesdiensten, nahmen Abtreibungen vor und ließen sich scheiden. Auch die Kinder der Sozialdemokraten wollten sich nicht mehr ihre politischen Präferenzen vorschreiben lassen, zumal viele von ihnen studierten und aus den Arbeitersiedlungen in andere Wohngebiete zogen. Dadurch zerfielen diese Parteibastionen, die über viele Jahrzehnte hinweg ein Abonnement auf Wählerstimmen gewesen waren. Politiker sind seither in ihrer Bewegungsfreiheit eingeschränkt, dürfen keine allzu hastigen Pirouetten mehr drehen, wollen sie nicht ihre launische Klientel vergraulen.

Kurzum: Die Bedingungen, unter denen regiert wird, haben sich in den letzten 30 bis 40Jahren beträchtlich erschwert. Heutige Politiker haben es also nicht mehr so leicht wie ihre Vorgänger. Viele Entscheidungen werden nicht mehr an politischen Orten gefällt, sondern in Konzernzentralen. Wenn Nokia- oder Opel-Werke geschlossen werden, sind deutsche Politiker an diesem Beschluss nicht beteiligt. Vielmehr wirken sie angesichts ihrer Ohnmacht hilflos.

Enttäuschung entsteht in solchen Situationen zumeist aufgrund falscher, nicht zuletzt von den Politikern selbst geschürter Erwartungen. Doch oft genug haben in der jüngeren Vergangenheit die Finanzmärkte und Konzernleitungen das Schicksal der Wirtschaft bestimmt, weniger hingegen die Politik. Letztere ist in doppelter Hinsicht leidtragend: Zum einen hat sie an Gestaltungsmacht eingebüßt, zum anderen erregt ihr Versagen den Unmut der Bürger, die ihr nichts mehr zutrauen und ihr das Vertrauen entziehen. Bei der Erinnerung an eine vermeintlich bessere Politikelite in der Vergangenheit sollte dieser Aspekt einer umfassend veränderten Umwelt, in der Politik stattfindet, berücksichtigt werden. Womöglich gilt es, bei der Bewertung der Leistung aktueller politischer Verantwortungs- und Entscheidungsträger etwas mehr Milde walten zu lassen.

Die Kunst des Politischen: Fazit und Ausblick

Vorhersagen sind immer problematisch. Das gilt erst recht in Hinblick auf die Eigenschaftszuschreibungen von Berufspolitikern, verdunsten hier doch die vermeintlichen Gewissheiten im warmen Sonnenlicht der Aporien und Paradoxien wie Wasser auf einem heißen Stein. Sind Berufspolitiker eine neuartige Erscheinung? Tatsächlich lässt sich nicht einmal mit Gewissheit sagen, ob ihre Zahl in den letzten 30 Jahren überhaupt gestiegen ist – unabhängig davon, dass auch die Idole der prominenten Diagnostiker einer wachsenden Politikerverdrossenheit außer Politik nicht viel gemacht haben, seien es Konrad Adenauer, Willy Brandt oder der gegenwärtig lagerübergreifend gefeierte Helmut Schmidt.

Ferner: Sind Berufspolitiker durch ihre Parteien fremdgesteuert? Ein Blick auf die Seiteneinsteigernation USA wirft die Gegenfrage auf, ob Seiteneinsteiger nicht mindestens so abhängig von parteifernen Partikularinteressen sind, zum Beispiel Wirtschaftsunternehmen, wie Parteisoldaten von ihrer Partei. Ist die politische Klasse abgekoppelt und hat bloß ihr eigenes Wohl im Kopf? In Wirklichkeit sind die Einkünfte von Spitzenpolitikern im Vergleich mit anderen Elitegruppen – wiederum beispielsweise aus der Wirtschaft – eher niedrig, und der Verdacht liegt nahe, dass das Recht zur Selbstfestlegung aufgrund des Hautgouts, der jeder Diätenerhöhung anhaftet, eher zu Selbstbescheidung als ungehöriger Bereicherung führt.

Um schließlich beurteilen zu können, ob Berufspolitiker wirklich unfähig sind, muss erst einmal geklärt werden, was Politiker eigentlich können müssen. Noch einmal: Diesbezüglich bestehen zahlreiche Illusionen, etwa die des Alleskönners. Aber welche Grundlage gibt es für die Erwartung, dass ein außerberuflich erfolgreicher Seiteneinsteiger automatisch auch politisch kompetent ist? Wer auf dem einen Gebiet hervorragend kundig ist, ist es auf einem anderen in der Regel nicht: Stars der politischen Rede sind nicht unbedingt gute Regenten, begabte Oppositionspolitiker können in Exekutivfunktionen Fehlbesetzungen sein. „Warum", so fragte etwa die Journalistin Evelyn Finger einmal in der *Zeit*, „genügt uns nicht einfach ein Mensch?" Offenbar gibt es auch in demokratischen Gesellschaften noch eine Sehnsucht nach strahlenden Führerfiguren, stirbt die Hoffnung auf einen Unfehlbaren nicht aus. Finger: „Sehnen wir uns immer noch nach Übermenschen und mythischen Erzählungen? Nationale Identitätsstiftung hat es jahrzehntelang ja nur mit negativem Vorzeichen gegeben: als Erinnerung an die beiden deutschen Diktaturen und ihre Opfer. Nun wünschen wir uns für den kalten, von politischen Mythen entrümpelten Raum unserer Republik noch mal etwas wärmend Heroisches."

Die Beziehungskrise zwischen der Bevölkerung und ihren politischen Repräsentanten fällt daher zu einem Gutteil zurück auf die Gesellschaft. Seit 1998 stellt der New Yorker Literaturagent John Brockman einmal im Jahr an einen Kreis kluger Köpfe, renommierter Forscher und deutungsstarker Intellektueller die sogenannte Edge-Frage. In diesem Jahr lautete sie: „Worüber sollten wir besorgt sein?" Darauf antwortete der Sänger Brian Eno: „Die meisten klugen Menschen, die ich kenne, wollen mit Politik nichts zu tun haben. Wir meiden sie wie die Pest." Dann fuhr er fort: „Wir erwarten, dass andere die Politik für uns machen und meckern, wenn sie es falsch machen. Wir glauben, es reiche, dass wir regelmäßig einen Wahlzettel ausfüllen. Danach wollen wir wieder so viel Laissez-faire wie nur irgend möglich. Was mich besorgt, ist, dass irgendwer loszieht und die Sache in die Hand nimmt, während wir uns noch gehen lassen."

Unsere Charakterisierung insbesondere der jüngeren Politikerkohorten als pragmatische, zur Unentschlossenheit tendierende, ängstlich jede ernsthafte Festlegung meidende und gleichzeitig ihre politischen Laufbahnen akkurat planende Karrierepolitiker korrespondiert mit den Resultaten, die Jugendforscher in großangelegten empirischen Studien für den deutschen Nachwuchs in seiner Gesamtheit ermittelten. Als „pragmatische Generation" etikettiert die „Shell-Jugendstudie" des Jahres 2006 die im Zeitraum zwischen 1981 und 1994 Geborenen. Als markante Merkmale dieser Geburtsjahrgänge werden eine „auffallend hohe Karriereorientiertheit", ein „Schuss Opportunismus" und ein „ziemlich hoher Angstpegel" genannt. An dieser Stelle liegt der Einwand auf der Hand, dass es sich hier ja um eine viel jüngere, im Durchschnitt erheblich später auf die Welt gekommene Gruppe handelt und ihr Vergleich mit den von uns untersuchten Politikerkohorten von daher nicht zulässig ist. Doch lässt sich zum einen festhalten, dass sich die Jüngsten in unserem Sample altersmäßig durchaus im Einzugsbereich der pragmatischen Generation befinden. Zum anderen künden die populären Kollektivporträts der angrenzenden älteren Generationen bis hin zur „Generation Golf", welche in ihrem Kern die Jahrgänge 1965 bis 1975 umfasst, von eher graduellen als fundamentalen Differenzen in der Generationenfolge. Aus der Abwesenheit katastrophaler Zusammenbrüche und radikaler Systembrüche ergibt sich ein sukzessiver, gleitender Wandel. Das Trennende zwischen den Kohorten sind eher Nuancen: Die Generationendifferenzen ergeben unterschiedliche Graustufen, nicht aber einen Schwarz-Weiß-Gegensatz. Was sich bei den Jüngeren besonders signifikant abbildet, lässt sich infolgedessen mehr oder weniger deutlich auch für die älteren Generationen bilanzieren, deren prägende Erfahrungen in die Zeit nach dem Ende der Wirtschaftswunderjahre, mithin in eine Zeit des ökonomischen Krisenbewusstseins und wachsender biografischer Unsicherheit fallen.

Was also müssen Politiker können? Von Adenauer stammt das Bonmot, er kenne viele Menschen, die jahrelang politisch tätig seien und dennoch nicht wüssten, was Politik ist. Er kenne sogar, so der Altkanzler mit Blick auf Ludwig Erhard seinerzeit weiter, einen Bundesminister, der keine Ahnung von Politik habe. Folgt man Adenauer, geht es in der Politik nicht bloß um „die Sache", um richtige oder falsche Antworten auf Probleme. Erfolgreiche Politiker müssen vielmehr stets die Situation beachten, in der die Sachfragen stehen. Sie wissen, dass ein selbstgestecktes Ziel zu erreichen eine große Varianz in der Wahl der Mittel und Methoden erfordert; dass die eigenen Vorstellungen stets an den aktuellen Verhältnissen kritisch überprüft werden müssen, sollen sie nicht zu Schablonen erstarren; dass für den Erfolg eines Politikers der richtige Umgang mit den übrigen Beteiligten sowie die Kenntnis ihrer Interessen unerlässlich sind. Ein Politiker, wie Adenauer ihn verstand, muss folglich über Instinkt und Einfühlungsvermögen verfügen. Er darf sich des Weiteren durch eigene Vorannahmen und Urteile nicht die Wahrnehmung kurzfristiger Handlungsspielräume vernebeln lassen, muss also über eine große situative Intelligenz und eine ebenso ausgeprägte Fähigkeit zum Zuhören verfügen.

Politische Führung ähnelt insofern beinahe der Quadratur eines Kreises: Politiker müssen sich gleich ein ganzes Bündel verschiedenster, bisweilen miteinander auch kollidierender Fertigkeiten aneignen. Sie brauchen Entscheidungskompetenz, müssen Probleme und Lösungswege rasch erfassen können. Dazu braucht es ein feines Gespür für das richtige Timing, Selbstvertrauen und Entschlussfreude. Andererseits erfordert die Verhandlungsdemokratie der Bundesrepublik auch Kooperationswillen, dessen Grundlagen Fairness, Verlässlichkeit und Geduld sind. Und zu alledem müssen Politiker auch noch gesellig und kontaktfreudig im Umgang mit dem Wahlvolk, selbstinszenierungsbegabt gegenüber den Medien und allgemein ehrlich, anständig und vorbildhaft sein.

Keineswegs aber sind es stets die glänzenden Eigenschaften oder gar edlen Taten, welche die Grundlage des Erfolges in der Politik bilden. Das Charisma, das heißt die Begeisterungsfähigkeit eines politischen Führers, basiert nicht selten auf zweifelhaften Grundlagen. Prägnant beschrieb dieses Phänomen der französische Schriftsteller Maurice Joly in seinem Werk „Das Handbuch des Aufsteigers": „Tauschen Sie also viel Wissen gegen ein bißchen Gewandtheit, viel Geist gegen ein wenig gesunden Menschenverstand, viel Tiefe gegen ein wenig Oberfläche und einige äußere Vorteile gegen alles Beliebige ein." Bisweilen verbürgen gar regelrecht schlechte Charakterzüge den politischen Erfolg, so Joly: „Es gibt negative Eigenschaften, die wahre Wunder vollbringen können. Sind Sie beispielsweise unverschämt, so wird man sich Ihnen unterordnen. Sind Sie stolz, wird man Sie schätzen; sind Sie böse, wird man Sie fürchten; sind Sie jähzornig, wird man Ihnen nachgeben; sind Sie hinterlistig, wird man Ihnen helfen; sind Sie verlogen, wird man Ihnen glauben."

Insofern ist keineswegs mittelmäßigen Talenten mit zweifelhaftem Wesen die Karriereleiter verbaut. Das hängt auch damit zusammen, dass sich Talent und Ehrgeiz zueinander vielfach gegenläufig verhalten: „Die mittelmäßigsten Menschen", um nochmals Joly zu zitieren, „sind am ehrgeizigsten und folglich am rührigsten." Ein ausgeprägter Ehrgeiz und ein unbändiger Wille aber sind für politischen Erfolg vielleicht sogar wichtiger als jede sachliche Eignung. Ohne Willen gelangt man nicht an die Macht, ohne innere Glut hat man in der Politik keinen Erfolg und ohne Sendungsbewusstsein wird man von den Gefolgsleuten nicht als Führer anerkannt. In den Worten Jolys: „Die größten Kapitäne, die gewitztesten Gesetzgeber, die Führer von Sekten, die Parteigründer mit dem glücklichsten Naturell unterscheiden sich in ihrer Mehrzahl von den anderen Menschen nur durch den Grad ihrer Anmaßung und ihres Selbstbewußtseins, das in keinem Verhältnis zu ihren wirklichen Möglichkeiten stand."

Natürlich brauchen Spitzenpolitiker ebenfalls Intuition. Sie müssen Entwicklungen erspüren, müssen Trends riechen können. Sie müssen sie spüren, noch bevor sie sich in Umfragen niederschlagen und damit sichtbar werden. Schließlich müssen sie bei aller in der Tagespolitik unverzichtbaren Flexibilität und Unberechenbarkeit glaubwürdig sein, und das heißt, dass sie ihre Sprunghaftigkeit erklären können müssen. Überhaupt sollten sie die Umfrageinstitute zwar zur Kenntnis nehmen und in ihre Arbeit einfließen lassen, sich aber von der Demoskopie nicht abhängig machen. Zum letzten Mal Joly: „In jeder Frage sollte man vor allem wissen, wie die Meinung der Mehrheit aussieht. Sehr häufig hat die Mehrheit aber überhaupt keine Meinung, sondern nur Stimmungen, und wenn diese Stimmungen sich klar abzeichnen, dann muß man das Talent besitzen, angemessene Lösungen zu präsentieren."

Hier zeigt sich zweierlei: Erstens ist Politik, wie bereits Bismarck wusste, „eine Kunst". Sie lässt sich nicht durch einen Studiengang und den Erwerb formaler Eignungsnachweise erlernen, auch gibt es keine feste Aufgabenstruktur für den Politiker. Das notwendige Wissen und Können ist vielmehr nur durch praktische politische Erfahrung, kurz: durch „learning by doing" erwerbbar. Eben hierfür aber bietet die „Ochsentour" mit ihrer Vielzahl an Bewährungszwängen und Evaluationsmöglichkeiten in den verschiedenen politischen Ämtern und Mandaten der unterschiedlichen Ebenen geradezu ideale Bedingungen. Zweitens kommt es in der Politik vor allem darauf an, die Balancen zu halten. Modernität, Telegenität und Professionalisierung sind heute unverzichtbar, denn rund jeder fünfte Wähler ist allenfalls noch über die Medien für Politik erreichbar. „Man hat das", so Franz Walter, „zu beachten, sich aber davon nicht vollständig abhängig zu machen. Denn natürlich widerstrebt diese Logik dem Anspruch auf ernsthafte, langfristige, differenzierte programmatische Debatten, auf geduldige Diskurse."

Bei der Suche nach dem geeigneten Politikertypus fahndet man insofern nach einem Hybriden. Die fortschreitende Entkoppelung von Gesellschaft und politischer Klasse kann nur dann umgekehrt werden, wenn sich Politiker zugleich als Quereinsteiger wie als Queraussteiger verstünden. Sie müssten „kurzzeitig ins Parlament hinein streben, dort die besoldete Tätigkeit als Profi der Politik ausüben, und dann wieder in politikferne Berufe verschwinden – und damit wieder den Status des politischen Laien annehmen" (Emanuel Richter).

Diese Quereinsteiger, die zugleich Queraussteiger sind, können auch als „Eigenständige innerhalb der politischen Professionalität“ (Franz Walter) bezeichnet werden. Sie vereinen Eigenschaften der Berufspolitiker mit denen von politischen Exoten und sind zugleich vernetzt, ausdauernd, kritikgehärtet und intellektuell unabhängig, unkonventionell und offen. Sie unterscheiden sich dadurch sowohl von den, wie Franz Walter sie nannte, „abhängigen Insidern aus der Mitte des Geschäfts“ als auch von den „Außenseitern diesseits davon“.

So oder so: Weil Politik das Management des Komplexen ist, verbieten sich einfache Antworten ebenso wie eindeutige Schlussfolgerungen und Ratschläge.

Dank

Ein solches Buch neben dem alltäglichen Universitätsbetrieb zu schreiben, ist nicht leicht. Dass es uns jedoch so leicht wie möglich gemacht wurde, ist das Verdienst von Franz Walter, der uns die dafür nötigen Freiräume gewährt hat. Ihm gebührt daher unser herzlicher Dank. Doch auch die Umgebung, in der geforscht und geschrieben wird, übt großen Einfluss auf die Entstehung eines solchen Buches aus. Deshalb sind wir dankbar, im Göttinger Institut für Demokratieforschung mitsamt dessen Mitarbeiterinnen und Mitarbeitern eine wundervolle und inspirierende Arbeitsatmosphäre genießen zu dürfen. Besonders geholfen hat uns dabei Felix Bartenstein, dem wir für seine Rechercheunterstützung zu großem Dank verpflichtet sind. Ebenso wollen wir dem Team der SPD-Pressedokumentation um Beate Häupel und Astrid Stroh für all das Material danken, ohne welches dieses Buch nicht möglich gewesen wäre. Und was könnte es für Autoren Schöneres geben als eine völlig unkomplizierte und stets verlässliche Zusammenarbeit mit dem Verlag? Eben diese haben uns dankenswerterweise Patrick Oelze und Marlene Fritsch zuteilwerden lassen.

Literaturverzeichnis

Beste, Ralf/Rüschoff, Johanna: Ewige Talente, in: Der Spiegel, 19.12.2009. (Zitat auf S. 157)

Buchinger, Reinhard/Stadler, Fritz: Thesenpapier zur Parteireform. Innerparteiliche Organisation – Innerparteiliche Demokratie, Linz, 1992. (Zitat auf S. 140: hier S. 5)

Bude, Heinz: Interview mit Stern.de, online einsehbar unter: http://www.stern.de/politik/deutschland/generation-golf-im-bundestag-kohls-enkel-1555180.html (eingesehen am 11.01.2013). (Zitat auf S. 156)

Bussemer, Thymian: Die erregte Republik. Wutbürger und die Macht der Medien, Stuttgart 2011. (Zitat auf S. 146: hier S. 198f.)

Coser, Lewis A.: Theorie sozialer Konflikte, Neuwied am Rhein/Berlin 1965.

Dausend, Peter/Niejahr, Elisabeth: Die Netten von morgen, in: Die Zeit, 05.01.2011.

Dörner, Andreas: Politainment. Politik in der medialen Erlebnisgesellschaft, Frankfurt am Main 2001. (Zitat auf S. 171: hier S. 123)

Eno, Brian: Zitiert in: Rabe, Jens-Christian: Gute Frage, in: Süddeutsche Zeitung, 19./20.01.2013. (Zitat auf S. 198)

Exner, Ulrich: Merkels Jüngster. David McAllister war den anderen immer ein Stück voraus, in: Die Welt, 12.08.2012.

Feldenkirchen, Markus: Geliebte Politik, in: Der Spiegel, 29.10.2012.

Finger, Evelyn: Keinen Helden, in: Die Zeit, 15.03.2012. (Zitat auf S. 198)

Forkmann, Daniela: Das „Netzwerk junger Abgeordneter Berlin“, Wiesbaden 2011.

Fraenkel, Ernst: Deutschland und die westlichen Demokratien, Stuttgart u.a. 1973. (Zitat auf S. 187: hier S. 101)

Gerwien, Tilman: Die Hartz-Dame, in: Stern, 25.02.2010.

Goffart, Daniel: Steinbrück. Die Biografie, München 2012.

Gruber, Andreas K.: Der Weg nach ganz oben. Karriereverläufe deutscher Spitzenpolitiker, Wiesbaden 2009.

Herzog, Dietrich: Politische Karrieren. Selektion und Professionalisierung politischer Führungsgruppen, Opladen 1975.

Jauer, Marcus: Die Pädagogik der Angela Merkel, in: Frankfurter Allgemeine Zeitung, 22.03.2012. (Zitat auf S. 166)

Jelinek, Elfriede: Der kleine Niko, online einsehbar unter: http://a-e-m-gmbh.com/wessely/fpelinka.htm (eingesehen am 04.01.2013). (Zitat auf S. 84)

Joly, Maurice: Das Handbuch des Aufsteigers, München 2004. (Zitate auf S. 200ff.: hier S. 50, 54, 65, 119 und 128)

Kepplinger, Hans Mathias: Die Demontage der Politik in der Informationsgesellschaft, Freiburg im Breisgau/München 1998. (Zitate auf S. 173: hier S. 161 u. S. 152f.)

Kielmansegg, Peter Graf: Demokratieprinzip und Regierbarkeit, in: Hennis, Wilhelm/ders./Matz, Ulrich (Hrsg.): Regierbarkeit. Studien zu ihrer Problematisierung, Bd.I, Stuttgart 1977, S. 118-133. (Zitat auf S. 42: hier S. 130)

Krockow, Christian Graf v.: Unser Mann in Bonn, in: Die Zeit, 23.11.1984. (Zitat auf S. 19)

Lau, Mariam: Die gläubige Frau Schavan und die Stammzellen, in: Die Welt, 13.12.2007. (Zitat auf S. 135)

Lehmann, Armin: Aus der Deckung, in: Der Tagesspiegel, 05.01.2013. (Zitat auf S. 91)

Leinemann, Jürgen: „Sie sehen das Licht am Anfang des Ganges", in: Der Spiegel, 19.01.1987.

Leinemann, Jürgen: Ein Kanzler für Menschen guten Willens, in: Der Spiegel, 13.10.1986.

Leinemann, Jürgen: Ein bißchen Adenauer und viel Wachtturm, in: Der Spiegel, 04.10.1982.

Leinemann, Jürgen: Überlebensgroß Herr Strauß, in: Der Spiegel, 31.03.1980. (Zitat auf S. 21)

Leinemann, Jürgen: Über allem thront Carlo, in: Der Spiegel, 12.11.1979. (Zitat auf S. 19)

Leithäuser, Johannes: Merkels Talentschuppen, in: Frankfurter Allgemeine Zeitung, 03.02.2005.

Liessmann, Konrad Paul: Zukunft kommt! Über sakralisierte Heilserwartungen und ihre Enttäuschung, Wien/Graz/Klagenfurt 2007.

Lohse, Eckart: Der Mann ohne Bauch, in: Frankfurter Allgemeine Zeitung, 19.05.2012. (Zitat auf S. 62)

Macho, Thomas: Von der Elite zur Prominenz. Zum Strukturwandel politischer Herrschaft, in: Merkur, H. 9-10/1993, S. 762-769. (Zitat auf S. 181 f.: hier S. 768)

Meyer, Thomas: Mediokratie – Auf dem Weg in eine andere Demokratie?, in: Aus Politik und Zeitgeschichte, H. 15-16/2002, S. 7-14. (Zitat auf S. 172: hier S. 12; Zitat auf S. 180: hier S. 13)

Palonen, Kari: Rhetorik des Unbeliebten. Lobreden auf Politiker im Zeitalter der Demokratie, Baden-Baden 2012.

Pauer, Nina: Wir haben keine Angst. Gruppentherapie einer Generation, erweiterte Taschenbuchausgabe, Frankfurt am Main 2012.

Petersen, Thomas: Autorität in Deutschland. Eine Studie des Instituts für Demoskopie Allensbach, Bad Homburg v.d. Höhe 2011.

Prantl, Heribert: Ich bin ein Politiker, in: Süddeutsche Zeitung, 29.07.2002. (Zitat auf S. 38)

Richter, Emanuel: Was ist politische Kompetenz? Politiker und engagierte Bürger in der Demokratie, Frankfurt am Main/New York 2011. (Zitat auf S. 202: hier S. 162)

Rietzschel, Thomas: Die Stunde der Dilettanten. Wie wir uns verschaukeln lassen, Wien 2012.

Roegele, Otto B.: Massenmedien und Regierbarkeit, in: Hennis, Wilhelm/Kielmansegg, Peter Graf/Matz, Ulrich (Hrsg.): Regierbarkeit. Studien zu ihrer Problematisierung, Bd.II, Stuttgart 1977, S. 177-210. (Zitat S. 191: hier S. 187)

Sarcinelli, Ulrich: Demokratie unter Kommunikationsstress? Das parlamentarische Regierungssystem in der Mediengesellschaft, in: Aus Politik und Zeitgeschichte, H. 43/2003, S. 39-46. (Zitat auf S. 186: hier S. 46)

Schlieben, Michael: Politische Karrieren in Umbruchssituationen, unveröffentlichte Dissertation, Göttingen 2012.

Schmidbauer, Wolfgang: Bühne frei, in: Cicero, H. 9/2009, online einsehbar unter: http://www.cicero.de/salon/b%C3%BChne-frei/40012 (eingesehen am 07.08.2012). (Zitat auf S. 153)

Schmidt, Helmut/Steinbrück, Peer: Zug um Zug, Hamburg 2011.

Schönbohm, Wulf: Parteifreunde. Ein Roman aus der Provinz, Düsseldorf u.a. 1990. (Zitat auf S. 134: hier S. 35f.)

Schwarz, Hans-Peter: Helmut Kohl. Eine politische Biographie, München 2012. (Zitat auf S. 71: hier S. 97; Zitat auf S. 71 f.: hier S. 139 f.)

Schwarz, Hans-Peter: Adenauer. Der Staatsmann: 1952-1967, Stuttgart 1991.

Schwarz, Hans-Peter: Die Bedeutung der Persönlichkeit in der Entwicklung der Bundesrepublik, in: Hrbek, Rudolf (Hrsg.): Personen und Institutionen in der Entwicklung der Bundesrepublik Deutschland, Kehl u.a. 1985, S. 7-19.

Schwennicke, Christoph: „Ich bin die Nummer eins", in: Der Spiegel, 08.12.2008. (Zitat auf S. 153)

Soell, Hartmut: Helmut Schmidt. 1918-1969. Vernunft und Leidenschaft, München 2011.

Soell, Hartmut: Helmut Schmidt. 1969 bis heute. Macht und Verantwortung, München 2008.

Strasser, Johano: Als wir noch Götter waren im Mai. Erinnerungen, München/Zürich 2007. (Zitat auf S. 139: hier S.132f.)

Swift, Jonathan: Gullivers Reisen, Düsseldorf/Zürich 1974.

Walter, Franz: Vom Milieu zum Parteienstaat. Lebenswelten, Leitfiguren und Politik im historischen Wandel, Wiesbaden 2010, S.117-132 (Zitat auf S. 166)

Walter, Franz: Im Herbst der Volksparteien? Eine kleine Geschichte von Aufstieg und Rückgang politischer Massenintegration, Bielefeld 2009.

Walter, Franz: Die SPD. Biographie einer Partei, Reinbek bei Hamburg 2009.

Walter, Franz: Charismatiker und Effizienzen. Porträts aus 60 Jahren Bundesrepublik, Frankfurt am Main 2009.

Walter, Franz: Wieso Politiker nicht die Klügsten sind, in: Spiegel Online, 22.02.2009, online einsehbar unter: http://www.spiegel.de/politik/deutschland/geheimnis-der-machtmenschen-wieso-politiker-nicht-die-kluegsten-sind-a-608322.html (eingesehen am 14.12.2012). (Zitat auf S. 56)

Walter, Franz: Partei ohne Botschaft, in: Berliner Republik, H. 4/2000, online einsehbar unter: http://www.b-republik.de/b-republik.php/cat/8/aid/193/title/Partei_ohne_Botschaft (eingesehen am 17.11.2012). (Zitat auf S. 202)

Zach, Manfred: Monrepos oder Die Kälte der Macht, Reinbek bei Hamburg 1997.

Zastrow, Volker: Die da, in: Frankfurter Allgemeine Sonntagszeitung, 25.05.2008. (Zitat auf S. 143)